我爱北京

——第二届"书香燕京"
北京市中小学阅读指导活动征文选编

北京市教育技术设备中心"书香燕京"编审组

科学普及出版社

·北京·

图书在版编目（CIP）数据

我爱北京：第二届"书香燕京"北京市中小学阅读指导活动征文选编 ／ 北京市教育技术设备中心"书香燕京"编审组编.
－ 北京：科学普及出版社，2013.4
ISBN 978-7-110-08206-5

Ⅰ．①我… Ⅱ．①北… Ⅲ．①作文－中小学－选集
Ⅳ．①H194.5

中国版本图书馆CIP数据核字(2013)第069476号

出 版 人	苏 青	
策划编辑	肖 叶	
责任编辑	张 莉	张 佑
封面设计	乔 瑛	
责任校对	王勤杰	
责任印制	马宇晨	

出版发行	科学普及出版社
地　　址	北京市海淀区中关村南大街16号
邮　　编	100081
发行电话	010-62173865
传　　真	010-62179148
投稿电话	010-62176522
网　　址	http//www.cspbooks.com.cn

开　　本	630毫米×870毫米　1/16
字　　数	300千字
印　　张	20.75
印　　数	1-2000册
版　　次	2013年4月第1版
印　　次	2013年4月第1次印刷
印　　刷	北京昊天国彩印刷有限公司

书　　号	ISBN 978-7-110-08206-5/H·207
定　　价	39.80元

（凡购买本社图书，如有缺页、倒页、脱页者，本社发行部负责调换）

编 委 会

前　言

在北京市教委的大力支持和悉心指导下，北京市教育技术设备中心从 2011 年开始组织开展了"书香燕京"北京市中小学阅读指导活动，以贯彻落实《北京市中长期教育改革和发展规划纲要（2010—2020 年）》关于推进人文校园、科技校园、绿色校园建设的愿景目标。

书是人类进步的阶梯，是伴随我们一生的良师益友。在学校组织丰富的读书活动，是为了营造浓厚的阅读氛围，让老师和学生都爱读书，多读书，在阅读中提高自身的科学文化素养。同时，通过开展读书活动，还能提高学校馆藏图书的利用率，优化馆藏图书结构。北京市教育委员会李奕委员在第二届"书香燕京"北京市中小学阅读指导活动表彰会上要求我们"要把'书香燕京'北京市中小学阅读指导活动定位在促进首都基础教育内涵发展的一个重要项目上，让这个活动深入人心，要扩大宣传面，要惠及我市全体中小学生，要惠及我市中小学图书馆馆藏的 4800 万本图书上面，要让这些书上有学生翻阅的痕迹"。

"我爱北京"主题征文活动是北京市教育技术设备中心组织开展的第二届中小学阅读指导活动，围绕学习和践行北京精神，通过阅读和欣赏纸质图书、数字图书、期刊文献以及图片和视频等资源，以读后感、观后感等形式抒发热爱北京、共建和谐社会的美好愿望。这里选编了部分优秀征文汇集成册，供大家学习交流，看看别人都读了哪些书，如何读书，通过读书收获了什么……这些或许都会给我们今后的阅读以启迪！

编　者

总结表彰会现场

总结表彰会现场

北京市教育委员会李奕委员在表彰
会上讲话

教育部基础教育课程教材发展中心
教材处李水平处长在表彰会上讲话

目 录

小 学 组

初　中　组

高 中 组

教 师 组

小 学 组

我爱北京

北京市东城区方家胡同小学六年级二班　　王博龙

有首歌一直在我的脑海里回荡："我爱北京天安门，天安门上太阳升……"北京是我国的首都，作为一个生在北京、长在北京的人，我感到非常自豪。

北京如同一个"调色盘"。在我看来，红色象征着雄伟，那些历史悠久的高大建筑总是少不了红色的点缀，显得非常气派；黄色象征着庄严肃穆，当人们在俯仰之间领略九龙壁的鬼斧神工时，当人们倘徉在昆明湖畔仰观优美的佛香阁时，每个人都被北京的博大精深所深深地折服着，还有那一片片金色琉璃……悠久的历史造就了黄色稳重的基调，而现代文明又为古朴的黄镶上了一层金边；灰色象征着典雅朴素，北京是一座现代化大都市，高楼数不胜数，但是最具特色的建筑——四合院，也成为了北京一道美丽的风景线，灰色的墙壁环绕着四合院，就像用墨线勾勒的中国画一样，散发出一股亲切祥和的气氛；绿色象征着希望与欢乐，恰似城边的柳条刚刚抽出的新叶，恰似窗扉反射出的树木的绿光。在北京城，绿色成了一种时尚的颜色。无论是笔直宽畅的通衢大街，还是迂回曲折的胡同小巷，绿色都充盈着我们的视野，让我们心旷神怡。

北京不仅是一个五彩缤纷的"调色盘"，还是一个汇聚各种声音的"音乐盒"。北京的清晨，随着旭日冉冉升起，街道上响起了各种声音。"唰唰唰"，环卫工人拿着大扫帚为我们的城市"梳妆打扮"；"铃铃铃"，骑着自行车的人在马路上穿行；公园里，晨练的老人左手拿着收音机，听着地道的京剧，右手提着鸟笼子，悠闲自得，十分惬意；小孩子在公园里嬉戏打闹，一片欢声笑语。喇叭声、叫卖声、嬉戏声、京剧声响成一片，构成一曲动听的音乐，打破了北京城的静寂，新的一天开始了。北京的中午，不像早晨那么忙碌，树上的知了"伏天儿、伏天儿"地叫着。门前的老爷爷老奶奶坐着马扎儿，扇着扇子，聊着天，十分安逸。随着夕阳西下，静寂笼罩着这座古老的北京城，北京沉沉地入睡了……

这就是我们的北京城，一个五彩缤纷的、古香古色的、充满欢声笑语和文化气息的北京。我爱北京！

教｜师｜点｜评

北京作为中国的首都和历史名城，有太多值得写的东西，值得爱的东西，但作者能够独具匠心，从色彩和声音的角度切入，给人以新奇的感觉，而且也展现了北京的生活特色。语言流畅、选词准确，很好！

争做践行"北京精神"的小学生

北京市西城区三里河第三小学三年级六班 马睿妍

指导教师 白 钰

之前通过看新闻我知道北京发布了"北京精神",但一直不太了解它的真正含义,最近我在父母的陪同下,观看了北京电视台录制的专题片——《探寻北京精神的城市足迹》,结合在生活学习中的一些具体事件,我对"北京精神"有了更深入的认识。

"北京精神"的表述语是"爱国、创新、包容、厚德"。

专题片首先对"爱国"进行了讲解,其中讲到后人从顾炎武的著作中提炼出"天下兴亡,匹夫有责"的名句,这是对爱国精神的最好注解,在朝代更换时,顾炎武甚至专门改换自己的名字来表达爱国之情。"七七"卢沟桥事变,二十九军战士在人数、武器不占优势的情况下,勇敢地和敌人进行战斗,用生命来表达对祖国的热爱。当北京奥运会成功举办,我和父母一起去现场观看比赛时,更是体会到了祖国的强大,内心感到无比自豪,也更热爱我们的国家!

专题片其次讲"创新",片中讲述了詹天佑克服困难,用新方法、新设计,以长度换高度,成功解决了火车爬坡的难题,用四年时间建设成了201.2千米的京张铁路,开创了中国铁路史上的新纪元。现在神舟飞船成功对接,科技创新使人们的生活更加方便,学校老师不断创新教学方法、教学媒体,我们的学习更加生动有趣,这都是创新的力量。

专题片然后讲"包容",从专题片中我才知道,北京人平时爱吃的"稻香村"老字号食品和北京烤鸭,最早都来源于南京,京剧也是由其他各地的几个戏种融合形成的。再看我们学校,学生既有来自北京的,也有来自外省的；既有汉族的，也有少数民族的；既有急脾气的，也有慢性子的。但大家都相处得很好，相互包容，一起快乐成长。

专题片最后讲"厚德"，讲到了一位修脚师傅奔波于社区与工作单位，勤勤恳恳为老百姓服务的事。日常生活中，我经常看到有人热情地为他人指路。在社区内大家也相互帮助，听父母说，我出生时连我的户口也是楼上一位奶奶帮着去派出所办理的。在学校，老师关爱同学，同学尊敬老师，同学相互帮助，学校就像一个大家庭一样，我们在这里快乐幸福地成长。

随着年龄的增长，我对"北京精神"的理解会更深入，"爱国、创新、包容、厚德"，我要争做一名践行"北京精神"的小学生标兵！

教｜师｜点｜评

在媒体上我们经常可以看到以"北京精神"为内容的专题片，北京电视台录制的《探寻北京精神的城市足迹》便是其中之一。小作者在父母的陪同下认真观看了专题片，并逐一记录了自己的收获、感悟。更加可贵的是，小作者还能够结合自己的所见、所闻、所感，畅谈自己对"北京精神"的理解。全文的字里行间表达了她对北京的热爱、对进一步践行"北京精神"并加以弘扬的决心。

我爱北京

北京市朝阳区垡头第二小学六年级三班　董懿萱

指导教师　李　爽

　　我爱北京那百花齐放的春天，爱北京那浓荫如盖的夏天，爱北京那银装素裹的冬天，但我更爱北京那五彩斑斓的金秋。

　　北京秋天的景色是非常美丽的。一阵秋风吹过，树木都换上了新装，树枝随风摇摆着，好像在比美似的；一片片树叶飘落，汇成了一个天然的地毯；山坡上黄了，上面还点缀着"红花"，那是火红的枫树，就如晚霞一样；湖水清了，清得可以见底，可以照人，就像镜子一样；菊花开了，摇曳多姿，让人喜爱不已；还有那一望无垠的谷穗、黄橙橙的柿子、红艳艳的苹果……

　　北京的秋天不但风景美丽，动物也十分惹人喜爱。如果你能到郊区的一个小树林里好好观察一番，你就会发现动物们正在准备过冬。看！那只松鼠正在树枝间跳跃，好像正在向着食物而去，一溜烟儿，就不见踪影了。听！鸟儿们正在树上歌唱，仿佛正在告诉所有生灵：秋天到了，大家快准备过冬吧！如果你悄悄地融入这活跃的氛围中，你也一定会感到心情愉悦无比。

　　北京的秋天不仅自然美，人也美。学生们开学了，大家都带着希望和憧憬升入了新的年级，学校的窗户里时常传出琅琅的读书声，校园里充满着学习的气氛。在颐和园、天坛等景区，有一些老爷爷老奶奶正在下棋、打太极拳；有一些年轻人、中年人正在合唱、演奏乐器；还有许多外地人来这里参观。放眼望去，所有人都很快乐、很和谐。地铁上、公交车上，随处可见让座的身影。咦？路口维持秩序的、街上捡拾垃圾的人怎么都在胳膊上戴着"社区志愿者"的标志？原来，附近的大学生也利用课余时间自发组织了一次志愿活动，墙壁上漂亮的壁画也是他们画的。

我们学校在秋季也组织了丰富的"我爱北京"系列活动。在家里，我们体贴家长，多为家长做一些力所能及的事；在学校里，我们尊敬老师，做老师的好帮手；在公共场所，我们主动让座、不喧哗、不打闹、不乱扔垃圾。每个人都在努力地为北京添彩，每个人都在争做优秀市民。

啊！这就是金秋的北京。这里是美丽的花园，人间的天堂。在这里，你能深深地体会到人与人之间的友爱，你能欣赏到各种美丽的风景。所有人都能和谐地相处并团结到一起，这便组成了我们温暖的家——北京。

我爱你，北京！我相信，北京的秋天会更加美好！

教 | 师 | 点 | 评

作者从北京秋天的美丽，写到北京的人与人之间的友善，以景借物，表达热爱北京的心情。由浅入深，紧扣主题。

我爱北京

北京市朝阳区慧忠里小学五年级一班　臧芮佳

北京是我们伟大祖国的首都，我爱她。

我爱古老的北京。那北海公园美丽的白塔，为我们呈现着悠久的历史美；那庄严威武的紫禁城，红墙绿瓦，让我们感受着皇家宫殿的静穆美；那山清水秀的颐和园，雕梁画栋的长廊，让我们体味到皇家园林的博大美；那如仙境一般的天坛，那上千年的古树，坐在古树下，听着悠扬的古筝曲，让我们体会到一种历史沧桑的深邃美；那蜿蜒在崇山峻岭间的长城，宛如一条巨龙，赞扬着中华民族不屈的品格，向我们诉说着历史的厚重美。

我爱休闲的北京。公园里，老爷爷老奶奶们拉着京胡，随性地哼唱着京剧，尽情享受幸福的晚年；叔叔阿姨们惬意地坐在树荫下的长凳上，悠闲满足地看着自己的孩子在草地上打滚儿，享受着家庭的温馨与快乐；小朋友们在小广场上尽情玩耍，享受着自己幸福、快乐的童年。周末的奥林匹克公园里，有的人在草坪上支起帐篷野餐；有的人在草地上铺一张毯子，和孩子们做着游戏；有的人甚至直接躺在草地上看书。

我爱活力的北京。游乐园里那一阵阵的尖叫声，让人心怀忐忑；"鸟巢"、"水立方"每天上演着精彩的竞技赛事；郊外的公路上，总能看到全副武装的自行车爱好者，大汗淋漓却满脸带笑。朝阳里，大哥哥大姐姐们在公园里轮滑、滑滑板车，炫出自己的风采；夕阳下老爷爷老奶奶们跳起欢快的舞蹈。

我爱发展的北京。那一座座纵横交错的立交桥，一条条笔直的高速公路，四通八达，车水马龙，让整座北京城变得色彩明丽，美丽无比；CBD 的一座座大楼高耸入云，充满光辉，你看，旁边还有很多新的高楼在建设，相信过不了多久，就会有更多的高楼拔地而起；中关村大厦里，高科技的产品层出不穷。

　　我爱多彩的北京。春天，玉渊潭的樱花傲然开放；夏天，昆明湖的垂柳出类拔萃；秋天，香山的红叶烂漫如火；冬天，潭柘寺的松柏银装素裹。每当夜幕降临，五颜六色的霓虹灯点亮了整个北京城，让她显得更加闪亮。国庆来临，街边绿树红花，彩旗招展，每个人的脸上都洋溢着灿烂的笑容。

　　这就是我爱的北京！

教 | 师 | 点 | 评

　　在小作者流畅的文字中，我们看到了古老、休闲、活力、发展的北京在前进，也充分表现了一名小学生对北京的热爱。

我在北京生活

北京市朝阳区康静里小学四年级三班　张家依

指导教师　孟庆娜

我的父母是在京的打工者，从小我就随他们生活在北京。"爱国、创新、包容、厚德"的北京精神，其实就在我的身边。每当我想起发生在我身边的那些故事，我的心里就充满了浓浓的暖意。

记得我上二年级的一天，爸爸妈妈都上夜班了，空荡荡的屋子里就剩下我一个人，我很害怕。到了夜里，风雨交加，先是一道闪电，接着一声"咔嚓"雷响，我吓得"哇"地一声哭了起来，急忙上床钻进被窝，呜呜哭个不停。我多么想妈妈呀！正在这时，"咚咚咚"，传来了一阵敲门声。"谁？"我战战兢兢地问道。"我——"屋外传来了熟悉而又亲切的声音。哦，原来是妈妈的同事——张阿姨。"她不是休病假了吗？"我一边想一边穿衣服下床去开门。只见她左手拿着雨伞，右手轻轻地拧着被雨淋湿的头发，上衣也湿了大半，裤子上沾满了泥浆。我急忙把张阿姨让到屋子里。张阿姨笑着对我说："吓坏了吧？家里没人也不跟我说一声，要不是听邻居说你父母不在家，我还不知道呢！""可是您不是生病了吗？"我不解地问。张阿姨笑着说："家依，你不是最怕打雷吗？而且你的爸爸妈妈也不在家，我来陪陪你，我没事的。"听了张阿姨的话，我的心里暖暖的。这不就是我们的北京精神吗？张阿姨，谢谢您！

还记得有一次，我在帮妈妈倒垃圾的时候，一不小心摔倒了，把垃圾倒在了垃圾箱外面，清洁工伯伯看见了，赶紧把我扶了起来，还看看我的腿摔伤了没有，替我拍去了身上的泥土，然后从垃圾车上取下扫把和簸箕，一声不吭地去清扫地上的垃圾，倒进垃圾车里，他转过头对我说："以后小心点。"便推着车不紧不慢地向前走去。望着清洁工伯伯的背影，我想起了一首歌："爱是人类最美丽的语言，爱是正大无私的奉献……"爱会为我们带来无限温暖，也会为我们带来快乐和健康。

是啊，在北京这个大家庭中，只要心中有爱，就会把爱的温暖，带进每个人的心里。

教 | 师 | 点 | 评

该文是一名打工子弟对北京精神的理解，表现了首都北京给北漂的孩子带来的温暖和快乐。文章紧扣主题，文笔佳，令人回味！

我爱北京小吃

北京市朝阳区日坛小学四年级一班　姜可豫

二年级的时候老师教过我一首儿歌：

北京小吃名不虚传，又好吃来又好看。

金黄色的焦圈儿香又脆，冰糖葫芦儿亮闪闪，

驴打滚儿、艾窝窝儿，

芝麻火烧喷喷香，奶油炸糕一大碗……

北京的小吃真叫多，三天三夜吃不完。

这些琳琅满目的小吃让我目不暇接。可是妈妈对我说，北京的美食还多着呢！

直到我上三年级的时候读到作家崔岱远写的《京味儿》，我才理解了妈妈说的话。《京味儿》中的每一篇文章都散发出阵阵"北京滋味"。这本书告诉我：这些"北京滋味"飘过年年月月，飘过四季，一直飘到今天，这正说明了北京人对这些美食的喜爱和眷恋。但也有不少已经远离了我们的餐桌，真是可惜。

书上说：老北京人可有口福了，一年四季，好吃的不断，春有豌豆黄儿、炒麻豆腐、醋椒活鱼、煎鸡蛋；夏有白水煮肉、炸酱面、伏天的豆腐、烧羊肉；秋有烤鸭、爆肚儿、烧茄子、自来红、自来白、炸灌肠；冬有醋溜白菜、卤煮火烧、冰糖葫芦、腊八蒜、大馅儿饺子、涮羊肉……这里面我有好多没吃过，想着都要流口水了。

可是光想是过不了瘾的，哈哈，我非得学会做上一道美食！说干就干，打开电脑查一查我最爱的艾窝窝。

艾窝窝雪白雪白的，圆圆的很可爱，咬一口黏黏软软，口味香甜……"吸溜——"口水流出来了。

好！准备材料：江米、水、面粉、豆沙馅。啊？还要有装饰用的樱桃或枸杞呀！可是这些家里没有现成的呀！

再看看做法：哇！洗米，泡米，高火加热面粉，再用擀面杖把面块擀平，还要过筛做熟面粉……哦，好难啊！

看样子想一下子学会做艾窝窝不像我想的那么容易！难怪《京味儿》作者说："别看'吃'是件每天都离不开的挺'俗'的事儿，却很好地反映了北京人所特有的性情和北京城所特有的厚重文化。因为在北京，'吃'已经不仅仅是充饥，而是一种精神需求，一种生活享受，乃至是一种行为艺术。"

我虽然还不能完全懂得《京味儿》作者这些话的含义，但我想，他说的一定是一件很美很美的事儿！

我看过纪录片《舌尖上的中国》，等我长大之后，一定要拍一部《舌尖上的北京》，我想，就算是拍 100 集也拍不完。

教｜师｜点｜评

小作者在文章中罗列的诸多北京美味小吃，足以表现作者细心的观察和用心的品味。语言流畅，紧扣主题。

我爱北京

北京市朝阳区武圣庙小学五年级四班　刘嘉琦

我爱北京，因为北京是祖国的首都，也是我的家乡。她不但养育了我们这些生活在北京的孩子，而且是全国少年儿童向往的地方。

北京是座历史悠久的城市。我国古代很多朝代都在北京建都，留下了数不胜数的名胜古迹。紫禁城、颐和园、北海等，所有来北京旅游的中外游客都不能不去这些地方参观游览，漫步在这些辉煌别致的古代建筑群中，令人流连忘返，犹如穿梭于历史的长河之中，让人不得不感叹中国建筑的精巧和中国能工巧匠的技巧。

北京是座文明好客的城市。北京的大街小巷随处可见全国乃至全世界来的游客。礼貌好客的北京人，用最诚挚的微笑和最贴心的服务来迎接他们。因为，我们知道，我们是这个城市的一部分，我们的一举一动都代表着这座宏伟的城市，甚至代表着我们伟大的祖国。北京有深厚的文明底蕴，从拥挤的公交车到幽静的皇城根，从熙熙攘攘的商业区到忙忙碌碌的 CBD，从川流不息的高速路到安静怡人的生活小区，到处体现着北京人的文明与好客。

北京是座现代化的城市。北京有四通八达的高速公路，快速便捷地把人和物送往目的地；北京有畅通无阻的地铁线路，环保安静地行驶在深邃的地下；北京有高耸入云的摩天大厦，巍峨地矗立在京城大地；北京有宏伟壮观的体育场馆，公平公正地迎接全世界的体育健儿。现代化给北京带来了活力，也带来了机遇。

北京是座美丽的城市。北京四季鲜明，四季常绿，三季有花，优美的公园点缀在京城的各个角落。路边，绿树荫荫，花团锦簇。立交桥下，巨大的绿色植物造型各异，栩栩如生。古老的四合院内，盆景鲜花相互争奇斗艳。整个北京犹如一个大花园，绿树鲜花陪伴着高楼大厦，陪伴着古代园林，也陪伴着我们的胡同和小区。

　　这就是北京，我爱我的家乡北京。

教｜师｜点｜评

　　本文作者在文中历数了北京的名胜古迹、北京人的好客与友善，描写了北京的四季美丽以及北京作为国际文化大都市的发展与变化，折射出对北京的爱。

北京精神

首都师范大学附属实验学校五年级三班　李奕佳

指导教师　　孟宪玲

　　北京精神：爱国、创新、包容、厚德，从这几个简单的词语里，我们就能够看出来北京是一个多么美好的城市啊！

　　我是一个北京人，但很小的时候就离开北京去了美国，在我再次回到北京之前，我对北京基本没有什么记忆，似乎就只是一个有着高楼大厦的城市罢了。当我再次回到北京的时候，我发现北京好大，首都机场的航站楼是我见过的最大的航站楼，地铁上人山人海，马路上熙熙攘攘。

　　当我在北京生活了一段时间以后，我发现这个城市是一座现代化的国际大都市。我上学以后，我的同学来自世界各地，有美国的、俄罗斯的、韩国的。大家的习俗都不同，母语也不同，但这并没有阻挡我们成为朋友。我还和来自美国的伊莎贝拉一起做作业，玩耍，必要的时候我还给她当翻译。他们的家人在中国工作，他们也喜欢学习中国的文字和文化。我们班的同学虽然来自世界各地，但是非常团结，在篮球比赛的时候就证明了这一点，我们女生队获得了第一名，其中伊莎贝拉就是我们的队员之一。我刚来的时候，同学们主动与我交朋友，一起玩，在学习上互相帮助，特别是我的中文很差，同学们都耐心地教我。比如说"莫名其妙"，我开始不懂是什么意思，我当时没什么朋友，也不敢去问别人，就自己想啊想。何晗看见了我，就过来跟我说："你是不是有不会的呀？我来帮你吧！"我就问她"莫名其妙"是什么意思，她就耐心地给我解释："莫"

是不能的意思，"莫名其妙"就是不能明白的意思，我就纳闷儿怎么不直接用"不知道"来表达呢？后来爸爸告诉我中文有很多四字词语，说起来有韵味儿，这也是中文的特点。

爸爸告诉我，他虽然生在北京，说着一口流利的北京话，但是近些年北京变化非常大，很多地方爸爸并不认识，他就在路上问路，给他指路的却是操着南腔北调的人。爸爸就感叹：生活在北京的人都来自全国甚至世界各地，这个城市真是多元和包容啊！

回到北京以后，我们一家不仅尝到了地地道道的北京菜，还吃到了全国和世界各地的美食：不用说山西的小吃，新疆的羊肉串儿，就是意大利的面条、韩国的烤肉、美国的比萨饼也是处处可见。这些来自遥远地方的美食似乎已经成了北京的一部分了。

我经常想生活在北京真的很幸福啊！对这个伟大城市的精神，我这个才从遥远美国回来的孩子感受最深的就是她的包容！

教 | 师 | 点 | 评

本文作者以亲身经历解读了"北京精神"的"包容"，从北京聚集了中外小吃，写出了北京的多元文化，从人与饮食的多文化，歌颂了北京的包容。

我眼中的北京

北京市海淀区民族小学二年级五班　贾纾瑶

指导教师　贾锁云

昨天晚上我非常兴奋，一晚上也没有睡好，因为今天我要去看升旗了。天蒙蒙亮，我和哥哥就拽上妈妈，陪我们去天安门看升国旗。到达天安门的时候，广场周围已经围了好多的人，大概不到五点半的时候，从天安门城楼走出一队国旗手，迈着整齐的步伐走到了广场旗杆处，由三人护着国旗上了台阶，国旗慢慢升起。这时候原本嘈杂的广场上一下变得鸦雀无声，只看到每个人的眼睛一眨不眨地看着国旗。这时突然有一个人唱起了国歌，这是一位来自中国台湾的老爷爷，人们的目光随着歌声看向老爷爷，老爷爷眼里噙着眼泪，看向冉冉升起的国旗。大家不约而同地也随着老爷爷的歌声唱起了国歌，我第一次感觉到升起的国旗是那样的庄严和神圣，它可以团结来自每个地方的中国人向着同一个目标前进，这也是我第一次感受到神圣的北京、庄严的北京。

我的哥哥是我舅舅家的孩子，他是第一次来北京，他以前和我说过他很向往北京，因为北京有天安门、有故宫、有天坛，还有长城，所以在这个假期我邀请他来北京玩，我想，他对北京的了解还很少，我要让他知道北京有很多好玩的地方，有老北京风格的胡同；也有现代风格的国家大剧院，有全国最多、不同文化的博物馆，有中国第一次举办奥运会的场馆，像"鸟巢"和"水立方"等，还有中国的国粹京剧，当然还有北京流传下来的各种特色小吃，其中就有我爱吃的老北京冰糖葫芦等。想到这些，我才意识到原来北京有这么多好玩的地方、好的建筑、好的文化、好的教育等等，北京就像一个聚宝盆，在里面你什么都可以找到。

妈妈说北京是六朝古都，虽然我并不太清楚是哪些朝代的都城，但我想北京具有这样悠久的历史，就会留下好多东西供我们享用和学习。欢迎全国的小朋友们来北京玩，你一定会收获颇丰。

教｜师｜点｜评

　　文章字里行间洋溢着爱北京的真情实感。小作者从看升旗、家人游览北京的感受及自己看北京几个不同视角写出了人们对北京的美好向往、热爱之情。小作者善于观察生活，把自己的所见、所想能顺畅地表达出来，作为一名刚刚上二年级的孩子很难得。

我爱北京的奥运场馆

北京市海淀区民族小学六年级一班　何　祯

指导教师　董　春

　　我从一出生就从未离开过北京。绚丽的天安门广场、古色古香的四合院、夕阳下胡同墙壁的影子，无时无刻不萦绕在我的脑海里，久久难以忘却。

　　离我家不远，就是举世瞩目的第二十九届奥林匹克运动会的主场馆——"鸟巢"。我经常和爸爸妈妈一起到场馆周边游玩。从北辰西路的景观大道一直向北，步行大约二十分钟就到了场馆南侧安检口。向北放眼一望，左手不远处就是泛着蓝光的"水立方"（国家游泳馆），右手边就是"鸟巢"（国家体育场）。听爸爸说，"鸟巢"的建筑设计师是个外国人，这让我很好奇。从远处看，"鸟巢"就像一顶大人戴的帽子，很是特别。走到它的跟前仰头张望，原来这顶雄伟的"帽子"是由数不清的银色金属方柱编织而成的，大概有几层楼那么高，在它的面前我显得那么渺小。从"鸟巢"西南门进入，展现在我面前的是一大片由绿色的草坪、红色的跑道组成的足球场和田径场地。在场地的四周围紧密排列着密密麻麻、五颜六色的塑料椅子。爸爸告诉我，这里能同时容纳十万名观众欣赏比赛。此时，我不禁想起了 2008 年在这里举行的奥运会开幕式的场景，五星红旗随风飘扬，运动健儿英姿飒爽，我的内心顿时无比激动。

　　当我从"鸟巢"西北门出来时，晚霞已落去。投入我眼帘的是闪耀着五彩斑斓光束的"水立方"。白天看见它时，它就像浑身长满一个一个水泡的蓝色"大怪物"，而现在它又像一颗一颗的各色宝石在眨着眼睛。我迫不及待地拽着爸爸的手，想快点走进去看个究竟。一进到"水立方"里面，一股热浪迎面扑来。听爸爸说这是游泳池里的水蒸气在作怪。这个建筑的墙面看上去像是用塑料布蒙了一层，有的地方还有破窟窿。爸爸说破了没关系，可以修补好的。再往里走就是看台了，低头往下观望：只见蓝汪汪的泳池荡漾着水花，泳池里还有很多人正在游泳。我缠着爸爸说也想玩水，可爸爸就是不答应还说让我长大以后再来玩。没能在这奥运场馆的游泳池中畅游一番，真是有点遗憾呀！

走在回家的路上，我总是在想"鸟巢"这顶"大帽子"和"水立方"这个蓝色"大怪物"，怎么是外国建筑师设计的呢？不行，等我长大了，我一定要给北京设计一座辉煌的经典建筑，让我们的北京城变得分外美丽。

教｜师｜点｜评

小作者以儿童的视角对奥运场馆中的"鸟巢"、"水立方"进行了细致的描写。文章语言流畅，充满童趣，尤其是结尾部分，小作者表达了长大以后要亲自设计只属于北京的经典建筑的美好愿望，更进一步表达出了小作者对北京、对家乡的热爱之情。

爱在身边

北京市海淀区六一小学五年级二班　李亚桐

指导教师　曹有锋

爱，是生活的点点滴滴，很多时候我们都没有留意它，但只要细心一点，你就会发现，爱原来无处不在，它藏在妈妈的唠叨里，融在姥姥的慈爱里，埋在爸爸的严厉里……

爱，有时是一声声的唠叨。当清晨的一缕阳光照进窗户，妈妈已经做好早餐，为我拉开窗帘，呼唤我起床上学。出门前还不忘帮我整好衣装，背上书包，提醒我带好所有的学习用品。到学校门口，看着一溜烟儿跑进学校的我，她还不忘对着我的背影嘱咐我要认真上课，别忘喝水……

爱，有时是细小却充满慈爱的呵护。当结束一天的课程，姥姥总会在学校门口，微笑着向我张开温暖的怀抱。夜晚，当我在灯下做作业时，姥姥总会为我端来一杯醇香的牛奶。当我在温暖的被窝里安然入梦，她还不忘轻柔地帮我盖好踢开的被子……

爱，有时也会是一句句严厉的批评。爸爸是一个对自己要求很高的人，对我的要求更是十分严厉，无论做什么事，都要求我善始善终，仔细认真，全力付出，不能半途而废。我很努力地想达到他的要求，但有时也会有懈怠的时候。此时，爸爸总会严肃地和我谈心。有时我接受不了，总觉得自己已经做得很好，跟他顶嘴，甚至说一些让他伤心的话。这时，他总耐心地倾听着我的牢骚，然后一点点帮我了解到自己的不足。正因为他的严格，我才改正了很多缺点，在成长的道路上不断向前……

爱，就在我身边，它紧紧地包围着我，呵护着我，温暖着我，鼓舞着我……

教│师│点│评

　　小作者小小的年纪，就能够如此细心地观察生活，把妈妈的唠叨、姥姥的呵护和爸爸的严厉这些生活给予的点点滴滴的爱，用诗一般的语言表达出来，让我们看到了小作者那颗热爱生活的心。是啊，爱就在我们身边，用心去感受它，用爱去回报它，那么，我们的生活将是多么温暖和幸福啊！

我的北京 我的家

北京医科大学附属小学三年级三班 王恩泽

指导教师 李京荣

自从听说"北京精神",我就通过电视、报纸、城市路边的宣传标语、学校的很多教育活动对它有了一些了解。今年暑假,我在我家旁边的国家体育馆的广场上参观了关于"我爱北京"的一些展览,我知道得更多了!

爱国是北京精神的核心,创新是北京精神的精髓,包容是北京精神的特征,厚德是北京精神的品质。

展览通过很多图片和文字介绍了北京的很多很多事,妈妈一边陪我参观,一边耐心地给我讲解,北京已经成为一个国际大都市,作为一个北京人,我感到很骄傲。

虽然很多内容我不是很懂,但我好像明白了:我应该爱北京,它是我的家,我更应该爱我们伟大的祖国。妈妈说,自从北京成功申办第二十八届夏季奥运会,中国人的百年梦想就实现了,从此我家周围也慢慢地发生着变化。从用几年时间建馆到成功举办比赛,国家体育馆也给我们带来了一次次惊喜,我 5 岁观赛时贴着"中国,加油"的照片就是我的最爱,中国最棒!现在它成为我家的"后花园",伴随着我慢慢地长大了!每天,世界各地的人到这儿参观游览,很多创新的设计让大家感叹,中国真棒!参观游览中,人们说着不同的语言,摆着各种姿势拍照,北京真棒!到了晚上,我们到景观大道两旁参与健身活动,一会儿唱唱歌,一会儿跳跳舞,一会儿听听音乐,一会儿跳跳绳，还有一闪一闪的彩灯风筝飞得很高，每个人都很开心，即使人多互相撞了一下也不会在意。如果每天晚上大家不见个面，总好像缺了点什么，北京真棒！

我家的这个"后花园"让我觉得它就体现了我们的北京精神。加油，王恩泽！加油，北京！

教 | 师 | 点 | 评

　　具有新北京名片象征的国家体育馆建筑群的初建、落成、举办比赛到最终对世界人民开放，无不成为亿万人关注的焦点。这个熟悉却又独特的地方伴随着小作者每天的成长。从小作者充满童真的话语，我们切实看到了、听到了、感受到了它是北京精神"爱国、创新、包容、厚德"的集中体现、最佳缩影与真实写照。细细品味后让人感叹，这是多么纯美的画面，多么温暖的意境。从中我们也看到了小作者对身边事物的观察与思考能力、对家乡的歌颂和对生活的热爱。

我眼中的厚德

北京市海淀区实验小学五年级二班　祖思妍

指导教师　于　明

在北京的大街小巷到处都可以看到北京精神"爱国、创新、包容、厚德"这八个醒目的大字。我曾思考过什么是厚德呢？妈妈告诉我爱别人、爱身边的人就是厚德的表现。

上学期体育课上发生的一件事，让我深深地体会到了同学间的友爱，也使我理解了厚德的含义。那天的体育课是做垫上运动，快下课时，我帮老师收垫子，下台阶时一脚落空，一下子摔了下来。顿时一股钻心的疼痛从脚腕传到了膝盖，"啊！"随着我的一声尖叫，我双腿跪在了地上。可能听到了我的叫声，顾悦然气喘吁吁地跑到了我的身边。"怎么了？"她焦急地问道。"脚崴了。"我忍着疼，龇牙咧嘴地说。她边搀扶我，边关切地说："你先坐会儿，我帮你揉揉。"只见她麻利地帮我解开了鞋带，半跪着小心翼翼地把我的脚放到了她的膝盖上，轻轻地帮我脱去了袜子。这时，我都有些不好意思了，挣扎着要抽回脚。她抬起头说："别动，你看脚腕都肿了。咱们得马上去校医室。"她左手拿着我的鞋，右手搂着我的腰，并让我把胳膊搭在她的肩膀上，这样我一半的体重就压到了她的身上。她的个子没我高，但却使劲地扶着我，没走出几步我就看到她的脸上渗出了细密的汗珠。就这样，我俩走走停停，不一会儿，两人都汗流浃背。快到校医室时，任盈盈看到了我们，她自告奋勇要陪我去，她俩一起把我扶到了校医室。不巧的是，校医不在。看到我的脚越肿越高，她俩急得像热锅上的蚂蚁团团转。"让顾悦然陪你，我去找医生。"话音刚落，任盈盈就一溜烟儿地跑了出去。过了大概十分钟，她上气不接下气地回来了，原来校医出去开会了。

她俩又搀扶我回到了教室，刚到教室，同学们便把我围住了，大家你一言我一语地询问我的脚伤。还有同学找来了班主任，老师看了，让我给妈妈打个电话让她来接我到医院去看看。老师话音刚落，同学们都举起了自己的手机给我，看到这一切我感动极了。

在等妈妈时，同学们为我收拾好了书包。晚上还有很多同学给我打来电话，询问我的脚伤情况。

脚崴了，虽然很痛，但我心里却是甜的。我感受到了同学间真挚的爱。回想起同学们帮助我的一幕幕，我也充分理解了北京精神中的厚德。

教｜师｜点｜评

小作者能从北京精神中的厚德讲起，讲述了一件同学们关心和帮助她的事情。事情虽小，但却充分体现出了同学们热情、善良、乐于助人的优秀品质。而这一切正是中华民族厚德的良好体现。文中生动描写了小作者脚崴后的痛苦和无助，当同学们看到后，有的扶她到校医室，有的帮她找老师，有的帮她打电话、收拾书包，等等。同学们的一连串举动都让小作者十分感动，她同时也理解了这些就是厚德。

"阅读"北京

北京市海淀区清华东路小学五年级 李 丹

指导教师 崔丽娜

古都北京，大气磅礴，深厚淡雅，吸引着世界五湖四海的人前来目睹她的风采，感受她的魅力。身为北京人，我深感骄傲和幸福，同时也越发感到，这座历史名城不正是一部引人入胜的"书"吗？而这本书只有用眼去读，用心去品，才能感受到她带给我们的震撼和惊喜。

到北京，不能不去故宫。这里是明清两代的皇宫，二十四位皇帝曾在此居住。砖木结构、黄琉璃瓦顶、青白石底座饰以及金碧辉煌的彩绘，故宫是世界上现存规模最大、最完整的古代皇家高级建筑群。朝代的更替，时代的变迁，使这里的一梁一栋、一砖一瓦都具有了厚重的历史气息，我知道，在这里曾演绎过一幕幕兴衰更替，流传着一个个荡气回肠的故事。也是在这里，曾有接受四方来贺的盛世，也有弃宫外逃的屈辱。如今，物是人非，光阴流转，紫禁城的气势和那份宁静厚重的气息，深深地吸引着我们去翻看，去阅读和探究。

出故宫，走在城墙外，一条条胡同，绿荫掩盖，整洁古朴，还有着一个个有趣的名字：五道营胡同、机织卫胡同、礼士胡同、侯位胡同……单单这些名字，探究来历，阅读下去，就能使人陶醉向往不已了。

北京，可真像一本厚重的百科全书呀！读书的人虽然不同，但不管你侧重的是历史、政治、经济还是民俗……只要你来到北京，用心去阅读，这里都有你想读的内容！

不但如此，北京更像一本美丽的画册。且不说著名的燕京八景，单是四季京郊的美景就足以让人陶醉了！春天，万物复苏，生机勃勃，香山、植物园早已人头攒动，桃花含笑枝头，春意跃然脸上；夏天，房山的拒马河畔，身在绿树环抱中，人在倒影流光里，一份清凉惬意让人顿觉舒适；秋天，驱车盘山，在顺义的重山之中，呼吸着新鲜的空气，看着栗子树枝头一个个小刺猬似的果实，趣味盎然；冬天，长城内外，一片洁白，好一派美丽的风光。身在北京，却好像置身画屏中。

深厚的文化底蕴、如画的美景，共同构成了北京特有的精神。而北京这本内容丰富的"书"，散发着阵阵书香，不管是现在还是将来，都将深深吸引着我，激励着我努力学习，慢慢用心去"阅读"和欣赏。

教 | 师 | 点 | 评

小作者以饱满的热情描绘了北京古老的文化，将北京悠久的历史娓娓道来。本文语言流畅，辞藻丰富华丽，显示了小作者深厚的文学功底。开头以"这座历史名城不正是一部引人入胜的'书'吗？"总起，结尾处再次点明"而北京这本内容丰富的'书'，散发着阵阵书香"。前后呼应，重点突出。文章从历史文化名城和两代都城的角度，把北京比作"百科全书"，又从景致美的角度把北京比作画册，从市中心到京郊，抓住了北京的特点进行描写，层次清晰，比喻、排比等修辞手法运用恰当。"书香燕京"，小作者把北京和书紧密联系起来，北京就是"书"，把了解北京的方方面面看作是"读书"，立意新颖独特。字里行间表达了小作者对北京的无限热爱之情。

做最好的北京人

北京石油学院附属实验小学四年级六班　杜赫然

指导教师　刘春燕

我出生在北京，我爱北京，我自豪我是北京人。

我爱北京，因为北京是一座包容的城市。我的爸爸是山东人，我的妈妈是东北人，他们都在北京工作。我问爸爸："你们为什么来北京？"爸爸说："北京有着宽大的胸怀，她就像一块磁石一样吸引着我们。不同国家、不同民族、不同地域的人，都能在北京寻找到发展的机会。"是呀，在北京，你会看到说着各种方言的外地人，各种肤色的外国人也随处可见。爸爸说："这叫'海纳百川，有容乃大'！"

我爱北京，因为北京人厚德。北京人的热心助人是全国都有名的。我印象最深刻的是汶川大地震期间，那时我快六岁了，记忆中，那些天电视上说的都是灾区的事情。家里爸爸妈妈商量的、小区里叔叔阿姨谈论的、幼儿园里老师讲的都是怎样去帮助那些失去亲人、无家可归的人。大家有钱的捐钱，有力的出力，我也把自己小猪储钱罐里的所有硬币和压岁钱都拿到了幼儿园。老师告诉我们："厚德精神体现了北京人的优秀品德和诚信、友爱、互助、奉献的道德风尚。"

我爱北京，因为北京是一座创新的城市。爸爸说，他和妈妈十几年前来北京时，北四环还没修好，可是现在六环路都快不够用了，会不会还修七环路、八环路呀？上幼儿园时每天还能看到的小平房，如今已经建起了高楼大厦。更不要说作为北京的标志性建筑——"鸟巢"、"水立方"、国家大剧院了。今年暑假，我回黑龙江姥姥家待了八天，回到北京，差点都认不出我们家居住的小区了。原来我们小区墙外边种了一些小草，高矮胖瘦都有，上边经常停一些小汽车，可乱啦！现在新种的小草又嫩又绿又整齐，还种了一排整齐的小树，外边围了一圈白色的、波浪形的围栏，漂亮极了！也见不到乱停乱放的小汽车了。我兴奋地说："真是北京速度啊！"妈妈说："北京作为首都，在经济发展、科技进步方面取得的成绩是让全世界都佩服的。"

"爱国、创新、包容、厚德"的北京精神，是一代又一代北京人共同创造的。作为一个小学生，我对北京精神的理解还很浅，但是，我知道，要实现北京精神，就要从点滴做起。做好每一件事，做最好的自己，做最好的北京人，这就是我理解的北京精神。

教｜师｜点｜评

小作者将自己的真情静静地融入字里行间，用"海纳百川，有容乃大"诠释了包容的含义，用自己的爱心告诉世界北京人的厚德，用举世瞩目的建筑群展示了北京经济、科技的发展，总之，从小作者的语言里我们体会到作为北京人的自豪，作为中国人的骄傲，相信小作者的文字能感染很多人。

暴雨中传递温情

北京石油学院附属实验小学五年级二班　万歆雨

指导教师　许亚南

2012 年 7 月 21 日，一场特大暴雨袭击了京城。暴雨中，不同职业、不同年龄、不同性别的人在城市的不同地点不约而同地汇集在一起，大家相互帮助，彼此关怀，用爱心传递着温暖。

这天，我正好有英语课外班要上课。妈妈冒雨开车把我送到上课的地方。上课过程中，我听到窗外"哗哗"的雨声越来越大，不时有几声闷雷在我们头顶炸响。望望窗外的天空，是黑压压的一片。下课时，大雨仍然没有变小的意思。开车行进在回家的路上，路面的积水很深，车似乎变成了沧海中的一叶扁舟。雨刷已经从间隔几秒改成最高档持续工作，密集的雨点打在车窗上，模糊了我们的视线。我们冒着大雨在路上艰难地行进，妈妈打开车上的广播，北京交通台正在播报着各个路段的水灾信息，由此我们得知全市范围都处在大雨之中。

回到家里，打开电视，铺天盖地的时事新闻在不断播放。从二环路到四环路，很多道路严重积水，造成部分路段交通阻塞，很多人因此回不了家。随着大雨的持续，很多道路处于瘫痪状态，立交桥下面的积水越来越多，最深处达到 3 米，大量汽车被淹在水中，灾情和险情不断出现。

在观看受灾画面的同时，我也看到了一个个感人的场景：燕山分局向阳路派出所所长李方洪在带领民警转移村民的路上，英勇牺牲；白颐路，一位清洁工沿路用手清理着堵塞的排水孔；广渠门桥下，警民联合、团结一心营救淹在水中的汽车；在机场，半夜三点，百名网友通过微博

自发组成 "爱心车队"，用私家车免费接送滞留的旅客，让他们早点与家人团聚……

一个个爱心的举动，一幅幅感人的画面。北京人，正在用实际行动诠释着"爱国、创新、包容、厚德"的北京精神。雨还在下，雨夜的天空并不黑暗，北京人用自己的爱心点燃了一片炽热而明亮的心灯！

这一夜，北京，我们守望相助！

教｜师｜点｜评

　　写作源于生活却高于生活。小作者用细腻的笔触再现了当时感人的场面，文从字顺，语言富有感染力。让我们记下了属于北京人的记忆，属于中国人的骄傲，诠释了北京精神的真谛。

学会包容

北京市海淀区中关村第四小学四年级三班　艾桢彭

指导教师　　付嫒红

"古老的东方有一条龙，它的名字就叫中国。古老的东方有一群人，他们全都是龙的传人……巨龙脚底下我成长，长成以后是龙的传人……"每当我想起这首歌曲时，我都感到无比兴奋。因为我是一个中国人，我的血管里流淌着中华民族的血液。我，是龙的传人。

爱国、创新、包容、厚德被正式确定为"北京精神"。"北京精神"不仅是对北京人文的概括，也体现了现今社会发展、精神文明建设的需要，更为北京市民提出了行为准则方面的要求。

这让我想到了过生日的时候，妈妈送给我一本书《哈佛家训》。这本书让我爱不释手，书中的小故事深深地吸引了我。其中让我印象最深的有这样一个故事。

如果将钉子钉在木板上，会发生什么事情？有一个男孩的脾气很坏。他的父亲要求他每发一次脾气，就在后院的栅栏上钉一颗钉子。后来，小男孩不爱发脾气了。爸爸说："你如果能坚持一整天都不发脾气，就从栅栏上拔下一颗钉子。"经过一段时间，小男孩终于把栅栏上所有的钉子都拔掉了。爸爸又说："儿子，看看钉子在栅栏上留下的小孔，栅栏再也不会是原来的样子了。当你向别人发过脾气之后，你的言语就像这些钉孔一样，会在别人的心灵中留下疤痕。"

读到这里，我的心情久久不能平静，是啊，当你向别人发过脾气之后，你的言语就像这些钉孔一样，会在别人的心灵中留下疤痕。无论你怎么道歉，伤口总是在那儿。记得有一次，课间操广播大队委开会，我急匆匆地向二楼跑去，这时我最好的朋友小明叫住了我："你去哪？"我连头也来不及回，一边跑一边说："开会去！""等一等！""来不及了，别啰唆了！"我来到了开会的地点，却发现自己忘了戴红领巾，真是丢三落四呀！我懊恼地又跑回教室戴红领巾，却发现桌上赫然放着一条红领巾和一张小明留下的纸条：看见你忘戴领巾了，可是怎么也追不上你！帮不了你了。顿时，我的脸上青一阵红一阵的，原来是这样，可我刚才的态度，一股愧疚之情涌上心头……

其实，这不正是我们的"北京精神"的体现吗？爱国即爱我们的国家，愿意为了国家和民族的强盛而努力学习、工作，这是对一名中国公民的最基本要求。创新是使国家强盛的最重要途径，创新能让我们的科技更加进步，生产出更多更好的产品被国人和外国人接受，创新还能让我们创造出更尖端的武器，可以避免被侵略。至于包容和厚德，这是中华民族的美德，我们每个人都有义务去维护和宣扬，乐于助人、见义勇为、尊老爱幼等都是包容和厚德的表现，我们要从身边的小事做起，为国家赢得更多的尊重。

我也要从小事做好，用实际行动去践行北京精神，让北京精神熠熠生辉！

教 | 师 | 点 | 评

文章紧紧围绕着"北京精神"展开叙述，在读书的过程中，对照着自己的实际生活，对"北京精神"中"包容"这一主题体会得很到位。能够抓住生活中自己的点滴小事悟出道理，语言流畅，表达了自己的真情实感。

海纳百川，有容乃大

北京市海淀区中关村第四小学六年级五班　张婧一

指导教师　任全红

最近看了一些关于北京精神的资料，使我发现原来从很多方面都可以看出北京的好品质——包容。

从我出生的那一天起，我就"认识"了许许多多的"外地人"，他们来自于中国的不同地方，有的甚至来自国外。我爸爸就是山西襄垣人，他是考上了北京大学才来到这里的。我幼儿园的同学有来自天津的、河南的、新疆的，还有国外的。我们有着不同的肤色，说着不同的语言。而北京接纳了在北京的所有人，让我们都能快快乐乐地生活在这里。

再来说说"吃"。从北京的菜系来说，它没有多少北京自己的风味。北京菜融合了各种口味，鲁菜、川菜、粤菜、湘菜等等，最后变成了"京味"。据说著名的烤鸭，都有四种起源，有人说是南京的、杭州的、西安的，也有人说是女真人建都北京时带来的。北京的各种小吃就更不用说了，艾窝窝、爆肚等清真口味是回族的，萨其玛、豌豆黄的宫廷风味则是满族的……在北京，不管是什么人，你一定可以找到自己心仪的食物！

"吃"完了，我们就谈谈北京的日常用品吧！在北京，到处都可以看到国外的车子、包和衣服。我有一次去欧洲，在那里也有许多"中国货"、"北京货"。也就是说，北京已经和世界同步了！每年北京有和巴黎"一样"的时装秀，新款的汽车在这里也比比皆是，大家都用着新颖的高科技产品……北京可以接受各种各样的产品，同时也让自己变得繁荣富强！

北京有着大海一样的胸怀，可以容得下上千上万条河流。如果要问它为什么会这样，因为它就是胸怀宽广的中国人的首都!

教｜师｜点｜评

小作者的文笔亲切自然，娓娓道来，仿佛是在和人聊天一般。文章的题目精准地概括了文章的内容以及主旨，体现了北京的包容精神。文章的脉络清晰，运用了总分总的结构，中间用北京包容各地的人、融合了各地的食物以及日用品来分别说明北京的包容精神。语言流畅，视角高远。

校园美景

北京市石景山区八角北路小学三年级二班　王欣逸

指导教师　陈　炜

　　我的学校——石景山八角北路小学，是北京一所普普通通的小学，可校园特有的书香气息熏陶着我，在我的眼中她是那样的美丽。

　　校园的美是五颜六色的。在校园安家的花草树木，用它们特有的颜色装点着我们的校园。石榴树开了花，火红火红，非常鲜艳。远远看去，像一片红云。一朵朵花，像一团团火，整棵石榴树上像是在开篝火晚会。操场的护栏旁，蔷薇开得硕大而且招摇，它们从护栏的空隙间穿挤过去，把护栏变成了一堵充满生命力的花墙。蔷薇有白的，有粉的。白的花特别多，像一团团雪，也许是因为夏天不下雪，所以白花们才来凑热闹的吧！粉的花像一片片晚霞，与白花辉映着，形成了一道美丽的奇景。月季是鲜红的，花瓣大片大片的，像扯碎了的红布条，花瓣围在一起，倒像是一个个大红灯笼。三色堇有黄的，有紫的，远看好似一群群蝴蝶在翩翩起舞，怪不得人们习惯叫它蝴蝶花呢！还有那两棵高大的杉树，一年四季都在为校园撑起两把巨大的绿伞。但是校园里最亮丽的色彩还要数我们这群活泼可爱的同学们。我们在花丛中穿梭，就像是一只只美丽的蝴蝶；我们在石榴树下聊天，就像是一只只小鸟；我们在杉树下读书，就像是一只只在知识的花丛中采蜜的小蜜蜂……老师们都说，校园里有了我们就有了生机。

　　我们的校园美是成熟的美。当秋风吹起，我们的校园就是一个大果园。校园南边的葡萄架上挂满了一串串的葡萄。那葡萄水灵灵的，真像一颗颗紫红色的珍珠。教学楼前的石榴树上，挂着一个个大石榴，它们笑得咧开了嘴，露出了颗颗晶莹剔透的果粒。柿子树也挂上了盏盏小红灯。核桃树、杏树、桃树、枣树也都不甘落后，争先捧出了它们的果实。我们学校每年都会举办采摘节，全校师生总动员，亲手摘下这些果实。你给我个石榴，我喂你颗葡萄，学生在欢笑，老师在欢笑，果树也在欢笑。每个人都置身在丰收和欢笑的海洋中。每当这时，我就会想：其实我们每个学生就是八角北路小学的小树苗，老师就是辛勤的园丁，六年的学习会让我们茁壮成长，结出累累硕果。

我爱校园的多彩，更爱校园的硕果累累。

教｜师｜点｜评

小作者从校园四季的美丽景物入手，写出了对校园的喜爱。重点描写了四季的景物，生动有趣，写出了四季的特点，写出了校园的美丽和情趣。

家乡的四季

北京市石景山区古城第二小学一年级七班　杨润东

我的家周边有山，山脚下还有一条河，爸爸告诉我，山是燕山，河是永定河，这是一个美丽的地方。

春天的山坡上，嫩绿的小草钻出了地面，一丛丛地拥在金黄色的迎春花丛下面，河边的柳树也披上了一层淡淡的绿色外衣，美丽的小燕子在天空中自由自在地飞来飞去。

夏天来了，知了躲在浓密的树叶里叫个不停，我最喜欢和小朋友一起在河边捞小鱼小虾，在石头下面还能抓到张牙舞爪的小螃蟹。

秋天是最漂亮的季节，满山的红叶、枫叶把整座山染成了红色，树上挂满了金黄色的柿子，还有火红色的石榴在咧着嘴朝你笑着，想让你把它带回家。

我最喜欢冬天下雪的时候，漫天的雪花飘呀飘，把所有的地方变成了可爱的白色，河水也结冰了，钓鱼的老爷爷也变成了一个大雪人。

这就是我的家乡门头沟，我爱我的家乡。

教 | 师 | 点 | 评

小作者描写了自己的家乡——门头沟的春、夏、秋、冬，层次清晰，语言流畅优美，能打动人，字里行间流露出对家乡的喜爱。

家乡的四季

北京市石景山区古城第二小学三年级四班　李兆妍

　　我的家乡在北京延庆一个被山环绕的小山村里。那里有数不清的大山，虽然山并不高，也并不雄伟，但是它们却很美丽。

　　春天，山上遍地是五彩缤纷的野花。有金灿灿的柴胡和黄芩，有紫色的丹参和白头翁，有蓝色的猫眼，有白色的小地丁，还有粉艳艳的桃花……更多的是连名字都叫不上来的野花。远远望去，就像一望无际的海洋。

　　美丽的春天一过，凉爽的夏天就来到了。远远望去，满山不知什么时候被披上了绿色的军装。当你走近一看，军装上还被绣上了无数黄色的鸡爪儿和红色的刺黄连。树上还挂满了许多我爱吃的水果，地上长满了绿油油的野菜。

　　转眼间，凉爽的夏天过去了，更诱人的秋天悄悄地走近了。秋天，山上层林尽染，五彩缤纷。树上挂满了香甜可口的果子。看，山的那边不知是谁悄悄地挂上了无数红色的小灯笼，怀着好奇心走近一看，啊！原来那是我最爱吃的柿子，在它的身旁还有那黄橙橙的梨，像天上的星星一样多的红色的枣，馋得我直流口水。秋天，还有各种各样的野菊花也悄悄地凑起了热闹，把整座大山打扮得绚丽多姿，美不胜收。

　　在不知不觉中，秋天悄悄地走了，深夜里的一阵西北风把寒冷的冬天送来了。它从树梢上呼呼地走过，树上五颜六色的叶子被它摘光了，地上的小草被铺上了一层厚厚的地毯，我们最喜欢的小花也不见了踪影，悄悄地躲了起来。西北风见状满意地走了，就在这时，美丽的天使——

雪姑娘来到了，她们在大山的上空跳着美丽的舞蹈，好像是在用行动告诉小动物们冬天到了，天气冷了，你们赶快多穿些衣服，别感冒了。就这样，美丽的天使走后，大山也被披上了一身银装，在太阳公公的照耀下，闪闪发光，别提有多迷人啦！

　　这就是我家乡的一景——美丽的大山。它就像一座大宝库，美丽而又迷人。我爱家乡的大山。

教│师│点│评

　　文章语言优美、生动，按照春夏秋冬的顺序，借助多种修辞手法尽情地赞美了家乡的美景，表达了对家乡的喜爱之情。

美丽的校园

北京市石景山区苹果园第二小学六年级一班　刘浣娇

　　我的校园——苹果园二小，不仅充满活力，更是美丽如画。

　　看！校园的大门十分漂亮，缝隙中还有许多英文字母呢！进了大门往前看，偌大的操场就在眼前，教学楼的颜色是红色。我们有一南一北两座教学楼。看！我们的北楼大厅里有花坛，转角就进了我的教室，往里一看，墨绿的黑板被同学们擦得干干净净的，再往后看，是一列列整齐的桌椅。桌椅后面还有一排柜子，往上看，是我们班同学自己做的板报。

　　校园里不光教学楼漂亮，校园的景色一年四季更美丽。

　　冰雪融化之后，春姑娘穿着绿色的衣裳悄悄地来了。小草纷纷探出头来，一小片一小片的。"碧玉妆成一树高，万条垂下绿丝绦"，校园角落里的那棵柳树悄然披上了绿的新装，在春风中微微摇曳着。

　　校园最美的地方还是在操场边的花坛，花坛里有嫩绿的小草，绿油油的像一片绿地毯；草间有五颜六色的花朵，像小孩子绽放的笑脸；旁边一棵大树，像一把巨大的大伞，呵护着身旁的"邻居"。大树的叶子非常密，不留一点儿空隙。

　　这就是春天的校园，我爱它的美丽！

　　夏天的时候，小草争先恐后地一个又一个地往上蹿。校园里的树木变得更绿了，抬头看去，满眼的葱翠。天气变得炎热起来，但这丝毫不影响同学们在校园里奔跑的热情。他们在操场上嬉戏着，追逐着，打闹着，校园沸腾起来了。

这就是夏天的校园，我爱它的快乐！

秋风渐起的时候，校园里的树时而随风摇摆，时而站立不动，时而从树枝上落下几片泛黄的树叶，如美丽的黄蝴蝶随风飞舞着，飘飘洒洒最终回归大地的怀抱。一阵冷风吹来，让人感到一阵凉意。操场上正在进行锻炼的同学的呼吸在空气中凝成了乳白色的热气，大家兴奋地叫喊着。

这就是秋天的校园，我爱它的凉爽！

冬天，白茫茫的一片。树上、房子上，到处是雪的身影，校园里的松树也穿上了雪白的冬装，威武挺立着。地上铺着一层白雪，下课后，很多同学都从教室里跑出来，小手抓起地上的白雪就互相朝同学扔去，欢声笑语在操场上此起彼伏，连太阳公公都被招呼了出来。

这就是冬天的校园，我爱它的纯洁！

校园是美丽的，我们的心也是美丽的。我爱我的校园。

教｜师｜点｜评

学校生活似乎平淡乏味，但本文作者却善于从平凡中发现不平凡，而且表现得津津有味，生动地展示了小作者积极向上的精神风貌。文章首尾照应，中心明确，结构完整，是一篇优秀的习作。

我用我的眼睛看北京

北京市石景山区古城第二小学四年级三班　张思婷

罗丹说过："美是到处都有的，对于我们的眼睛，不是缺少美，而是缺少发现。"我要用一双慧眼，去寻找大自然中的美，去发现生活中的美。

我用我的眼睛看北京，看到了小区里美丽的桃花盛开了，绽开了粉红的笑脸，有的还含苞欲放，像一个害羞的小姑娘。我还看到了迎春花，五个嫩黄小花瓣，散发出淡淡的香气，吹起可爱的小喇叭，"嘀嘀嗒嗒"地唱歌，像一位小小的报春使者，告诉人们："春天来了！春天来了！"一阵风吹来，香味满天飞，引来了无数只漂亮的小蝴蝶和可爱的小蜜蜂翩翩起舞，我也被深深地陶醉了！

我用我的眼睛看北京，看到了校园里柳树伸出了"长发"，转眼间，就长出了又细又长的嫩叶。一阵风吹过，它们随着风儿摇曳。看着枝条翩翩起舞，我不禁想到了贺知章的《咏柳》：碧玉妆成一树高，万条垂下绿丝绦。春天真是个充满生机的季节啊！

我用我的眼睛看北京，看到了公园里涓涓的细流，唱着欢快的歌，水里嬉戏玩耍的小鱼正在玩着"捉迷藏"，一个躲，一个找，十分高兴！

我用我的眼睛看北京，郊外，爸爸妈妈带我放风筝，我看到了天空中五彩缤纷、形态各异的风筝：有老鹰的、有蜈蚣的、有毛毛虫的……它们带着我们大家的梦想，高高地飞上湛蓝的天空。

　　只要我们有一双善于发现的眼睛，就会发现北京的美无处不在，无处不有，北京丰富多彩！

教｜师｜点｜评

　　小作者用自己的眼睛观察北京，描写了北京的美景和北京人生活的快乐，层次清楚，用词准确。

家乡的小河

北京市石景山区古城第二小学二年级七班　付　安

　　我的家乡景色宜人，是个美丽的地方。村前有一条弯弯的小河，叫永定河。

　　春天，小河的两岸，被微风吹起的柳树，就像摇着长辫子的女孩在翩翩起舞。绿绿的草地，开满了各种各样的野花，红的、黄的、白的、紫的……五颜六色，美丽极了。

　　夏天，小河就成了我们的游乐场。我们这些孩子在大人的带领下，到小河里捉小鱼，摸小虾，打水仗，玩得别提有多高兴了。

　　秋天，两岸的果园里结出了丰硕的果实，它们好像在对小河说：谢谢，是你给了我们充足的水分，我们才能长得又大又甜。

　　冬天，河面上结了一层厚厚的冰，从远处望去，就像一条晶莹的玉带，环绕在村子的周围。

　　我爱我的家乡，我更爱家乡的小河。

教｜师｜点｜评

　　文章语言清新活泼，通过对家乡一年四季的描写，抓住事物的主要特征，表达了小作者对家乡的热爱。文章篇幅短小精悍，值得一读。

北京精神——环保首都

北京市石景山区古城第二小学一年级八班　白　钰

北京是我们的首都，我们都爱她，特别是北京的环境。

爸爸在首钢工作，这几年为了环保，使我们的首都更美丽，首钢迁移到了外地，很多人都要走，爸爸也是其中一个，我真有点舍不得，不愿意让爸爸离开我们，因为那样我和爸爸在一起的时间就太少了。可是爸爸说："北京是我们的首都，大家都希望她变得更美更漂亮，虽然我们一家三口聚少离多，但是绿化她、环保她我们都应该做出一点贡献呀！"

爸爸说得对，虽然我和爸爸在一起的时间少了，可是我们的北京首都污染小了，绿化更好了，空气也好了。我知道，除了爸爸外，还有很多叔叔阿姨都在做着贡献。我也要像叔叔阿姨们学习，从现在开始，我要好好学习，天天向上，将来用自己的实力为首都做贡献。

教 | 师 | 点 | 评

从文中可以看出小作者对自己这个小家庭的热爱，更表现出了小作者对北京这个大家庭的热爱。

我爱家乡小小的雕塑公园

北京市石景山区实验小学六年级五班　季诗雨

指导教师　　张文溢

　　我的家乡在首都北京，这里有悠久的文化，还有许多名胜古迹，但最令我感觉亲近的，却是与我家有一路之隔的雕塑公园。

　　雕塑公园很小，如果要走上一圈，也不过一刻钟，但这里的一切都是我的朋友。

　　每天放学，我都会和小伙伴在雕塑公园玩上一会儿，然后怀着满满的好心情回家。当心里有了忧伤，我也会独自一人走进雕塑公园，与我的那些不会说话的朋友倾诉。

　　又是疲惫的一天，放学后，我独自一人来到雕塑公园。一天的烦恼被迎面吹来的清风吹散，书包里那成堆的作业也因眼前的美景在脑海中消失，剩下的只是那轻得发飘的身体，感觉好舒服！

　　"哗啦啦，哗啦啦"，那定是河水在呼唤我，我快步走了过去，蹲下身子，把手放在水中，任由水花胡乱地撞。一抬头，就看见了我的老朋友——白玉石桥。你通身洁白，弓着身子，腰弓得高高的，有种孤芳自赏的感觉。但我知道，你这样做，只是想让船只过得更方便些。

　　走过白玉石桥，看过野菊的舞蹈，听完"女孩对爷爷说的悄悄话"，接受"童趣"对我的"寄语"，"和风"吹来了"幸福"，孕育了"和谐"……这里的每一尊雕塑都在讲述着一个美妙的故事，都在诉说着美好的人生，都在揭示着深刻的哲理。它们虽然不会说话，但我从它们的眼神中、手势中读懂了那些耐人回味的语言。就这样，我静静地看着，似乎自己也成了它们中的一员。

柳树甩着长发在湖中钓鱼，小鸟站在它的腰间观赏，不时发出几声惊叹，淘气的鸭子则悠闲地欣赏着自己在水中的倒影……在这样的环境中，人们忘记了街市的繁华，独享着属于自己的生活：或吹笛，或唱戏，或散步，或静静地坐着……小小的雕塑公园让我找到了心旷神怡的感觉。

夕阳已逃出我的视线，我恋恋不舍地告别朋友们，谢谢你们给我带来了好心情。我爱你——小小的雕塑公园！

教 | 师 | 点 | 评

感情真切，想象丰富，视角独特，字里行间流露着浓浓的爱，爱身边的小公园，爱家乡的美景。

我爱我的家乡北京
——由《想北平》引发的思考

北京市石景山区实验小学五年级六班　汪雨杉

指导教师　陈　媛

《想北平》是老舍先生写的一篇散文。老舍先生是北京人，后来去伦敦留学，回国后在山东济南工作生活了很长时间。《想北平》这篇文章就是他在山东生活时想念家乡北平（北京）而写的。

文章写道："我真爱我的北平。这个爱几乎是要说而说不出的。我爱我的母亲。怎样爱？我说不出……言语是不够表现我的心情的，我之爱北平也近乎这个。"老舍先生把北平当作他的母亲一样爱着。老舍先生去过巴黎与罗马，但是他更爱北平的动中有静。他爱北平的布置，北平"在人为之中显得自然，几乎是什么地方都是既不挤得慌，又不太僻静：最小的胡同的房子也有院子与树；最空旷的地方也离买卖街与住宅区不远。""北平的好处还在于处处有空，可以使人自由地喘气。""北平的书多古物多，郊区生产的花多菜多果子多。"北平的生活是老舍先生最想念的生活。

读完这篇散文，我也开始思考现在的北京。现在的北京有博物馆、有体育馆、有快餐店、有繁华的王府井和前门、有各种手机电脑城，等等，但是我们也失去了很多自然的东西，我都开始羡慕老舍先生笔下的北平了。现在的北京越来越大，人口越来越多，偏僻的郊区生活不便，城市中心又楼房林立，车水马龙，拥挤不堪。我曾到市区的一个地方，在酒店楼宇之间，竟然有一小片草地，一条小河围绕着它，河上有小桥。在这个美丽的小天地里，有几只小白兔蹦蹦跳跳在吃草，河里游着一群金鱼，还有两只大白鹅游来游去，假山下藏着几只羽毛已经丰满的小鸭子。它们悠闲自得，也不怕人，在这里幸福地生活。我多希望在北京拥挤的城市里多一些这样的自然天地啊！如果我长大了能做城市的规划者，我一定要让北京有更多的树、更多的院子，有让更多的小动物能自由生活的天地。

我爱我的北京，我爱我的家乡！我要从小好好学习，长大用自己的力量为家乡做贡献！让我们手拉手，一起保卫我们共同的北京吧！相信那时会有更多的人爱上北京！

教│师│点│评

小作者写的这篇文章，语言平和、真实，表达出了自己的真情实感，让我们读后回味无穷，能够产生共鸣。在这篇文章中，我们不仅看到了拥有悠久历史的首都北京正在发生巨大的变化，更领略到了北京的新风貌、新风采。同时也引发我们思考：现在的北京在不断发展、日益强大，我们应如何更好地保卫它？文章字里行间表达出小作者对家乡北京的热爱之情和期盼北京的明天更加美好的心愿！

我爱家乡美

北京市石景山区实验小学五年级三班　魏宇恒

指导教师　赵欣悦

从小，我就生活在北京市石景山区八角中里，我非常喜欢这里。这里一年四季景色迷人，不管是春华秋实，还是严寒酷暑，这里都像一道优美的风景线。

春天，小草从地里探出头来，白色的玉兰花、金黄的迎春花、粉嘟嘟的桃花竞相开放，我和一群小朋友一边滑滑板，一边欣赏这里的春色。

夏天，大树长得郁郁葱葱的，天气也热了起来，知了在树上"知了、知了"地叫着。天气虽然很热，但这并没有影响我和伙伴们享受这美丽的夏季。暑假的中午，姥姥在家里午休，我推着自行车轻轻下了楼，和伙伴们飞快地在两座假山之间的小路上奔驰，风在我耳边呼呼地响着，我们发出了阵阵的欢笑声。

北京的秋天最美了，八角中里也不例外。实验小学门口的林荫道边种了很多银杏树。秋天一到，树叶悄悄由绿变黄。秋风吹过，银杏树叶像金色的雨一样纷纷飘落下来，把地面都覆盖了。在这片金色的海洋里，有的人坐在路边的椅子上看书，有的人带着小朋友在落叶上玩耍，小狗也在地上打滚儿……

冬天是我最喜欢的季节。下雪了，我欢呼着。雪后的八角中里像是披上了一层银装。我们几个小朋友就可以打雪仗、堆雪人了。记得有一次我和两个朋友堆雪人，趁伙伴们不注意，我把雪人的胡萝卜鼻子咬下来一大截，雪人成了"短鼻公"，逗得大家哈哈大笑。

我爱我的家乡，爱她的春夏秋冬，爱她的美丽风景。

教 | 师 | 点 | 评

在小作者的眼里，自己生活的小区一年四季都是美的。这里不仅景美，而且每个角落都会留下孩子们的欢声笑语。字里行间都流露着小作者对家乡的爱意。

雪地中飘扬的红领巾

北京市昌平区第二实验小学六年级三班　孔祥悦

　　我的家住在北京市昌平区回龙观，这是一个美丽的社区，这里有一座座拔地而起的高楼，有一条条宽敞整洁的街道，这里生活着一群群可爱善良的人们。

　　记得 2011 年北京的第一场雪在人们千呼万唤中终于来了！

　　那天一大早，一听到下雪了，我一骨碌地爬了起来，从窗户向外看，天空正飘着鹅毛般的雪花，整个大地被一床厚厚的棉被包裹着，真是一个银装素裹的世界！我赶紧穿衣起床，准备喊上小伙伴一起去玩雪。

　　突然，电话铃响起来了。我接起来一听，原来是小区居委会阿姨打来的："小朋友，今天下雪了，快来参加我们的扫雪活动吧！别忘了戴上你们的红领巾！"我一放寒假就到居委会报到了，现在好不容易等到他们组织社区活动了。"好啊！"我爽快地答应了。

　　当我赶到居委会时，已经有几个小伙伴先到了，我们就帮着把扫雪、铲雪工具搬出来。过了一会儿，更多小伙伴来了，他们个个戴着鲜艳的红领巾，看来和我一样都是少先队员啦！这时，居委会阿姨开始分配任务了："孩子们，你们都是少先队员，帮助他人是理所应当的。你们看这道路上都是雪，人们出门活动、买菜都极不方便，我们应该行动起来，清除掉道路的积雪，方便大家外出，大家说好不好？""好！"大家异口同声地说。

　　说完，大家都争先恐后地去拿工具，我们年龄稍大的孩子自觉地拿起了铲子，让年龄稍小的孩子拿扫帚。我们在居委会阿姨的带领下，在小区的各条道路上卖力地干了起来。一开始由于上面的雪很干，所以很松软，大家干得轻松自如。铲着铲着，就挖到冰了，这冰是刚结的，坚硬如铁，根本铲不动。可我们不放弃，因为我们知道如果留着这冰，人们走路、骑车就很容易滑倒、受伤，我用铲子不断地敲打着冰面，虽然一时没什么用，但我依然坚持不懈地干着。突然，我听到了"咔嚓"一声，冰面上裂开了几条裂缝。我欣喜若狂，再次击打冰面，不出我所料，一大块冰被我铲了起来。有了这个突破口，铲雪就容易多了。小伙伴们也借鉴我的经验，一一敲打着、铲着。不一会儿，我们就清理了好几条道路上的积雪。

这时，很多人出来活动了，他们看到我们这么起劲地扫着、铲着，禁不住交口称赞起来，还有不少人都自发地拿起了铲子加入了我们的队伍。我们虽然干得汗流浃背、气喘吁吁，但看着鲜艳的红领巾在胸前飘扬，我们不由自主地有一种自豪感，更加卖力地干着。雪地里留下我们越来越多的足迹，一条条干净、整洁的道路在我们足下不断向远处蔓延。

更多的人走到雪地中来了，有年轻人，更有老人、孩子。他们走在我们清理过的道路上，脸上洋溢着欢乐的笑容，笑眯眯地迎接这个洁白的世界。我想，他们不仅记住了这场姗姗来迟的雪，更记住了在雪地上到处都在飘扬的红领巾！

我们这群"红领巾"把雪后的社区装扮得别样美丽，北京城里像我们这样爱家园、爱北京的"红领巾"还有千千万万，他们把北京城装扮得格外美丽。

教 | 师 | 点 | 评

　　语言朴实但感情真挚，对大雪过后京城特有的扫雪场景描写得细腻。愿北京城到处都飘扬着这样爱家园、爱北京的"红领巾"，把北京城装扮得更加美丽！

我爱北京

北京市昌平区二一学校三年级一班　高　原

　　北京是我国的首都,是一座美丽的城市。北京的四季五颜六色、多姿多彩!

　　春天的北京,百花盛开。有金灿灿的迎春花、粉嘟嘟的桃花、洁白的玉兰花,还有芬芳扑鼻的丁香花。春天来了,小鸟在树上叽叽喳喳地叫着,小朋友们脱掉厚重的棉衣,换上鲜艳的新衣裳。

　　夏天的北京,非常炎热,红红的太阳像个大大的火球。郁郁葱葱的大树上,知了在奋力鸣叫。怕热的人们,穿着花花绿绿的泳衣在池里游泳、嬉戏和玩耍。夜晚,池塘中粉红色的荷花亭亭玉立,红色、紫色、白色的睡莲铺在水面上,小青蛙们在绿油油的荷叶间蹦来跳去。

　　秋天,香山的枫叶一片片像喝醉了酒似的脸都变红了,整座大山仿佛换上了一件红橙色的披风。这时,周边的大山里,红彤彤的酸枣和山楂、黄橙橙的柿子、毛茸茸的板栗、圆滚滚的核桃都成熟了,好一派丰收的景象。

　　冬天的北京,可以称得上是冰天雪地。可庙会上的糖葫芦、炸年糕、秸秆风车、各式各样的杂耍,早让人忘记了寒冷。

　　北京的四季美不胜收,我爱北京!

教│师│点│评

作者眼中的北京是美不胜收的,字里行间表达了小作者对北京深深的热爱之情。让我们同小作者一道在优美的文字中,进入春夏秋冬的北京去感受北京的美吧!

北京人，我为你自豪！

北京市昌平区小汤山中心小学五年级一班　付天何

　　北京人儿，北京味儿，见面礼数透着范儿。

　　都说北京人情暖，待人接物说话甜。

　　上善若水老北京，厚德载物北京人儿。

　　我非常喜欢这首童谣，因为它表现了北京人热情真诚、待人亲切、厚德载物的品格。我也为自己是一个北京人而感到自豪。

　　一位名人说过："厚德是中华文化的精神之魂，也凝练在北京人的精神品格之中。"北京建城三千多年、建都近千年的历史，培育了北京人崇德、尚德、重德、厚德的品格。注重日常道德修养，拥有高远博大胸怀，是厚德的主要内涵。

　　同样，在我们的生活中，也发生过一些感人的事例，那些主人公真不愧是北京人的榜样，不仅为北京人赢得了荣誉，还让北京开放的窗口更加明亮。

　　尊老敬老的钱小瑜让我很敬佩。钱小瑜不仅孝敬自家老人，对邻里长辈也是敬爱有加。每逢节日她总是带上自家采摘的水果和蔬菜看望周边邻居的老人。她积极参加社会敬老、养老、助老公益活动，发挥自己的艺术特长协助社区老年人参加文化娱乐活动，为和谐社会建设做出积极贡献。她义务坚持每周一、四晚上教老人唱歌，有益于老年人的身心健康。我知道，做一次好事很容易，但能够坚持做很多次就太了不起了。一个人如果能坚持做一些有意义的事，那需要付出很多辛苦，要有一个信念的，这个信念就是厚德载物。

还有一件事，是我在网上看到的。一个人在公共汽车站等车，忽然看见一个大哥哥急急忙忙地对一位叔叔说："能借我一元钱吗？我忘记带钱了，可现在急着回家。明天在那个公园门口还给你。"叔叔听了，毫不犹豫地把钱给了大哥哥，说："你不用还了，天色不早了快点回家吧！"大哥哥感激地接过了钱，嘴里不停地说"谢谢"。这位叔叔友爱、互助的精神，不正是"北京精神"中的"厚德"吗？我们也应该学习这位叔叔的精神，在别人需要帮助的时候伸出援助之手，多做一些助人为乐的事。

其实，在我的生活周围，经常发现有人需要帮助，有大事、也有小事，有的人就能伸出援助之手，有的人就袖手旁观，而我做得也不够好，没帮过别人几次。但今后，我要做热情真诚的北京人。北京人，我为你自豪！北京人，我还要为你添彩！

教│师│点│评

感人的事时常发生在我们身边，发生在北京人的生活中，小作者捕捉到生活中的点点滴滴，诠释着北京精神的方方面面，表达了身为北京人的自豪！

读好书 学包容

北京小学翡翠城分校三年级二班　张茜蕾

指导教师　李秀梅

我是一个很爱看书的女生，一头扎进书堆里，在书的海洋中尽情遨游，让我感觉非常快乐。我喜欢看的书很多，《爱丽丝梦游仙境》、《十万个为什么》、《小公主》、《鲁西西传》……其中我最喜欢的还是《鲁西西传》，这本书是妈妈送给我的"六一"儿童节礼物，我一见到它就爱不释手。

世界上最广阔的是大海，比大海更广阔的是天空，而比天空更广阔的就是人的心灵。这个道理是我读了《鲁西西传》后才知道的。

鲁西西是个善良又开朗的小女孩儿，在她的生活中有喜怒哀乐，有很多有趣的故事。在众多的故事中，留给我印象最深的是这样一个故事：有一次，鲁西西意外来到了一艘奇怪的舰艇，和阔阔船长他们一起缩小，进入了非常小心眼的孔莉莉同学心中，为她开阔心胸。孔莉莉常常为鸡毛蒜皮的小事和别人斤斤计较，而这些小事在她心里都成了坚如磐石的"岩石"！最后在阔阔船长和大家的共同努力下终于将"岩石"移走了，使她变成了一个心胸宽广的人。经过这次亲身体会，鲁西西心中的别扭也一下子烟消云散了，她这才懂得了当个宽容的人是多么好的一件事情。

同学们，我们在生活中遇到小事情，是跟别人斤斤计较还是心平气和地解决并和别人说"对不起"或"没关系"呢？你们觉得这两种表达方式哪种更好呢？

妈妈说，我们作为北京人，更应该懂得宽容，因为它也体现了北京精神中的包容。每个人心中都有一片大海，一片天空。要是每位同学都有一颗包容的心，班级的氛围也就变得宽松了；每个班级的氛围都宽松了，整个学校就会变得和谐；所有国家都宽容些，我们的地球就会变成一个和平的世界。

学会包容的人，就学会了生活；懂得包容的人，就懂得快乐！同学们，让我们从现在做起，撑起心中的一片天空，放逐心灵的海洋，做包容的北京人吧！

教 | 师 | 点 | 评

从读书中获取知识，从读书中明白做人的道理。本文主题鲜明，语言流畅，情感流露合乎情理。

我爱北京

北京市房山区城关小学五年级六班　朱宇翔

北京是我们伟大祖国的首都。我出生在这片热土上，我爱她三千年的悠久历史，我爱她雄伟壮观的建筑，我更爱她那美丽如画的四季。

我爱北京的春天。当树叶和小草从大地妈妈的怀抱里探出头来，对这个五彩斑斓的世界充满了新奇时，燕子就从遥远的南方飞回来了，小动物们也从温暖的窝里蹦出来晒太阳了。春姑娘的到来让大地万物复苏、百花初放，大地妈妈就像穿了一件绿色的裙子。你看那北海公园、颐和园、植物园里，处处可见人们扶老携幼地前来踏青，欣赏这生机盎然的春天。

我爱北京的夏天。骄阳似火，气氛热烈，就连马路边上盛开的花儿也举办着一场"选美赛"。五颜六色的月季花、芳香四溢的茉莉花、婀娜多姿的荷花，争先恐后地竞相开放。夏叔叔的到来，让火红的太阳、湛蓝的天空、洁白的云朵、绿色的树木和姹紫嫣红的花朵勾勒出一幅幅和谐的画面，这时候的大地妈妈也换上了一件五彩缤纷的连衣裙。你再看那朝阳公园、陶然亭公园和"水立方"的水上乐园里，处处洋溢着人们戏水的欢声笑语，陶醉在盛夏里的清凉中。

我爱北京的秋天。在郊区，累累的硕果让农民伯伯的脸笑开了花，田野里不时传来喜悦的欢呼声。庄稼整齐地排着队，随着风儿向农民伯伯致敬，人们的心里被喜悦塞得满满的。秋姐姐微笑着一挥手，金黄色的叶子飘落到林荫小路上，这美丽的叶子就像为大地妈妈量身定做的金色晚礼服。你看那秋天的香山，漫山遍野的红叶，层林尽染，落叶飘然而下，犹如洋洋洒洒的红雨，舞姿翩跹的蝴蝶，喧闹暮归的群鸟。站在长城上，望着被红叶簇拥的香山，仿佛眼前是熊熊燃烧的大火。

我爱北京的冬天。当鹅毛般的大雪纷纷扬扬地落在京郊大地上时，整个北京城顿时变成了一个粉妆玉砌的银色世界。最开心的要数小朋友们了，你看那昆明湖、青年湖、雁栖湖、龙潭湖，嬉戏的人们有的在滑冰，有的在堆雪人，有的在打雪仗，欢声笑语在这玉树琼枝搭建的银色世界里回荡。冬爷爷一来，这个世界仿佛就变成了孩子们的乐园。雪是那么纯洁，孩子们的心灵也在这银装素裹的世界里得到了净化。白色的旗袍穿在大地妈妈的身上有多美呀！

翠春、碧夏、金秋、银冬，一幅幅美丽画卷构成了美丽的北京。在这个大家庭里，我就像一粒种子在生根、发芽、茁壮成长，并传承着我们的北京精神——"爱国、创新、包容、厚德"。我爱我的故乡——北京！

教 | 师 | 点 | 评

按四季的顺序准确地表达了北京四季的特色，文辞优美，抒发了小作者爱北京、爱家乡的情感。

让爱从这里起航

北京市房山区良乡第二小学四年级三班　杜柏杨

指导教师　　任全瑶

　　爱国、创新、包容、厚德，这耳熟能详的四个词我们大多数人都能脱口而出。因为这就是我们的"北京精神"。一个国家需要拥有伟大的民族精神，一个城市同样需要有自己的城市精神。北京——我们的首都，一个既古老而又文明的城市，也必须要有自己的精神。作为一名小学生，我虽然对这种精神理解得还不够深刻，但是我深深地知道只要把我的爱心给予身边的每一个人，就能够让别人快乐，这就是北京精神。

　　前些日子在学校发生了这样一件事，我们学校有位同学得了白血病，从辅导员王老师的倡议书中我了解到这种病十分可怕，救治这种病需要花费很多的医药费，这位同学的家庭并不富裕。这件事深深地触动了我，平常一个感冒都让人很难受，身患白血病该有多么痛苦呀！于是我决定尽自己最大的努力去帮助这位同学。我的想法也得到了爸爸妈妈的大力支持，平常对我多花一元钱都会唠叨个没完的妈妈，今天爽快地拿给我 100 元钱，说道："这点钱虽然对这位同学来说只是杯水车薪，但是能够表达我们全家人对他的深深祝福。希望他早日康复。"妈妈的做法太让我感动了！

　　当我躺在床上的时候，久久不能入睡，"让我们的爱留住身边的每一个人……"这句话时时在我耳边回响，于是我悄悄下床，从我的压岁钱中又拿出了 100 元，并精心设计了一个精美的连心卡，在卡片上写好祝福的话，和这二百元钱一起放在了我的书包中。第二天上午，在《爱的奉献》乐曲的陪伴下，我将这 200 元钱毫不犹豫地放到了捐款箱中。

　　学校以飞信的方式向捐款的家长表示感谢，这一方式也直接暴露了我的小秘密——我自己又偷偷地多捐了100元人民币。放学回家的路上，我忐忑不安。平时妈妈对我的管教很严厉，尤其不能说谎话。这次，我背着妈妈……我想都不敢想了。推开家门，并没有看到妈妈阴沉着脸，我很是奇怪，但也没敢问。最后还是妈妈开了口："你从你的压岁钱中又拿了100元，足以说明你真的是一个很有爱心的孩子。"感谢爸爸妈妈，是你们包容了我撒谎的错误，我也深深地意识到了我不该瞒着爸爸妈妈，同时也让我懂得了如何去包容别人。感谢我的学校，是您让我懂得了，我所做的太微不足道了，但我们有那么多的老师和同学一起在奉献爱心，是您让我学会了如何爱身边的每一个人，更让我懂得了如何去爱我们的学校，如何去爱我们的祖国。

　　"让我们的爱留住身边的每一个人……"是的，帮助身边的人是我们的职责。我相信只要我们从现在做起，去爱每一位同学、去爱每一位老师、去爱我们身边的每一个人……我们的爱就会像一叶叶小小的帆船，只要大家奋力划桨，爱就能从这里起航，航行到那浩瀚无垠的海洋！

教 | 师 | 点 | 评

　　通过小作者的描述，我们看到了一个充满爱心的孩子，正是因为有无数像小作者这样的小学生，我们的社会才会变得更美好，并为我们和谐的大家庭贡献出自己的微薄之力。

包容让生活更快乐

——读《北京精神》有感

北京市顺义区西辛小学五年级四班　柴天琦

新学期有本书是《北京精神》，我很认真地读了两遍，体会很深刻，尤其是关于北京精神的"包容"部分，让我明白了很多道理。

上星期的一天早上，妈妈准备骑自行车送我上学，结果自行车怎么都蹬不动，一看，车胎没气了，我们只好急匆匆地去赶公交车，还差点迟到了。到校后才知道，原来是前一天晚上有人恶作剧把车胎气给放了。当时我非常气愤，想着他们怎么可以这么讨厌呢！我一定要去告诉他们的妈妈，让他们的妈妈教训他们。

晚上我把这件事告诉了妈妈，妈妈很淡定地说："男孩子淘气，觉得好玩，下次肯定不会了，不用告诉他妈妈。"呵呵，妈妈可真宽容啊！当我读完整本的《北京精神》时，我顿时明白了，这就是北京精神的"包容"。果然，放车胎气的事件再也没有发生过。

通过这个故事我明白了包容，理解了包容。包容是北京精神很重要的内容，我们要体现北京人才有的包容精神，别人不小心把水洒在你身上、你不小心把水彩笔画到别人衣服上……只要说句"对不起"不就什么事都没有了吗？

许多同学在其他方面都做得很好，唯一缺少的就是包容，所以经常发生争吵，有些同学还动了手，难道，拳头能解决一切问题吗？包容，它是一种爱的体现，是一种内在素质的体现，是一种美德。包容看似简单，可没有多少人能够真正做到。

让我们学会包容吧，包容能让我们交到朋友，包容能让我们和朋友的友谊更加深厚，包容能让我们的生活更加快乐，我们何乐而不为呢？

教 | 师 | 点 | 评

小作者对平凡小事的娓娓叙述道出了他对"北京精神"中"包容"的理解，以小见大的写法，让读者看到了一个践行"北京精神"的小公民形象。

争做北京文明少年

北京市密云县第六小学六年级五班　尹伊宁

指导教师　李春霞

一个国家需要拥有伟大的民族精神，一个城市同样需要有自己的城市精神：2011年11月2日，北京市公布了北京精神——爱国、创新、包容、厚德。这简简单单的八个字，全面体现了真正的北京精神，我们一定要做到这八个字，更要努力争做文明少年！

文明无处不在，随手捡起垃圾扔入垃圾桶、为老年人让座、把小区的地面打扫干净……这都是文明的表现，我们要做一个讲文明、懂礼貌的好孩子。

北京精神不断体现在发生在我们身边的每一件事中，每一件小事都蕴含着爱国、创新、包容、厚德八个字。

记得有一次，我一个人坐车去上课外班，当时车上的人很多，我被人群挤得喘不过气来。过了一会儿，一位阿姨下了车，我赶紧三步并作两步地走到座位旁，好像怕别人把座位抢走一样。正当我舒舒服服地坐下来欣赏窗外的美景时，一位老奶奶挂着拐杖上了车。这位老奶奶白发苍苍，大概有七八十岁的样子，我马上站起身来，走到老奶奶身边说："奶奶，您坐这里吧！"只见老奶奶冲我微笑道："你真是一个文明、懂礼貌的小学生。"

争做文明少年，还要树立环保意识，让我们周围无垃圾，创造一个优美的学习、生活环境。

一天，学校组织我们到小区里捡垃圾。我们分成几个小组，同学们有的用塑料袋把垃圾装起来，有的直接把垃圾捡进垃圾桶里……每个人都特别开心，脸上洋溢着灿烂的笑容，我们捡了很多垃圾都扔到了垃圾桶里，小区里的爷爷奶奶都夸我们："你们这些同学真好，小区里被你们一'化妆'，环境更优美了，你们都会有出息的。"我们听着爷爷奶奶的夸奖，更加有精神了，都在全神贯注地争着抢着捡垃圾，忙得不亦乐乎。一会儿的工夫，整个小区就变得干干净净了。这时我想起一句话：我知道人类的一切工作，如果值得去做，而且要做好，就应该全神贯注。我想，我们也像这句话说的那样吧！

　　同学们，让我们从现在开始行动起来，以充满激情的心态做好早晨八九点的太阳，弘扬北京精神，把北京精神传承下去，争做文明少年。记住"只要人人都献出一点爱，世界将会变成美好的人间！"

教｜师｜点｜评

选词精准，句式灵活，充满节奏感。整体是一篇上乘之作。

我爱北京

北京市平谷区第一小学六年级一班　郭笑年

指导教师　　张小英

　　说到北京，不仅会让人想到它的文化、它的历史、它的特色，还会想到它的精神与北京人的品质。

　　北京精神不仅仅是"爱国、创新、包容、厚德"简简单单的四个字，而且是北京几千年的历史长河中所信仰、供奉的精神，是历史积淀和现实风貌的深情融合，是文明素养和道德理念的综合反映，是文化传承和自然特色的精确提炼，是生活理想和人生境界的高度概括。在这灵魂与气质中、在这追求与信念中，北京正在迈向一个新的里程。

　　北京的历史可以追朔到三千年前，北京已经成为六朝古都。现在，它更成为国家的首都。在一片广茂的土地上，不知孕育了多少爱国将领，也不知有多少万古留芳的故事在这里发生。

　　爱国不是一句空洞遥远的空话，爱国其实可以从身边做起，扎实学好每一门课程，励志做祖国的栋梁。

　　我们要不断提高自我，积极进取，勇于创新，要多读书，做到博览精读，在知识的海洋中不断进取。要继承中华民族的厚德思想和包容精神，更要有中华民族坚忍不拔的毅力和勇于奉献的精神。几个月前，北京发生了一场灾难，一位警官进入受难者的住处，连续救出了许多受难者，但是，正在最后一个人被救出来的时候，因为突然漏电，这位警官英勇牺牲了，献出了自己年轻的生命。

这是一位多么令人敬仰的伟大英雄！我们要学习英雄，做一个对祖国勇于奉献、为人民谋利益的人。

让我们从现在开始，为北京、为祖国、为我们自己开始行动，勇敢向前，积极进取，敢于担当，做一个爱家园爱祖国的人。发挥自己的能力，做好准备，充满激情地迈好每一步，迎接每一天！把北京精神传承下去，把北京建设得更美好！

伟大的北京，我爱你。

教 | 师 | 点 | 评

小作者热爱北京的那份自豪和责任洋溢在字里行间。文章紧扣"我爱北京"这一主题，读来振奋人心。

初 中 组

香椿树下的回忆

北京市第一六六中学初二二班　范歆妍

北京——一个承载着无数人梦想的地方，一座拥有着悠久历史的古城，一个被名胜古迹布满的美丽都市，不管是充满希望的日出、披上红纱的夕阳，还是车水马龙的夜市，北京的一切变化都映在我的脑海中。北京这个城市承载着太多人的故事，放飞了太多人的梦想，记载着太多人的酸甜苦辣。

我从小生活在北京，居住在具有浓厚风情的胡同里，逛庙会、听京剧、赏国画……所有关于老北京的文化都在熏陶着我，让我更加地了解了北京精神，也培养了对北京这个古老城市的深厚感情。

还记得住在胡同里，到处串门找伙伴玩耍的时候吗？还记得在小小的院子里跳皮筋、捉迷藏的日子吗？小时候的每一天都是那么自由自在、无忧无虑，身边的一切都显得那么平常，长大以后才发觉我居住在一个多么有特色、多么让我自豪的城市。

现在的地铁、公交车站旁到处都张贴着宣传北京精神的海报。虽然只有八个字，但却简洁明朗地表达出了北京精神的内涵。"爱国"、"创新"、"包容"、"厚德"，望着这八个大字，我的脑海中不由地浮现出一幅场景。

小时候，我家的院子里有一棵香椿树。听妈妈说它早在爸爸小时候就扎根在我家院子里了。每到春天，香椿树的枝干上会龇出许多小嫩芽儿，在轻柔的春风里，弥漫着一股淡淡的香气。到了四五月份，香椿树散发出的独特香气飘满了整个院子。那时我总是缠着爸爸摘香椿做成各种各样的小菜。每当这个时候，爸爸总是会挨家挨户地给街坊四邻送去一袋香椿。那时我家的香椿树在胡同里"颇有名气"。夏天，香椿树的绿荫罩住了整个院子。我总是和我的小伙伴们坐在院子里乘凉、看书、做游戏……我和弟弟最喜欢玩的还是在树旁堆一堆泥土加上水后塑造成各种各样的"艺术品"。有时候捏出些生活用品便玩起过家家来，弄得浑身是泥却感到由内而外的快乐。还有庙会上各种各样的玩意儿真是让我眼花缭乱，酸酸甜甜的糖葫芦总是握在手上挥来挥去……高大的香椿树记载着的是许多珍贵又美好的童年回忆。

思绪拉回来时，看着"厚德"二字，想到那个小院现在早已变成了高楼大厦，但我却不曾忘记小时候在院子里的快乐生活。所谓厚德就是充满着深深的感激之情。我永远忘不了那棵香椿树的模样，忘不了那香喷喷的北京小吃，忘不了在小院里发生的点点滴滴……作为北京精神的体现，最基础的就是要热爱它、尊重它。或许有一些美好的经历一生仅有一次，所以从身边的一点一滴做起，认真地做好每一件事、把握好每一个机会、勇敢地面对每一次挑战，不要错过时才懂得珍惜。从现在起，我要以身作则，尊敬师长，做一个文明有礼、合格的北京人！

教｜师｜点｜评

　　由城市的变化，联想回忆起自己的童年，由大到小，由整到微，感情细腻。对"香椿"的爱暗喻对北京的爱。在"北京精神"八个大字中，小作者着重写"厚德"。文章富有画面感和美感，诗一般的语言让人体味到北京文化的悠远深长。

包容——北京独一无二的精神

北京市第八十中学初三一班　王紫凝

我的家乡北京，是我国的首都，也是六朝古都，一代名城，其历史可追溯到三千年前。古人云："幽州之地，左环沧海，右拥太行，北枕居庸，南襟河济，诚天府之国。"是的，北京拥有独一无二的地理位置。

北京古往今来是兵家必争之地。从春秋燕国开始，到历史上的最后一个王朝，北京的重要性可见一斑。这里不知孕育了多少忠心爱国的将领，也不知有多少万古留芳的故事在这里发生。

北京精神，正是由一代又一代人在北京城市发展的过程中不断积累、传承、扬弃生成的。北京精神既有全国众多城市的共性，比如爱国，也有独一无二的一面，比如包容。

在我的眼中，北京的包容体现在民族融合中。北京是一座移民城市，所谓老北京，大多也不过三代人，再往上数就来自天南海北、五湖四海，来自祖国的四面八方了，中国的 56 个民族中都有人在北京居住。

在我的眼中，北京的包容体现在四合院的建筑结构中。北京四合院是用石头著成的书，它体现着几代人不同智慧的结合，从千年前的陕西扶风凤雏村的西周四合院，越过悠远漫长的时光，几经变迁，几经融合，凝聚成北京四合院。神游其中，你能感受到青砖灰瓦用它独特的排列组合传达着中国的文化积淀。一面从容面对，一面淡然体验，感受那份怡然自得、沉稳厚重。

在我的眼中，北京的包容体现在文化中。"海纳百川，有容乃大"，这是全国人民乃至全世界到过北京的人都共同首肯的，包容作为北京独一无二的精神可谓当仁不让。北京大学前校长蔡元培就提出过"兼容并包"的校训，这说明包容这一北京精神有着极为坚实的人文基础。

随着我们伟大祖国的发展，中国在世界上的地位不断提高，我们的首都北京，作为全国政治、经济、文化的中心，势必要进一步营造包容和谐的社会气氛。因此，更加需要我们有博采众长的胸襟气度，有雍容大度、和谐共生的精神境界。

包容是北京独一无二的精神特征。包容也是一种雅量，是一种风度，是一种情操，是一种美德。对于一个城市，它是海纳百川的大度；对于一位智者，它是笑看风云的开怀与爽朗。

我们是年轻一代，要学会在生活中用包容化解矛盾，让人与人之间和谐相处。包容一句语言，兴许会消除矛盾；包容一个动作，兴许会化解误会；包容一种流言，兴许会消除争执。愿包容发生在生活的点点滴滴中。心大则百物皆通，心小则百物皆病。

包容就像一盏灯，点亮了，光明就来了，让包容围绕在我们身边，我们的生活会越来越美好！

教｜师｜点｜评

本文以北京精神中的包容为主题，从北京的人、城市，忆古颂今，歌颂了北京的和谐与宽厚，紧扣主题，歌颂了对北京的爱。

属于我们的北京

北京市日坛中学初一一班　陈佳佳

指导教师　杜美銮

　　翻开老舍先生的《骆驼祥子》，一幅幅画面浮现在我眼前。我仿佛看到了祥子拉人力车汗流浃背的模样，我仿佛看到了乱兵抢走祥子的人力车时霸道的模样，我仿佛看到了小福子自杀时痛苦的模样……

　　祥子是不幸的。在 20 世纪 20 年代末期那么混乱的社会中，几乎所有底层劳动者都过着这种被人剥削、被人压迫、暗无天日的苦日子。但他们有苦说不出，政府太腐败，遭罪的却是无辜的百姓！我想，按当时社会的黑暗程度来说，很多人自杀也算是情理之中了吧！

　　我们是幸运的。现在的北京，已经不再像以前那样了，整个北京城焕然一新：高楼大厦鳞次栉比，道路两旁的行道树像士兵一样坚定地站着岗，各种汽车在公路上飞驰……北京市民文明礼貌、乐于助人、大方豪爽，生活得幸福安宁。

　　随着北京的发展与进步，"北京精神"沿着三千年的足迹走来了，它是历史积淀和现实风貌的深情融合，是文明素养和道德理念的综合反映，是文化传承和自然特色的精确提炼，是生活理想和人生境界的高度概括。在这灵魂与气质中、在这追求与信念中，北京正在迈向一个新的台阶。

　　"爱国"是"北京精神"的核心，是北京精神最深刻、最显著的特征，源远流长，历久弥新。它体现了北京市民所具有的"天下兴亡、匹夫有责"的爱国精神和讲政治、顾大局、树正气、重奉献的时代精神，展现了北京市民时刻与民族命运紧密相连、心系国家发展、勇担时代使命的向心力与凝聚力。

　　"创新"是"北京精神"的精髓，即突破常规、推陈出新。创新是民族进步之魂，是城市活力之源，它体现了北京积极进取、追求进步的精神状态。近年来，北京在经济发展、科技进步、城市建设、社会管理等方面取得的成效见证了这座城市的创新精神。建设世界城市，北京仍将以创新赢得机遇和未来。

　　"包容"是"北京精神"的特征，即宽容、容纳。在统一多民族国家形成和壮大的漫长过程中，北京以自己宽广的胸怀和开放的心态吸引、融合着各地区、各民族的文化，古典的、现代的、民族的、世界的，京腔京韵的、五湖四海的文化在今天的北京都有其展示的舞台；不同国度、不同民族、不同区域的人，都能在北京寻找到发展的机会。

　　"厚德"是"北京精神"的品质，源自《易传·坤·象》："地势坤，君子以厚德载物"。三千多年的建城史和八百五十多年的建都史不仅赋予了北京辉煌灿烂的历史文化，也培育了北京市民胸怀坦荡、文明有礼的优秀品质，孕育了这座城市德泽育人、容载万物的独特城市品格。在建设世界城市的过程中，北京也必将继续弘扬传统美德，建设社会主义先进文化，弘扬友爱、奉献、互助的人文精神，不断彰显人文关怀的内在品质。

　　合上这本《骆驼祥子》，我想我学会了很多，也懂得了很多。属于我们的北京就是这么多姿多彩。我爱北京，更爱生活在这里的人。我们要把北京精神一代代地传承下去，有了这样的精神，北京的未来会更加美好！

教｜师｜点｜评

　　作为初一的学生，作者从经典著作中学习到了优秀的品质，并使之与身边的事情联系，从而提升了自己的精神层次，是这篇文章的点睛之处。

从读《骆驼祥子》想到的……

北京市日坛中学初二五班　商　榷

指导教师　　杜美銮

老舍先生笔下的祥子老实、善良、健壮、坚忍，如同骆驼般地吃苦耐劳。他向往美好的生活，对未来充满了憧憬。他最大的梦想就是能拥有一辆属于自己的人力车，做一个自力更生的车夫。然而命运多舛，他风里来雨里去，节衣缩食，攒了三年，终于买了一辆人力车，却被大兵抢走了，乱世让他的希望第一次破灭了。第二次，人力车还没买，钱就被孙侦探敲诈去了。第三次，他用虎妞的钱买了一辆人力车，虽然不是自己劳动所得，但毕竟不用再去车厂租车了。可是好景不长，虎妞因难产而死，祥子把人力车卖掉安葬了虎妞。这一系列的挫折终于让他丧失了信心，他恨透了整个世界，从而彻底地堕落了，无情地被那个黑暗的社会所吞没……

祥子生活的北平没有丝毫田园诗一般的快乐，祥子用他那双大脚马不停蹄地跑过大街，穿过小巷，为的仅是生计。买一辆自己的人力车是他平生的理想，为了这个理想，烈日下、雨雪中处处有他艰难的身影。然而兵匪的鞭子、杨先生的盘剥、刘四爷的臭骂、孙侦探的明抢、洋大夫的冷漠，却让祥子这个最本分的要求也不能得以实现。这真是一座人间炼狱啊！老舍先生通过刻画一个生活在北平城社会底层的"车夫"的悲戚人生，揭露了黑暗的旧社会把人变成鬼的罪行，揭示了产生这个悲剧的原因所在，不禁让人扼腕哀叹。

看完老舍先生的《骆驼祥子》，我不禁将那时的北平和现在的北京作比较。如今昔日的北平已经成为一座令世界瞩目的国际大都市。昔日祥子拉车穿梭的前门、天桥虽然依旧是熙熙攘攘的人群，可是来这里的大都是为了体会京韵京味的游客。前门步行街的老字号也已不再是旧社会只有富人才能光顾的地方，大家在瑞蚨祥、步瀛斋购物，在全聚德、都一处享受美食，没有了祥子的囊中羞涩，有的是享受美好生活的快乐。昔日的铛铛车如今则成了前门的旅游风景线。昔日耍把式的天桥如今修起了高楼大厦。而最惹眼的就是"现代祥子"和他们的"洋车"，车上写着"北京旅游"的字样，播放着《北京欢迎你》的歌曲，"祥子"们的脸上洋溢着喜气洋洋的神情，他们或快或缓地骑在车上，不断和客人交谈着，充满了自豪感。他们有的还用流利的外语向外国友人介绍北京的名胜古迹、历史文化、人文地理。拥有创新精神的北京正在以朝气蓬勃的姿态迎接世界，拥抱世界。

昔日的祥子饱受摧残和盘剥，人情的冷漠、生活的艰难、希望的幻灭让他最终自暴自弃。而今天的北京人更多的是拥有一颗仁爱之心。机场打着双闪的爱心车队，京港澳高速冒雨救人的民工大哥……一场暴雨的肆虐让我们体会到的是更多的温暖。一家有难八方支援，现代北京人正在用自己的行动诠释着北京精神的精髓。

很自豪，我是一个北京人。

教 | 师 | 点 | 评

本文通过对骆驼祥子命运及社会的了解、对比，感受到小作者自己身处的社会充满着爱心，从而引发自豪感，感情真挚细腻。

北京精神在身边

北京市丰台区第二中学初一三班　梁佳希

指导教师　陈亚男

北京的深秋寒意阵阵。而马路对面火红的北京精神标语——"爱国，创新，包容，厚德"却让人感觉暖洋洋的。

忘或者不忘，她就在那里。在记忆的长河中，在身边……

"嘀！嘀！"一辆辆汽车卷带着凛冽的寒风从我的身边疾驰而过。有谁注意到马路边一个满面焦急的小姑娘呢？平常有"专人护送"的我，为了培养独立性今天该自己过马路了。

怎么办呢？看着川流不息的车辆心里禁不住直发怵。我在心里为自己加油：快！往前一步！"叮"一辆自行车从身边"嗖"地一下"飞"过，吓得我那只刚伸出去的脚又迅速地收了回来。哎呀，看着红灯和绿灯交替变换，一种无形的恐惧感油然而生。我急得像只热锅上的蚂蚁。

"怎么了？是害怕过马路吗？"抬头一看，一位留着短发、皮肤白皙、穿着利落的阿姨正笑眯眯地看着我。这笑容像一束阳光照进我的心田。

"嗯。"我点点头。"来，咱们看看这些信号灯是怎么变换的，好吗？"阿姨弯下腰，一手扶着我的肩头，一手指着前方认真地说。"咱们现在处于'丁'字路口，马路左右两边的信号灯是指示车辆的。红灯亮起时，车辆会停止行驶。你看，现在车都停下来了是不是？"阿姨又笑了，就像对着自己的孩子一样灿烂地笑。我愣了一下，连连点头说："是，是，是。""看见没？那个绿色的，咱们正前方的人形指示灯，是行人的信号灯。当绿灯亮起时，行人就可以通过了，绿灯闪烁时是提醒行人通行时间快要结束了。来，咱们走吧！"阿姨直起腰，伸出手，迈出脚。我把手放到她的手心里。她的手是那么温暖，那么舒服，有点像妈妈的手。"过马路时还要注意避开行人和拐弯的车辆。慢一点，多看一看，再通过。"一边走，她一边扭头轻声对我说，好像手里拉着的是自己的女儿。

终于踏上"彼岸"。我连忙说："谢谢阿姨！""我相信你以后一定没问题！是不是？"望着她远去的背影，我又想起了那两次母爱般的微笑、那些亲切的话语、那双温暖的手，心里不禁掀起一阵波澜，直到视线模糊。一转身，却清晰地看到高大的"厚德"二字矗立在路旁。

如今我已经无数次轻车熟路地通过了"丁"字路口、"十"字路口。每当站在路口时，眼前便会浮现出她的身影；每当看见红绿灯时，便会想起那句话：慢一点，看一看，再通过；每当看见"厚德"二字时，便会不由自主地想起她——北京精神的最好诠释者！

教｜师｜点｜评

　　北京精神在哪里？就在我们的日常生活中。小作者能选取生活中的小事件来体现北京精神的实质，十分贴切。对阿姨的形象刻画得也十分形象，生动地体现了阿姨身上的厚德精神。

胡同之美

北京市第十二中学初二一班　马 彧

北京的灵魂在哪里？是繁华的市区？还是京郊的秀丽风景？又或是那片夜色下如海一样深沉的宫殿？如果要我说，那就是北京的胡同。

现在的人们，已迷失在高楼大厦的金碧辉煌和居民楼的单调冷漠中，他们很少会去留心，在北京还有这样可爱的地方。

进入胡同，能看到大大小小的四合院，一大家子人，就住在这个出门抬头便看得见天空的地方。邻里之间和睦而友善，一口京片子说得人心里热络又体贴。别样的温暖，在灰色的"钢铁森林"里是遍寻不到的。

胡同的早晨，人们都已经醒来，整条胡同陷入热闹的噪声中，锅碗瓢盆的磕碰声并不让人觉得厌烦，那是一种令人安心的声音。人们用热情的话语互相打招呼。"您吃了没？"瞧，这热情又朴实的招呼，是多么令人快乐。

冬日的夜晚，人们围坐在炭火炉边，炙烤的温暖便散了满室，每个人的耳朵都是通红的，一大家子人，挤在火炉边。火炉中的木炭噼里啪啦地燃烧着，那种温暖的声音让人感到心里熨帖。

盛夏的下午，阳光斜斜地照射到胡同那斑驳的墙上，空气是金黄的，微尘在空气中上下浮动，有种甜蜜慵懒的香味。巷口的老大爷，穿着白背心，那张古道热肠的脸上已布满崎岖，可那是一种生活的象征。阳光从不吝啬，老大爷和他的三轮车渐行渐远，三轮车咯吱咯吱的响声在空气中越飘越远。

胡同中的叫卖声总是那么好听，响亮而悠远，将我的思绪拉回到从前……这砖这瓦，经历过风雨的冲刷，青苔遍布，划痕在上，有一种沧桑的美。

岁月从未停止过雕刻的手,在那些依然挺立的建筑上画上了属于自己的标志。

在北京大大小小的胡同中,我最喜欢百花深处胡同。这条胡同,是配得起这个美丽的名字的。老舍这样描写百花深处胡同:"胡同是狭而长的。两旁都是用碎砖砌的墙。南墙少见日光,薄薄地长着一层绿苔,高处有隐隐的几条蜗牛爬过的银轨。往里走略觉宽敞一些,可是两旁的墙更破碎一些。"顾城有《题百花深处》诗一首,"百花深处好,世人皆不晓。小院半壁阴,老庙三尺草。秋风未曾忘,又将落叶扫。此处胜桃源,只是人将老。"陈升在歌曲《北京一夜》中唱到"不敢在午夜问路怕走到了百花深处"。

而这美丽的胡同,其实原不是胡同。明代有张氏夫妇在新街口南小巷购买空地二三十亩,以种青菜为生。后在院中辟地种植牡丹、芍药,在池中种植莲藕。当时城中士大夫等多前往游赏,故称此地为百花深处。清代花园渐废,渐成街巷。

那时的花园该是多么美,这厢一枝牡丹,那厢一枝芍药,可却逐渐荒废,变成了街巷。这不免有些令人感叹沧海桑田。

百花深处胡同盛产艺术家,那些墙壁上的涂鸦与脱落了漆的门牌置在一处,却别有风味。古今的文化,冲击感强烈。可是现在的百花深处胡同,墙壁上都抹上了灰色的颜料,遮盖了那些涂鸦,也遮盖了那抹灵气。

北京的胡同是北京的人文景观,但胡同的数量正在渐渐减少,我希望,多多去胡同,去寻访老北京的灵魂。

教 | 师 | 点 | 评

　　这篇文章构思独特,通过对北京胡同生动的描写,带着我们去了解北京的历史、建筑和文化。作者文笔细腻,描写生动,字里行间表达了对北京的热爱。

让暴雨中的"北京精神"无限发亮

北京市第十二中学初二八班　何澄莹

"7.21"暴雨已经过去，给北京带来了灾难和沉重的打击，但在每次灾难面前，总是会有那么一些温情在闪光和发亮，鼓舞着我们，北京，加油！

这一切并不是官方的组织，而完全是民间自发的温情行动，暴雨制造了灾难，却让人们看到了温暖情怀和赤子衷肠。在这雨中，广渠门桥下一人呼喊众人冲上，进行一场大雨中的生命拔河；一辆接一辆的私家车打着双闪灯驶上首都机场高速路，到机场接回滞留旅客；暴雨中看护无盖井而导致冻在水里的脚抽筋，一直坚持到消防车来抽水的郭尧塾，当被问及为什么这样做时，他的回答很简单，"其实我也没做什么，就是怕人掉下去"；暴雨中，同样有位大妈感动着我们，她在水中捡到了4个车牌，因担心失主回来找，冒雨在原地等了半个小时，没有等到失主，便回家让儿子以最快的速度将消息发布在网上，以免车主着急。在这次暴雨中，这样鼓舞人心的"北京精神"还有很多很多，不少人在论坛上贴出了自己在遭遇暴雨无助时得到的帮助，感受到的温暖与感动……

在这次暴雨中还有这样一群可爱的为人民服务的人：派出所所长李方洪在抢救被山洪威胁的村民的生命财产时，被一根带电电线杆斜拉钢索击倒，不幸以身殉职；在抢险救灾中，因公牺牲的还有房山区韩村河镇副镇长高大辉和密云县大城子镇镇长李建民。他们的精神，足以照亮黑夜中被暴雨侵袭的北京城，鼓舞着人们将这份爱心与责任继续传递下去。

他们这样的小小举动或许不过是一点点微弱火光，但是，无数的人为此感动。更多的人对这样可爱可敬的人们竖起了大拇指，让人们感受到了大雨无情，人间有爱，也在暴雨成灾的北京城感受到了"北京精神"。本来抽象的"北京精神"因为这些感人的、发生在身边的典型立刻变得生动、鲜活了，这四个字，是人们内生的一种美德，人们不以此唱高调，而是用实际行动去书写。

　　在这次灾难中，没有旁观者，只有参与者，大家心连心、手挽手，筑起了大爱无疆的坝堤。这就是"北京精神"的内生动力，鼓舞着每一个中国人在任何时刻、任何地方都会让"北京精神"无限发亮。

　　在这场特大暴雨抢险中处处彰显了"爱国、创新、包容、厚德"的北京精神。如果说，雷锋精神是一首时代的歌、一首永恒的歌，那么，北京精神更是一首力量的歌、一首震撼的歌，永远召唤、引导、激励着北京人民不断前进。雷锋精神既是时代的产物，也是历史的必然。久经考验的北京精神更是历史与时代结合的史诗产物。作为指引北京人民言行举止、思想思潮的精神力量，作为光大北京文明文化、科学发展的力量源泉，作为激励北京爱国与创新、包容与厚德的思想元素，北京精神承载着北京人民永恒的思想之光、力量之源和精神之魂。

教 | 师 | 点 | 评

　　小作者通过发生在北京的一场特大暴雨，描绘了人们在此次暴雨中展现出的博爱，彰显了"爱国、创新、包容、厚德"的北京精神，所以北京精神并不是空洞的字词。

老北京的传统小玩意儿

北京市育英中学初一五班　牛菁菁

指导教师　刘美波

　　说起老北京的一些传统小玩意儿，大家不免有一些疑惑，这些老北京的小玩意儿到底是些什么呢？吃的？看的？还是玩的？别急，我们现在就来说一说一些我们都熟悉的小玩意儿。

　　先说一说吃的吧！妈妈告诉我，她小时候只要一去逛庙会就会缠着姥姥给她买糖人吃。制作糖人是一种民间的手工艺，糖人一般是棕黄色的。糖人可分为两种——吹糖人、画糖人。庙会上吹糖人的民间艺人把糖料吹制成各种造型。制作时把糖稀熬好，用一根麦秸杆挑上一点糖稀，再对着麦秸杆吹气，糖稀随即像气球一样鼓起。吹糖人以动物造型居多，体态丰满，常见的是以十二生肖为内容。而画糖人是民间用食糖来造型的艺术样式。糖人是在石板上用糖浆画出来的，糖稀熬好后，用小勺舀起，在石板上浇出线条，石板多用光滑冰凉的大理石，在上面涂一层防粘的油。因糖稀在石板上很快就冷却了，所以要一气呵成，然后就可以用小铲刀将糖画铲起，粘上竹签后就好了。听妈妈说了这些，我不禁想起了小时候吃的冰糖葫芦。那一串串冰糖葫芦，是用竹签一个一个穿起来的山里红，红红的、圆圆的，让我在那一串串甜蜜的梦想里流连忘返。一支支穿满晶莹剔透的山里红的小棒，诱惑着来往的行人。甜而不腻，酸不倒牙，一口咬下去，咯崩一声脆，嘴里会不由自主地发出快乐的响声，让我忍不住就想流口水。

　　在老北京可以看的、观赏的也不少，那就说说兔儿爷和剪纸这两个吧！粉白嫩生的小脸蛋儿涂一点胭脂，长长的白耳朵上描着浅红，小巧的三瓣儿嘴，细长的丹凤眼，拿上药杵，骑上老虎，走喽，驱魔治病去喽！这就是兔儿爷。本来我想这兔儿爷小巧玲珑，脸蛋儿也粉扑扑的，为什么要叫它"爷"呢？后来才听说这兔儿爷还有一段来历呢！传说嫦娥有一只玉兔，这小兔平时就在月宫里捣药，有一年北京闹瘟疫，玉兔下凡给大家治病，可是它一身白，谁都不让进，它只好去庙里借神像的盔甲打扮成男人的样子。原来是因为打扮成男人的样子，才叫兔儿爷的呀！可是万一当初它没穿男人的衣服，而打扮成了女人的样子，那现在不就成了兔儿婆了？好啦好啦不说这个了，再来说一说剪纸吧！剪纸是中国最为流行的民间传统装饰艺术之一。剪纸可用于点缀墙壁、门窗、灯和灯笼等，剪纸本身也可作为礼物赠送他人。本来我以前还想当个剪纸家，后来知道剪纸艺术是一门易学但却难精的民间技艺，要求达到："圆如秋月，尖如麦芒，方如青砖，缺如锯齿，线如胡须。我就打消了学剪纸的念头。

　　吃过了，看完了，下面就是玩的了。大家在公园里可曾见过有人用绳子挑起来一个"竹筒"？能玩出各种花样，高速转动的"竹筒"能发出一种清脆的响声，这就是空竹。空竹是用一根长绳舞耍一个滚轴，抖空竹也已有两千多年的历史了。一般空竹分为单轮和双轮。双轮空竹比单轮的容易操作。圆盘四周的大哨口为低音孔，小哨口为高音孔。拽拉抖动时，各哨同时发音。不过我听过的声音却像同时有一群鸟在尖叫。"草长莺飞二月天，拂堤杨柳醉春烟。儿童放学归来早，忙趁东风放纸鸢。"这首诗里说的是风筝。古代的风筝分两种叫法，南方叫鹞，北方叫鸢。早期的风筝多用于军事。不过现在，风筝是我们休闲娱乐时用来玩的。中国的风筝有两千多年的历史。传统的中国风筝上到处可见吉祥图案的影子。在漫长的岁月里，我们的祖先创造了许多反映人们对美好生活向往和追求、寓意吉祥的图案。

吃的玩的看的都说过了，大家是不是对这些老北京的小玩意儿也有所了解了呢？虽然现在是科技化的北京，但它蕴含着老北京的民俗魅力。我也在自己的介绍中越来越喜欢我们的北京了。

教 | 师 | 点 | 评

本文作者以京味儿的语言，描绘出一幅幅北京民风民俗画卷，表达了自己对传统文化的认同和喜爱。文中列举了老北京大量吃的、看的、玩的，情趣盎然。全文内容安排有序，脉络清晰，衔接紧密，详略得当，推进自然。语言表达朴实简洁，生动形象，耐人寻味，字里行间处处透出小作者对北京的喜爱，反映出北京人热爱生活、追求美好生活的心愿。作者年龄虽小，但对北京的民俗民风颇为了解，是一篇透着浓浓深情的好文章。

北京因您而美丽

北京市育英中学初一十班　郭佳宁

指导教师　李茂森

美是什么呢？美在我们的生活中无处不在。祖国壮丽的山河是一种美，公园里百花齐放的鲜花是一种美，餐桌上摆放的丰富佳肴是一种美，一个人干净整洁的外表是一种美……但我认为人们的美好心灵更是一种美。

我的邻居周爷爷七十多岁了，是一位退休多年的老工人。他个子不高，身材瘦弱，虽然话语不多，但是无论见到谁，他都会眯缝着双眼，露出他脸上那灿烂的笑容，跟每个人打招呼。他虽然是一位平凡而普通的老年人，但是有一天他做的一件事情让我感触很深，至今难以忘怀。

那天午后，我在院里玩耍，看见周爷爷左手拎着一个装满水的桶，右手拿着一个铲子和一块抹布，朝小区外面走去，我怀着好奇的心情，决定悄悄跟在后面去探个究竟。

只见周爷爷来到路边，在一根贴满五颜六色的小广告的电线杆前停下了脚步，面对电线杆摇了摇头，叹了口气，吃力地弯下腰，把抹布在水里沾湿后，高举过头顶，在电线杆上反复揉搓。我慢慢地走向周爷爷，疑惑地问："周爷爷，您在干什么呢？"周爷爷似乎没听见，仍旧忙着他手里的事情。我又放大了声音，连声叫着周爷爷，他才缓慢地转过身，一边抚摸着我的脑袋，一边笑眯眯地对我说："我在清理小广告，给电线杆'洗洗澡'。"我也忍不住地笑了，但又不解地问："天气这么热，您为什么不在家里吹会儿空调，看会儿电视，反而在大街上干这些苦活啊？

这些活儿有环卫工人干就行了。"周爷爷收起笑容,一边擦着脑门上黄豆般大的汗珠,一边用小铲子刮着电线杆上的小广告,叹了一口气,愤怒地说:"有一些道德品质差的人,往电线杆上贴了很多小广告,把好端端的城市弄得乱七八糟,都不美观了,如果只靠环卫工人清扫,而大家不维护,我们的城市还是会肮脏凌乱,因此我们应该齐心协力,共同维护我们所生活的城市,让我们的城市变得更美好!反正我在家里闲着也是闲着,就出来发挥点余热吧!"说着,周爷爷已经把一根电线杆上的小广告清理干净了。他眯起双眼,欣赏着自己的劳动成果,满意地点了点头,弯下腰,拿起地上的工具,冲我会心地笑了笑,走向了下一根等待"洗澡"的电线杆。

望着周爷爷远去的身影,我默默地念叨着,多好的老人啊,他的心灵真美啊!

北京因您而变得美丽,北京精神因您而变得更加崇高。周爷爷为我树立了一个很好的榜样。这件事,仿佛一道美丽的风景线,令人难以忘怀。周爷爷的行为就是北京精神的一个缩影,我们人人都应该保护环境,爱护我们的家园,做一个讲环保的"小公民",让我们的城市变得干净、整洁。

教│师│点│评

作者选取身边的平凡人,讲述他的平凡事,表现"热爱北京"这一大主题,以小见大,把一种抽象、宏观的情感,书写得具体可感,可谓构思巧妙,独具匠心。作者语言平实但不乏生动,"给电线杆'洗洗澡'",让一位可亲可敬的老爷爷跃然纸上。结尾"我们人人都应该保护环境,爱护我们的家园,做一个讲环保的'小公民'",卒章显志,对读者很有感染力。

我爱你，不夜紫禁城

北京市育英中学初二八班　郭思缘

指导教师　　张紫葳

　　说到紫禁城，自然会想起那在阳光下泛着光的白玉华表、大红色的天安门城楼、不大不小刚刚好的中山公园西门。白天的紫禁城，就像一只浑身金黄色的狮子，张扬、美丽、强大。而夜晚的紫禁城，你们见过吗？

　　我现在犹记那次夜"闯"紫禁城的经历。那种透着原汁原味京韵的皇城夜景，月亮是淡黄色的，照得人心里亮堂堂的。虽然手中没有三脚架和单反相机，也没有时间细细拍摄，但除了应时应景外，那让人心悸的庄严又透着丝丝妩媚的景色才是让我举起相机的最大原因。

　　本想好好看看天安门的夜景。奈何时间好像太晚了，广场的灯光已经熄灭了。我失望地在长安街上漫无目的地闲逛，走走停停，拍拍照照。夜幕下的长安街，有不甘落寞的人在飞驰的车窗中拍下仿佛散发着金黄色光芒的天安门城楼，有细细凝视被暖黄灯光包围的巨大国徽的老人，有弹着吉他的流浪者。手指扣上快门键，这一切的一切便收录在我的记忆中。我仰望着那巨大的毛主席油画，心尖颤抖不断。在这一片茫茫的夜景中，我从没有像现在一样觉得离毛主席那么近，尽管在庄严的天安门城楼前，我依旧纤细得像一根稻草，尽管我现在只是在用最虔诚的心仰望这巨幅油画。

　　忽然看见路边的白玉华表，在月光的照耀下像披着白纱的仙子，神秘又高华。我仿佛被她的仙术指引了一般，决定一定要到里面去看一看。绕过南池子，顺着中山公园的西门一路下来。直到看到那"骑下马，乘下车"的标志后，才意识到我已经来到了皇族禁地了。

　　入夜后的这里，难得清静，一改白天的喧嚣浮华。我拿着相机，站在午门外空旷的广场上。我环顾四周，忽然想起这里的布局。东南西北方位图，古城的青龙玄武白虎朱雀图。玄武是端门，朱雀则是天安门，白虎是西华外门，青龙是东华外门。曾经觉得自己已经差不多学业有成，但在这精细的建筑与布局面前，我似乎只能无尽地跪拜。

记得那天星光璀璨，远远的，皇宫禁卫城墙四角的角楼便能看得一清二楚。我看那细腻的木质结构，铺上琉璃瓦顶，再加上青白石底座的一座座建筑，俨然一幅幅金碧辉煌、精彩绝伦的油画。雄伟、庄严、富丽、堂皇。在浓浓的夜景中更多的却是一种和谐。曾经听人说，紫禁城是集中国古代建筑之大成，而我认为紫禁城亦是一件世间罕见的艺术品。

从皇城出来，我望着天上光辉夺目的繁星和祥云。蓦然觉得，我简直领会了那一种流光溢彩下的精彩纷呈。

临着东华门一路下去，沿途尽是古色古香的胡同和小院，偶尔还会看到一两处现代特色的酒吧。望着老字号酒楼，那个模糊的京剧脸谱下，是无尽的妩媚。明明晚餐吃到肚歪，又有点饿了。

已经凌晨两点多了。月亮抻来几朵祥云，宁静地睡去了。不知为什么忽然想起那句诗，"秦时明月汉时关"。是呀，她的光辉一直祥和地照耀着古往今来的城门与府邸。

插上MP3，耳畔响起的是如云雾缭绕般的轻音乐，又一次欣赏那熟悉的景色。忽然觉得生活真的很美好，如果可以，我愿和现在一样永远与这美丽的不夜紫禁城彼此相望，不离不弃。这，或许就是不夜紫禁城的魔力吧！

教｜师｜点｜评

本文作者以拍摄紫禁城照片为依托，详细记叙了夜晚游览紫禁城周边的经历，表达了一个普通中学生对老北京历史文化和老北京生活的热爱。作者匠心独具，选取了"夜晚"这样的时间段，写出了"八小时工作"之外紫禁城地区的社会风貌，读来让人耳目一新。

最美的仙境——颐和园

北京市育英中学初二五班　郭昊清

指导教师　郁　婷

愿我如星君如月。

此时，这座以美景闻名全国的花园正处于一年中最美的时候，遍地绿意盎然，草长莺飞。湖边柳丝依依，长条垂地。桃树次第开花，不时会有几只飞鸟停于水面之上。春风渡过，粉色、白色花瓣似雪纷飞，洋洋洒洒随风飞舞。不多时，石地板上已是嫣红一片，就连空气之中也已弥漫着一股淡淡的香味。

那便是颐和园。

有人问，世界上，哪里的景色最美？有人说是法国的埃菲尔铁塔，有人说是美国的自由女神像，也有人说是日本北海道的薰衣草，而我却认为，最美的地方，莫过于颐和园了。

颐和园具体是一个什么样子的呢？就由我来介绍一下吧！颐和园是清代的皇家花园和行宫，前身清漪园。颐和园是三山五园中最后兴建的一座园林，始建于1750年，1764年建成，面积290公顷（4400亩），水面约占四分之三。乾隆继位以前，在北京西郊一带，已建起了四座大型皇家园林，从海淀到香山，这四座园林自成体系，相互间缺乏有机的联系，中间的瓮山泊成了一片空旷地带，乾隆决定在瓮山一带动用巨额银两兴建清漪园，以此为中心把两边的四个园子连成一体，从而形成了从现清华园到香山长达二十千米的皇家园林区。

春风吹花乱扑户。

在颐和园里，有过一个神奇的传说。清乾隆十五年，初建颐和园时，乾隆皇帝也自比天上的玉皇大帝，并传下御旨，要把御园修成"天上人间",那佛香阁要建得雄伟华丽,象征着天宫里的凌霄殿,昆明湖要宽阔,好比天河,并在湖的东西两侧修了一个铜牛和一幅耕织图。铜牛的身子朝东,头朝西,正好对着织女图,这样一来昆明湖就更像天河了,天上有织女,地上有牛郎,遥遥相望。

颐和园里,尽管有炫目的景色,有优美的传说,但也有外国人给它带来的无法抚平的伤痕。

1860 年,英法联军侵华,随后的事情家喻户晓,外国人一把大火烧了颐和园。虽然后来颐和园的建筑被重修和恢复,但仁寿殿前的古树还是留下了英法联军犯下的罪证。那些剥落的树皮,是因为当时火烧得太大,又靠近建筑,所以它们就成了一个个无法愈合的伤口。

颐和园中的景区和风景数不胜数,比如万寿山、昆明湖、乐寿堂、玉澜堂、排云殿……在此不一一介绍。

颐和园,是规模最大、保存最完整的皇家园林,被誉为皇家园林博物馆,自然是名不虚传。偶尔独自前往那里,花雨纷纷,花瓣在天空中乱舞,不时,会有一两片花瓣落在头上。

这座花园,建立在那样一个世代更替、洪潮汹涌的时代里,一定会很辛苦的吧!那些隔过黑暗的花与水,即使远远隔了生死,也会一样美。

抬起头来,只见群花乱舞,杨柳依依,夜晚便繁星点点,如此的风花雪月。这片土地,定是人间天堂。我爱这个地方——颐和园!

教 | 师 | 点 | 评

颐和园既是北京最美的公园,也是具有深厚文化底蕴的园林。本文作者用优美的、诗意的语言介绍颐和园的美景和美丽的传说故事。全文以介绍美景开篇,以诗意化的美景结文,首尾呼应,既表达了作者对颐和园的赞美,更传达出颐和园厚重文化背景下的韵味美,抒发了作者对颐和园的热爱之情。

北京精神送万家

北京市海淀实验中学初二二班　常雨凡

指导教师　袁勤娴

"爱国、创新、包容、厚德"不但应是北京精神，而且也应是华夏民族的灵魂与精髓，它应该传千里、送万家！

——题记

暑假初至，我和爸爸便开始整理前往川藏捐款办学的行囊。从北京到成都、从成都到康定、从康定到道孚，沿318国道跨大渡河、穿二郎山、翻折多山垭口，两天20小时的车程九曲连环，高海拔、多泥路、一天几次滑坡滞留，阴寒湿冷、颠簸泥泞、饥渴交加，但这种种艰难困苦从未动摇我们的助学心！因为每一个人都知道"知识就是力量"，"十年树木，百年树人"。藏地办学不仅能提高当地人民的素质、改善当地的生活环境、促进文化交流、消除误解隔阂，而且也能使中国以更团结的内在、更自信的外表、更宽广的胸襟、更开放的心态面向世界、面向未来！北京全民助学的新方法再次印证了北京精神——爱国、创新、包容、厚德。

坐在不时憋火的面包车里远眺，我手舞足蹈地比划着叫嚷："到啦，到啦！瞧，就在那儿！"顺手指望去，混杂着虫噪鸟鸣、草露花香的晨雾轻柔地蒙着一座颇具藏韵的红瓦白墙"回"字院，晓风如水荡漾于齐腰的深草、褶皱了空寂的镜湖，经幡飘展、风马旗飞扬仿佛祝福我们"扎西德勒"。

"小姑娘诗文好吗？"迎我们进屋的是从北京来此支教了一年半的

副校长何先生。他四五十岁的模样却穿着一身年轻人的牛仔服，但与爸爸攀谈时爽朗欢快的笑声淡去了他前额老态的皱纹、鬓角忧虑的白发。

"还可以，最喜欢千古词帝李煜的。"我兴致勃勃地打量着风趣幽默的何先生。

何先生翻阅了一下桌案上的《宋词鉴赏辞典》："好，但《虞美人》、《望江南》、《子夜歌》篇篇笔调伤愁悲愤，你就当回老师讲几首苏轼豁达豪放、振奋人心的诗吧，也算不虚此行。"

我小心翼翼地捧着厚重的词典、捧着何先生给予我的厚望静默地靠着走廊的立柱在石阶上坐下，慢慢滑动的指尖牵引着奇思妙想与文字无数次碰撞交融，最终沉浸陶醉于这字里行间的精雅美妙，黑白的书页仿佛变身为黑白的钢琴键，一支支世界名曲舒缓地宣泄在心湖。抬眼的瞬间，目光突然停留在那凹凸不平的操场、衣着褴褛的孩子、瘪了肚皮的脏足球上。"何先生为什么来这里教书？这儿不是他的故乡，也并非一片有前途有价值的土地，氧气稀薄、土地贫瘠，为什么来这里？"

"想什么呢？"我转头，眼前依旧是何先生笑容满面的脸，我忍不住说出了自己的疑惑。

何先生幽幽地叹了口气："小姑娘，从市井繁华的首都初来时我也手足无措，因为这里的落后超越了我的想象。但昔日自给自足的小村庄如何蜕变为国际化的大都市深圳呢？让这里变得有前途有价值就是我的教书目的之一。"

"那其他目的呢？"我和何先生一边揣度探讨一边沿河道向二十一度母道场走去，在河堤旁的圆木上坐下。

"传递北京精神。"何先生握紧拳头坚定地点点头，"'爱国、创新、包容、厚德'不但应是北京精神，也应是华夏民族的灵魂与精髓，它应该传千里、送万家！我爱读苏轼的词，自己爱笑也为了让更多的孩子笑，它们是我精神和物质世界的强心针，但我更爱琢磨北京精神的八个字，因为它有着丰富的文化内涵，可以给予我无限的工作动力。总而言之，我们应该振作起来去教书育人，去培养新一代拥有翱翔蓝天梦的雏鹰，这才是爱国的本意；有了他们，祖国就有了新鲜的血液、怒放的花朵，这才是创新的活力；有了与内地拥有平等待遇的他们，就会有五湖四海的种族、宗教、文化荟萃云集，这才是包容的真谛；有了上过学、念过书的他们，就有了中华传统美德的贯彻普及，这才是厚德的道理。有了这一切才有共创和谐社会的美好蓝图！"

"北京精神送万家。"五日后返京的路上，我喃喃地重复着何先生的话。

是的，"北京精神送万家"说难也不难，"人心齐，泰山移"，只要我们挤公交车时多往车厢内挪几步为后上者腾出落脚之处，只要我们言语冲撞或动作磕碰了同学道声歉，只要我们凡事换位思考，做到"己所不欲，勿施于人"，不就轻而易举地做到了"包容"吗？

作为一名北京中学生，我或许无法像何先生一样高瞻远瞩，但我们可以从身边做起，学习、践行北京精神，把北京精神送万家！

教｜师｜点｜评

读万卷书，行万里路。知易行难！小作者很幸运，有这样的机会和父亲一起参与这么有意义的活动，与何先生这样有爱心坚持的人近距离接触，去真正感悟北京精神的真谛。苏轼的词，流芳千古，它的价值到底在哪里？何先生说得多好啊！苏轼的豪迈豁达是他支教的精神动力，同时也希望把这样的精神内蕴传达给生活在恶劣环境中的藏族孩子们。何先生以自己的亲身经历影响了小作者，让小作者确立了从小处做起、从身边做起践行北京精神的理想。我想，这才是书香燕京的真正价值所在。

我爱北京 我的家园

北京市海淀实验中学初三八班　张鼎原

指导教师　闫　昀

"我爱你，我的北京，我的家园……"每当电视机里传来这首歌时，我总有一种亲切感：是啊，北京是我的家！我幸运，我生在北京，这里是祖国的心脏，是全国人民向往的地方；我骄傲，北京是我的家乡，这里文化底蕴深厚，历史源远流长；我自豪，身为北京人，践行北京精神是我的使命，更是我做人的标准和实践的目标。

北京是个拥有浓郁爱国气息的大城市。从燕太子丹、荆轲、文天祥、于谦到清朝末期的义和团，从火烧曹家楼的热血青年到英勇抵抗的二十九军全体将士，都是"爱国"这一中华民族传统美德的真实写照，这块名叫北京的土地，见证着这些历史人物和历史事件。他们的肉体早已不在，但他们的深切爱国之心却穿越时空，留在每一个中国人的记忆里。他们把自己对这片土地的爱化作无穷的力量，这种力量使他们明知不敌却敢于亮剑，虽不足以对抗侵略者冷冰冰的枪炮，却足以藐视那些为一己之私利不惜出卖灵魂、出卖祖国的民族败类。

北京是个创新的城市。徽班进京带来了京剧的诞生，紫禁城大气磅礴的建筑风格里隐含着创新的力量，雍正时期的青花瓷是当时创新文化的代表，后世很长时间内无人能及；颐和园优美的亭台楼阁里蕴含着创新的管理机制，工程承包、竞争机制、管理负责制使得颐和园虽久经风雨但依然风姿绰约，向世人展示着她的美丽和悠久的历史；因为有创新，中关村科技园拔地而起，"中国芯"让世界对我们刮目相看，"水晶石"让科技插上了艺术的翅膀，神九飞船和天宫一号在宇宙间尽情翱翔；因为有创新精神，一代代中国人为了国富民强而不怕困难，努力实践，钱学森、李四光、陈景润、袁隆平等科学家在我国的军事、民生等各领域取得了举世瞩目的成绩，让世界对我们刮目相看，杨利伟、翟志刚、景海鹏、刘旺、刘洋等航天员则圆了我们千百年来的飞天梦想，让五星红旗在宇宙间尽情飘扬。

北京是个包容的城市。正因为包容，北京的文化、建筑、饮食等诸多方面呈现出多元的色彩。在北京既有西方的天主教堂、东正教堂，又有东方的清真寺；既有四合院、小胡同，又有现代化的高楼；既有京腔京韵的老舍茶馆、梅兰芳大剧院，又有聆听高雅音乐的北京音乐厅、中山音乐堂；既可以吃到老北京炸酱面，又可以品尝到全国乃至全世界的各种美食。包容的北京聚集了众多世界500强总部，数量已超过了纽约和伦敦，世界级跨国公司在北京的分布数量也已超过了东京；包容的北京每年都要举办一次"诺贝尔获奖者北京论坛"，来自各学科的大师们为我们的发展献计献策；包容的北京用最好的服务接待国内外的宾客；包容的北京把打工子弟请进了公立学校，让他们和我们一起读书。包容的精神就是海纳百川的境界和财富。

北京是个厚德的城市。古人云：君子厚德以载物。北京人是厚道和实在的。我听过家人和老师讲的故事，从故事中我知道了张秉贵、时传祥；我读过有关北京英模的事迹，那里记述了高君宇、李大钊、王选、孟二冬。北京的各个老字号无一不承载着"厚德"二字的精神，他们注重质量、严格管理，不敢有丝毫的马虎和懈怠，这才有了历经风雨还依然屹立不倒的同仁堂、内联升、全聚德、瑞蚨祥……

我爱北京，这里是我的家：我爱它悠扬的鸽哨、幽深的胡同、宽阔的马路、悠久的历史和多元的文化；我爱北京，这里是全世界的家，"海纳百川、有容乃大"，北京变得越来越生机勃勃，富有朝气。作为一名土生土长的北京人，我会时刻践行北京精神，让我的家变得愈发美好，更加活力四射!

　　"我爱你,我的北京,我的家园;我爱你,我的北京,我的家园!"

教│师│点│评

　　本文作者感情真挚,语言质朴,诠释了北京精神的爱国、创新、包容、厚德。同时将北京精神与历史相结合,道出了北京精神的深刻渊源。作为一名土生生长的北京人,小作者对北京的相关文化知识了解得很多,也有自己的认识,很值得肯定。从历史说到未来,小作者表达了自己作为新北京的主人要将北京建设得更美好的愿望。

多彩的北京

——读《北京精神》有感

北京市十一学校初一四班　肖焕琪

指导教师　王　丽

如果有人问什么颜色能代表北京？也许你会说红色，因为国旗是红色的，国徽也是红色的……也许你会说黄色，因为阳光是黄色的，故宫的琉璃瓦也是黄色的……也许你会说蓝色，因为北京的天是蓝色的，颐和园的水也闪着蓝色的波光……

而在我的眼里，哪是一种颜色就能诠释北京呢？要让我说，我觉得北京是绚丽多彩的，她就如天边那一抹彩虹——赤橙黄绿青蓝紫也未必能描绘出她那多彩的世界。我只能说在这绚丽的世界里，我觉得红、黄、蓝、紫是其中最美丽的色彩。

红色——你就是珍藏在我们每个人心中的爱国情节，你住在每一位华夏儿女心中最柔软的地方，你比我们的生命更重要。从奔流不息的汨罗江到万马奔腾的贺兰山，从汹涌澎湃的伶仃洋到狼烟四起的虎门外，从白雪皑皑的大兴安岭到舍身成仁的狼牙山……爱国志士们用鲜红的热血谱写着大爱无我的壮丽诗篇！泱泱华夏，绵延五千年文化的熏陶，才最终成就了这样一份比金子还珍贵的精神——爱国！从天安门广场上高高悬挂的五星红旗到胸前迎风飞扬的红领巾，从香山上层林尽染的枫叶到我们爱不释手的中国结，红色，你时刻在提醒着我们，在这国际风云变幻莫测的时代里，我们更需要你的哺育和滋养，你早已融入我们民族的骨髓里。

作为现代北京人，我们起誓：我们愿用百倍的热情、用理性的智慧去践行新时代的爱国精神，使无数革命先烈用鲜血所造就的壮丽祖国不再受屈辱。爱国情节就在我们的心中，在关键时刻它能将所有中国人团结起来，其利断金呀！我们不能让天上的屈原再"长太息以掩涕兮，哀民生之多艰"；我们要如王昌龄所说"黄沙百战穿金甲，不破楼兰终不还"；我们更愿如龚自珍所赋"落红不是无情物，化作春泥更护花"……

黄色——你就是那春日里的第一缕霞光，大地的勃勃生机在你的照耀下破土而出，一个新世界已摆脱寒冬，迎接着新生命的蓬勃和律动。"创新"——人们勇于创造、与时俱进的精神使我们能从五千年的文化积淀中吸取养分并不断前行，一步步造就更加美好的新世界。詹天佑设计的京张铁路就是创新的典范，他设计的人字形线路是中国铁路史上的创举。他教育青年要"精研学术，以资发明"，"各出所学、各尽所知，使国家不受外侮，以自立于地球之上"。

我们青少年就是那早上八九点钟的太阳，以创新为己任的我们要相信马斯洛曾说过的一句话："创造性是每个人作为人类的一员都具有的天赋潜能。""神舟八号"上天了，"嫦娥"奔月了，我们又怎能让火星上只有"好奇号"的脚印，让我们做新时代的"夸父"，让宇宙中到处都闪耀着中华民族智慧的光芒。

蓝色——大海深邃的情怀，你就是四大洋的颜色，挽着五大洲的臂膀，你那一万一千米深的马里亚纳海沟能将八千多米的喜马拉雅山收入怀中。"包容"——你就是那最宽阔的胸怀。你不会患得患失，在利益面前能以大局为重；即便你有能力做到处处争先，却不会得理不饶人，能处处让字当头、以和为贵；你不会自以为是、听不进不同的见解，虚心听取别人的意见和批评，甚至能理智地对待言辞激烈的攻击并择其善者而从之；你能做到心态平和、淡然从容……

世界无奇不有，包容不同民族的文化，就能吸取更多的营养；能让持不同见解者畅所欲言，我们就能博采众长；能做到宽容大度，我们就能以阳光的心态笑对人生。让我们快乐的青春拥有一颗包容的心吧！那样我们就能神采飞扬，茁壮成长！

紫色——如苍穹之光，穿云破雾，不但给人以光明，还有那柔柔的温暖情怀；紫色不是耀眼的光芒，却散发着春日里那一路牵牛花香。你就是"厚德"的色彩——能让爱的光辉温暖世界。让我们一起把你高高地举起，让那些渐去渐远的良心，绽放在一场和煦的春风里。让你那忽明忽暗的点点星火，点亮人生路上的一盏盏明灯吧！

尚礼、厚道、宽容、助人——厚德在历史中传承。《北京精神》中共青团员刘玲的故事令我为之动容。她是北京市的一名初三学生，左腿患骨癌，走路很困难。但她不屈服于病魔，在她生命的最后时间里，帮助了许多人。当同学们上课间操时，她默默地把教室打扫干净；当同学们上体育课时，她拖着病腿为同学们送去热水……刘玲崇高的心灵充满了厚德所必需的要素——爱——对同学、朋友的爱，爱的光辉在她心中熠熠闪耀。俗话说：勿以善小而不为。让我们从身边的小事做起：为同学讲解一道他不会做的难题，借给忘带交通卡的同学一元钱车费，搀扶起在体育课上摔倒的同学……让"厚德"的紫色光芒陪伴我们成长，在我们的心中慢慢生长……

"红色"的爱国、"黄色"的创新、"蓝色"的包容、"紫色"的厚德——北京精神描绘出一个多彩的首都，一个美妙的世界，一幅绚丽的画卷，它就似我们人生路上的指路明灯。

从此，我们便有理由相信，因为有你，我们不会轻易悲伤，所以一切都是幸福的模样；因为有你，简单的生长，怎么会有沧桑，我们依然随时可以为你疯狂；因为有你，我们会一直拥有年轻的模样，在那个人来人往的地方我会一直吟唱，我还在爱着你——北京……

教│师│点│评

本文小作者以各种颜色来解读北京精神，取材新颖，立意鲜明。将北京精神赋予了形象化的解释，给读者带来了鲜明的认识。文笔流畅自然，初一学生能有此佳作，值得鼓励。

北京精神一脉相承
——读《四世同堂》有感

北京市第十九中学初三十二班　张伯震

指导教师　王　微

2011 年，北京的城市精神北京精神确定为爱国、创新、包容、厚德。这学期，我们学校在升旗仪式上还陆续有老师同学讲述他们对北京精神的理解。我认为，北京精神定不是从那时才存在的，也一定不仅限于这些。老舍先生的《四世同堂》就印证了这一点。

《四世同堂》主要讲述的是抗日战争时期北京的小羊圈胡同以祁家为主要讲述对象的故事。尽管这是一部文学作品，但其中也彰显出了北京的精神。自那时起，北京、北京人就有这些精神，这些值得尊敬的、值得传承与发扬的精神，也是属于全中华民族的。北京的可敬、可爱也就此显现。

这部作品极大地表现出了北京人的爱国热情。书中的故事主要发生在北平沦陷时期，成为了亡国奴的北平人民爆发出骨子里的爱国精神，尽全力从日本侵略者手中夺回北平。书中有这样一段话："……有许多像瑞全的青年人，假若手中有武器，他们会马上去杀敌。平日，他们一听到国歌便肃然起敬，一看到国旗便感到兴奋……"这一段话很长，用了很多"有许多像……的……"，把祁家从老到少都写了一遍，非常立体地写出了北京的老人、半老的人、壮年人、青年人的爱国精神。这足以证明爱国这一精神是深深地镌刻在北京的脊梁上的。我爱北京，爱她深厚的爱国情怀。这种情怀与精神，是一脉相承的。这一定会使其他文化的人肃然起敬，对北京乃至中国的这种崇高精神有一种憧憬与向往。而对于我们中华民族来说，我们更应该继承和发扬这种精神，不应该在越来越强调个人的现实社会中丢掉我们的根。

书中主要写的是战争年代所激起的北京的爱国精神，而对于我们生活在和平年代的人来说，这种精神不能因为没有战争、不能在战场上保卫祖国而丢失。它应当得到传承，只不过是以不同的方式。在和平年代，爱国精神有新的诠释与表现。我们的班主任老师说："战争年代的爱国表现在战场上。而和平年代的爱国就表现在每周一的升旗仪式上庄严肃穆，在唱国歌时声音洪亮。"就像书中老舍先生说的：平日，他们一看到国旗便肃然起敬，一听到国歌便感到兴奋。这正是爱国的表现啊！爱国可以体现在许多地方，尊敬国歌、国旗、人民币，爱校、爱班、爱家。这都是爱国的表现，只有单位、班级、家庭好了，国家才能好。这种爱国精神应该在我们心中扎根，在全中国人民心中扎根。我们应当真正理解它、践行它。作为在北京学习、生活的人，我们更应发扬这项作为北京精神的伟大精神。

虽然这本书可能主要表现了北京的爱国精神，但北京精神中的其他内涵也有部分流露。例如，小羊圈住着各个行业不同的人，做买卖的、教员、剃头匠、"窝脖儿的"、车夫……可他们都能挺和睦地住在一条不大的胡同里，北京的包容起到了很大的作用，也就此体现了出来。小羊圈包容了如此多不同行业的人，这也就映射出北京的包容，这是可敬的、可爱的。

对于一脉相承的北京精神，古今或许有不一样的表现。在表现时我们应当选取符合现代实际的方式。但无论如何，这些宝贵的精神不能丢，它们是我国深厚文化所馈赠给我们的珍贵礼物，应当永远传承下去。让我们发扬北京精神，用心去理解、切实地表现，传承这个让北京可敬可爱的宝贵财富。当然，北京精神并不只限于这四个词，我们应当发扬蕴含在深厚文化中所有好的精神，不是吗？

教｜师｜点｜评

　　张伯震同学的这篇文章最大的亮点就是小入口、深挖掘。本文摒弃了四种北京精神的简单堆叠和解释，避免了四点皆全、但都是蜻蜓点水的局面。而是从"爱国"一词切入，以《四世同堂》为抓手，将北京精神的内核阐释得清晰透彻。再有，此文还很好地处理了引文与现实的关系，引文为现实服务，主要抒发了作者对当代北京爱国精神的理解和诠释，提出了身处和平年代的中学生应该如何践行爱国的含义，由浅入深，鞭辟入里，是一篇值得阅读的好文章。

回眸锣鼓巷

北京市第十九中学初一二班　李梦璇

指导教师　李艳梅

　　不知不觉中,从烟袋斜街穿过马路,绕进了一个繁华退去的深巷——沙井胡同。

　　还记得今年,我偶然凭着直觉从五花八门、色彩斑斓的书架中一眼相中了一条灰色的书脊,它给我带来一种岁月凋零、灰飞烟灭的痛感。上面沉重地嵌着三个古朴凝重的字——锣鼓巷。这个地名,极其耳熟。它安详的封面也深深地打动了我。上面印着的是南锣鼓巷的牌楼,安静地矗立在那里。

　　这本书里面仿佛贮藏着多少年来流逝的陈年往事,这个尘封许久的故事如一片秋风中的落叶躺在尘土中,在宿命的浮萍岁月面前沉沉浮浮。但人们却无法忘记这段深刻的往事。它被谱写在这本书中,我打开它,就像一把钥匙打开了一所胡同深处的大门。

　　故事发生在光绪三十年的一个夜晚,一个眼疾手快的贼人进宫盗宝惊动了慈禧太后,她命禁卫军统领程鸷以及守库大臣吴延语细查丢失的宝物,原来是被召入宫的大臣辛文远监守自盗,趁乱带了一些宝物出宫,导致吴延语被杀,程鸷被赶出宫永不录用,他凭借发现的蛛丝马迹追查到辛文远家,辛文远让家人带着宝物逃离京城,自己悬梁自尽,程鸷因此奇耻大辱,发誓有生之年要追查到底。

　　直到民国以后。辛家人从天津回京,东山再起。为了弥补吴家人,把素不相识的吴盈珠小姐硬塞给了辛家的二少爷辛书恒,两人不和。

程家一直是辛家人的死对头。听说了吴小姐的事情，于是程鸳风流成性的儿子程大羽又引寂寞苦命的吴盈珠小姐上钩。他们想合谋盗走辛家的宝物。

这只是一个苦难的开端，因为在雨中的盈珠不慎跌倒，她不幸难产而死，留下的却是程大羽的骨肉。辛书恒一想，辛家连一个孩子都容不下？他心一横，把孩子留在了家中，没有捅破这个惊天秘密。辛家大少爷的妻子李氏与大少爷感情和睦，相敬如宾，她在剧中的一句话使我记忆犹新。她说过："不知道这个宝物是福还是数不清的祸端，因为它，盈珠走了、老蒯走了、小翠走了。"

或许，这个宝物有多久，这三家人的纠缠就有多大。程大羽还是没有得到宝物，而他得罪过的表姐姚碧桃又想报复他。于是姚碧桃派妹妹碧竹化名周眉进入辛家。她们两姊妹的目的是杀掉盈珠留下的孩子思德，也就是程大羽的骨肉。她们没有成功，姐姐气绝身亡，妹妹被永远赶出辛家。而另一边程大羽的女儿忆翎却和辛家大少爷的儿子思聪两情相悦，二人被迫离家出走，去了革命前线。辛家大少爷的大女儿思懿与成天眼里只有钱的刘有财结为夫妻。他们也整天盘算着如何盗走宝物……

一切的祸端来源于这个宝物，它到底是福还是祸？

这一刻辛家的大少爷辛书翰觉醒了。此时因为这个宝物不该走的全走了，而这个真正该走的宝物却仍然像一颗随时待命的炸弹埋在辛家老夫人的卧室。所有的导火索来自这个像睡火山一样的炸弹，只要它引爆，或许一切真相大白，并不是坏事。

辛书翰已经年近古稀，他召集与这件事情有关联的人全部到辛家大院。

他说道："当年我爹盗走这些宝物，以为留下了无尽的荣华富贵。可没想到，它逼走了多少无辜的人。如今，它也不该属于这里了，它是国家的，它是华夏大地的！

故事的结局固然完美，宝物随着钟鼓楼的一声响，回到了它的家中——紫禁城。

读完这本书，我也长叹了一口气。有一种心酸，一种繁华落尽后的舒适感。整本书的描写压轴在最后一段。

"在宝物上了故宫博物院派来的车上，将近 90 岁的程骜终于闭上了眼睛。但随着车缓缓驶向紫禁城，程骜仿佛当年一样的威武，带着神圣的乌沙帽，手持一柄大刀，身穿大清三品统领服饰，跟随这批宝物回到了紫禁城。"

这段话写出了人们的爱国精神。5000 年来从未改变过，一种情怀覆满了我的心扉。何况是宝物流离的短短 50 年！别来无恙。最终是心底对华夏大地的敬畏唤醒了大家。这也深深触动我内心深处的情感，没有一个故事这样复杂，但却谱写着这样一个深刻、爱国的曲子。

北京精神之爱国就被充分体现在此处，当然还融合了无尽的厚德。一个将近 90 岁的老人都不肯离去，他宽容了辛家，因为再也没有了利欲熏心，只有对汉玉观音的崇敬，犹如真龙天子再现。

当我那次不知不觉地走进了程大羽所住的沙井胡同，不禁想起了这被尘封已久的故事。还有那些熟悉的名字：帽儿胡同、菊儿胡同、秦老胡同、炒豆胡同……

那一年，随着钟鼓楼的钟声响起，庆贺这些宝物离奇出宫 50 年，在人世间经历了诸多的坎坷磨难，终于又回到了它们该去的地方。

这样一幅画面浮现在我眼前：袅袅的钟鼓余音传到故宫四方端正的武门，传到金碧辉煌的太和殿，传到巍峨庄严的乾清宫，把这喜讯传遍了整个紫禁城。

这本书无疑不体现了爱国、包容、厚德的精神。5000 年来，这种华夏人有的精神就从未消失过。

穿过沙井胡同，来到了南锣鼓巷，窄窄的街道上，充满了中外游人，文艺和老北京传统的商铺布满了整个巷子，琳琅满目的现代咖啡馆里面坐着许多外来宾客，细细品味着咖啡的馨香。

大家有说有笑，我却一直回想着这个流逝多年的故事。色彩斑斓的锣鼓巷却永远停留在这个繁华过、落魄过的深巷。尽管已经成了断垣颓壁，但锣鼓巷的故事却从未消失。

玉殒香未消，繁华落尽，往事无痕。

教｜师｜点｜评

小作者从一个独特的角度——北京的胡同入手，又以北京著名的胡同——锣鼓巷的故事为契机，阐发对于北京精神的理解，抒发对北京的热爱之情。读来犹如老祖母讲故事，娓娓动听却又感人至深。

这里是北京

北京市第五十七中学初三八班　刘文仪

指导教师　薛　芳

"飞舞的长城，坐落的天安门，保存的古香胡同，繁华的金融街……"这里是北京。

这里是北京，这里有对岗位的尽责——

"7.21"一场61年来最强的暴雨来袭时，45岁的他在雨中挨家挨户查看是否有被困人员，并帮助63名被困村民转移。最终，村民无一伤亡，而他，却因为不小心扶上了一根漏电的电线杆斜拉线，而倒在了水里，再没有醒来。他叫李方洪，燕山向阳路派出所所长，21日那个雨夜，他牺牲在自己辖区内凤凰亭村的村口。他是一位扎根基层28年的好干部，面对百姓生命的危机，他向来都毫不犹豫。

村子中间三米宽的柏油路，在雨水的冲刷下，不少地方的柏油层已经掀了起来，路面上随处可见沙石和瓦砾。几乎临街的人家，院墙已经倒塌，残垣断壁上有从屋内漂出来的家具和生活用品。"幸存"的墙壁上，尚未干透的一米多高的水印，向人默默述说着这里的人们那一晚惊心动魄的回忆。更向大家诉说着什么是北京。

这里是北京，这里有对城市的奉献——

刘玉珍是位年过七旬的老人，从1994年起，她坚持每天来天安门广场义务清理各类垃圾。18年来，在北京的中心，有她汗流浃背的身影，更有她与凛冽寒风作斗争的情景。她无论冬夏，风雨无阻，从不"缺勤"。这么多年来，她已经拾垃圾累计上百吨。

在天安门广场熙熙攘攘的人群中，这个弯腰的背影在感动着别人，感动着北京，她清理了垃圾，更洗礼了人们的心灵。国旗每天在此庄严地升起，随风飘荡的五星红旗很熟悉这位老人，很熟悉千千万万为这座城市无私奉献的人……

这里是北京，这里有对荣誉的追求——

"长卷舒展，活字跳跃，圣火激荡，情感喷放。那一刻，中国惊艳世界。"回到 2008 年的北京，刘翔身受重伤却向往着赛道，虽然与再创辉煌擦肩而过，但这不是遗憾，而是执着追求的信念。举重运动员用双手托起百斤重的杠铃，挑战了承受的极限，是因为心中有一种强大的力量。也难忘沙滩排球比赛中，运动员一次次扑倒；难忘跳水比赛时那一个个完美的动作；更难忘射击比赛中，他们顶住压力，"后击博发"……这些对荣誉的追求诠释着北京，诠释着中国。

这里是北京，这里有对世界的创造——

在北京：万里长城，是世界上最长的防御城墙，最伟大的人造工程；故宫，是世界上现存规模最大、保存最完整的皇宫建筑群；天安门广场，是世界上最宏大的城市中心广场；天坛，是世界上最大的坛庙建筑群和祭天建筑群；颐和园，是世界上造景丰富，建筑集中、保存最完美的皇家园林；北海，是世界上历史最悠久的古典皇家御苑；十三陵，是世界上保存完整、埋葬皇帝最多的帝王陵寝群；云居寺，是世界上最古老、最宏大的佛道经典石刻图书馆；永乐大钟，是世界上铭文字数最多的大钟，共铸佛道经文二十二万之多……谢谢你，北京……

请记住，这里是北京……

教│师│点│评

　　本文从不同角度诠释了北京的城市文化内涵:尽责、奉献、追求、创造，中心明确，所举事例鲜活，分析较深刻，能使读者产生共鸣并留下深刻的印象，北京一方面熔铸了厚重的历史文化底蕴，另一方面也不乏跃动的时代气息，顿觉北京已不仅仅是一座城市，更成为一种精神象征;不仅仅是民族的，更是世界的，而且文章最后暗示出一种信息:文化首先必须是民族的才有可能是世界的，发人深思。叙述条理清晰，语言凝练，结构合理，形式新颖，排比段落和句式的使用更使文章富有一种回环复沓的节奏美，读来琅琅上口，颇有气势。

升 旗

北京师范大学第三附属中学初二六班　张玲玮

指导教师　邵晓春

北京，一提到这两个字，便有一首歌久久萦绕在我的耳畔，挥之不去。"我爱北京天安门，天安门上太阳升，伟大领袖毛主席，指引我们向前进……"的确，这首儿歌是我对北京的最初印象。儿时，经常听到小姨哼唱这支曲子，那时北京在我心目中是个庄严肃穆的圣地。

小学二年级的时候，我因为淘气，不小心被笔戳伤了眼睛。随后，我便跟随妈妈来到北京治病。而那趟北京之行让我印象最深刻的却是看升旗仪式。要看升旗仪式必须得赶早，凌晨五点多我被妈妈叫醒，麻利地穿好衣服，来到天安门广场。来自天南地北的人们已经汇集在天安门广场上，将广场的国旗台周围堵得水泄不通。过了一阵，人群突然骚动起来，妈妈在我耳边说："快看啊！"我抬起头，看到国旗护卫队的叔叔们昂首挺胸、气宇轩昂，迈着整齐有力的步伐，齐刷刷地走过金水桥，我那小小的心灵着实地被震撼了，以至于后来我曾经有很长一段时间都一直很想当升旗手。随着激昂的国歌奏响，护旗手将手中的国旗一角抛向高空，那动作干净利落，英姿飒爽。人群唰地安静下来，人们纷纷行注目礼，目不转睛地看着国旗冉冉上升。朝阳慢慢从地平线上绽放出一个灿烂的笑脸，耀眼的阳光将国旗镀上一层金边，五星红旗在国旗杆上迎风飘扬。

"哎，该下去了。"一个声音把我从回忆中唤醒。

"嗯？"我有些不明所以地看向朋友。

"你忘了？今天中午老班喊咱们下去练升旗呢！下周咱们值周，你快点吧,大家都下去了。"

我扭头看了看,这才发现,空荡荡的教室中只剩下我和朋友了。"哦,咱们也走吧!"

老班将我们的队形按高低个排了排,从中将我和朋友拉了出来作为护旗手,我的心情颇为激动。按正步走了几回,音乐老师单独将我、朋友和升旗手拉出来练。我和朋友按照老师的指示,齐步跟在升旗手身后,来到国旗台前,老师把甩旗这个艰巨而又光荣的任务交给了我。老师给我做了几次示范,动作干净利落,一点也不拖泥带水,我在心中暗暗赞叹。终于,老师让我自己试一遍,我抑制住激动地怦怦跳的心,跟着老师的节拍,在迈出一步的同时将手中的国旗奋力甩上了蔚蓝的高空。看着国旗飘扬在天空上,我的思绪刹那间飞回到看升旗仪式的那一刻,雄伟壮观的天安门广场,巍峨大气的故宫城楼,高耸的人民英雄纪念碑,还有碑身上的浮雕,那些为祖国和人民冲锋陷阵、英勇无畏的解放军战士们。祖国,这个词语从没有像今天这样清晰地、深深地刻进我的心中!

"好了,今天就练到这里吧!"音乐老师朝我们摆摆手示意我们可以回去了。我和朋友相视一笑,朝老师点点头。

突然仿佛有一个稚嫩的声音传入我耳中:"我爱北京天安门,天安门上太阳升,伟大领袖毛主席,指引我们向前进……"

教 | 师 | 点 | 评

文章字里行间充满着对祖国的爱。采用以小见大的手法,把对祖国的深沉博大的爱凝聚于升旗上。小作者写了两次升旗仪式:运用动作和神态描写小时候观看"国旗护卫队的叔叔"的升旗仪式,场面庄重肃穆,埋下了一颗对国旗、对祖国爱的种子;运用语言描写,自然过渡到自己作为护旗手的升旗仪式，此次作者的心理感受俯拾即是——"颇为激动"、"暗暗赞叹"、"怦怦跳的心"等。此时此刻，作者对祖国爱的种子有了土壤（自己升旗），得到萌发、生长，乃至那份浓浓的爱国之情水到渠成——"祖国……清晰地、深深地刻进我的心中"。紧扣对祖国的爱，做到以情感人；运用了插叙的叙述方式，使文章结构具有立体感；首尾使用歌曲，结构浑然一体；综合运用多种描写方法，语言生动具体。

北京，我的第二个家

北京市六一中学初二一班　韩春辰

指导教师　王印茹

繁星点点，好似城市里闪烁的霓虹灯；幸福美美，好似蜜糖让我笑口常开。要问这是为什么，那我就笑着告诉你：家是广阔的，家是温暖的，北京，真好，是我的第二个家。

当我来到这个既陌生又繁华的城市，一下子怔住了，都不知道该何去何从。幸好有妈妈在。我记得一次坐公交车，车上很挤，没有座位，一位老爷爷见我是小孩，就想给我让座："来，你坐这！"在老爷爷的带动下，一位叔叔也让座给我，他说："大爷，我给小朋友让座吧，您别摔着了。"他又立即对我说，"来，坐叔叔这。"妈妈让我说谢谢，我一边坐下一边说："谢谢叔叔！"我发觉这个城市真有爱心。北京真好！

车上人很多，就算硬塞，也塞不下了。行驶时，车子与车上的人仿佛融为一体，晃晃悠悠的。这肯定避免不了踩到别人的脚，可我听到的不是一声声的吵架，而是细细的、轻轻的道歉和原谅，车似乎被这声音所感动，渐渐不再摇晃，好像飘起来一样，难道这就是包容？"×××到了。下车的乘客请刷卡。"原来是我睡着了，才会有飘起来的感觉。不过，那些谦让、道歉都不是幻觉。我认为这又是一个会包容的城市。北京真好！

小时候的我能体会许多美好的事情，现在我可以做到那些所谓的美好，其实，你也可以的。

不知不觉，我长大了，没有人再给我让座，而我却学会了给别人让座。是北京和北京人，是他们教会我的，是他们让我拥有爱心和包容心。

我由衷地感谢你，北京！

渐渐地，我懂事了，我长大了，我也了解了北京精神：爱国、创新、包容、厚德。

爱国是北京精神的精髓，每一个中国人都有爱国之心。创新，只有不断创新，城市才会更发达。包容，无论是谁，都应该知道，退一步海阔天空，我们需要一个和谐的社会。如果是你，你会选一个爱国、创新、包容、厚德的城市做你的家吗？我当然会首选北京。

渐渐地，我在北京生活了四年，这四年里，我就像看电影一样，一晃就过去了，也许，有一天我会离开，但我终究会回到这里。不是因为爸爸妈妈，也不仅仅是这座城市让我感受到了什么，而是我有个信念，这是我的家，在这，我有许多形影不离的朋友，而在老家，这种感觉没有，我已经疏远了许多儿时的伙伴。现在的我，有慈祥的老师，友好的同学，还有爱我的北京人，我忘不了你们对我的关爱、包容。北京，我来对了，不仅仅是知识的提高，而且是修养的养成，还有品质，这是我以前所没有的。

家，不是只有妈有爸就算是一个家，还要有爱，只要有了爱，什么地方都是家，爱是一切，是金钱所买不到的，有了一个家，就会有爱，有了爱，就会有家。

北京，我爱你，我的家，我的第二个故乡。北京真好！

教 | 师 | 点 | 评

北京是小作者的第二故乡，在北京的所见所感让她由衷地感谢北京，所以小作者从对北京的逐渐认识中，感受到了北京带给她的欣喜，字里行间洋溢着作者对北京的热爱。语言朴实真挚，抒发了小作者对北京的喜爱之情。

高低杠公主的"北京精神"

中国人民大学附属中学分校初一八班　宋逸寒

指导教师　张佳丽

2012 年 8 月 6 日，伦敦奥运会女子体操高低杠决赛。

坐在电视机前，静静地等着，憧憬着那位北京姑娘——高低杠公主何可欣的精彩表现，希望她能再一次地为我们带来惊喜。

尽管，我知道，她最近的状态一直都不好，我也知道，她是搭上了奥运会的末班车才来到伦敦，我还知道，她甚至在伦敦训练时造成了拉伤。但我相信，她一定会赢，因为我知道，她的心中，有一种精神，叫作北京精神。

一套完美的动作，人如其名，丝毫不辜负她高低杠公主的美誉。但……心中却不是那么确定，总觉得这个时候说一切都还为时过早，但愿，这只是我的多虑。

在俄罗斯选手的成绩出来的那一刹那，我惊了，噩梦，就在那一瞬间，她，何可欣，与奥运金牌失之交臂。那一刻，我看到了，她，泪流满面。

尽管如此，但她还是十分大方地去和俄罗斯选手拥抱，向她表示祝贺，心中，不得不十分感动。没错，一个中国人，一个北京人，输了什么，也绝不能输人格。

她，是爱国的，没有谁能够否认。一位运动员，她所承担的远远比我们看到的要多得多。训练、伤病、失败，那种从最高处跌下来的滋味又有谁能够承受？一次次的手术，一次次的治疗，恐怕对于她来说已经成为了家常便饭。

但她没有放弃，用自己的毅力撑起了一片祖国的天。哪怕，这片天的颜色，并不是金色的。

但同时，我们也应该放弃那三种颜色，去认真地品味一下一个运动员，品味一下她心中的精神，品味一下那种对于梦的执着。

她，是厚德的。即便自己输了，即便自己的梦就在那一刻破碎了，但她依旧站起了身，去拥抱了她的对手，甚至，就是那个打碎了她的梦的人。因为，她知道，这，是一种美德，是对奥运精神的一种践行，是对中国人素质的一种体现。

第二天，当我刚翻开报纸，便看到了，她，对于全体国人的致歉。她，或许正在悔恨自己为什么不再去拼一拼，为什么不去破釜沉舟？或许正在自责，是自己，辜负了国家与同胞们的希望。

但或许，我想，北京精神指的不仅仅是那四个词，那八个字，它所指的还有太多太多，最浅显的，至少，是一种坚持，是一种奋进。

我至今也忘不了，有一天，我在网上看了一组图片，记录了体操运动员们小时候的训练，我想，能够出现在我们视野当中的真的已经是其中的佼佼者了。也许，还是垂髫之年的他们便进入了体校，将那本属于金色的童年扔进汗水的大染缸。

对于何可欣来说，也一样，现在的她，也仅仅二十岁。二十岁，或许正是少女们在大学校园中品味青春的时候，但二十岁，对于她，已经在世界各地奔波着，已经在不断地为祖国和理想而拼搏着。

这次奥运会，带给我的，不仅仅是欢乐，更是一种气质，叫作中国气质。

这场高低杠比赛，高低杠公主何可欣，向我们展示的，不仅仅是那绝美的高低杠动作，更是一种精神，叫作北京精神。

教 ｜ 师 ｜ 点 ｜ 评

　　作为一名初一的学生，如何诠释"北京精神"，其实是一件挺难的事，让人欣慰的是本文的小作者以独特的视角和积极的人生态度，完美地诠释了高低杠公主的"北京精神"，也体现了作者本人对"北京精神"的理解。文章以观看奥运会体操比赛为主线，围绕着"北京精神"，深入地思考了运动员如何做才是真正的爱国体现，新颖独特的构思、鲜明深刻的立意、满怀深情的语言，令人感动。

我爱北京

北京理工大学附属中学初二一班　王尊梁

指导教师　　杨静琳

在这个大千世界中，每个国家的城市各具风韵。它不比巴黎的繁华，不比威尼斯的情调，然而我固执地爱它。它就是北京。我爱北京，爱它无与伦比的美……

二零零八年八月八日，北京向全世界展示了它的外在之美。当《我和你》这首动听的歌曲骤然而起时，"啪啪啪"，五颜六色的烟花也随之冲上云霄。远看上去，瑰丽的烟花交织成各式各样的形状，在造型醒目的"鸟巢"上空犹如游龙一般霎时绽放，伴着那首动人的音乐，俨然形成了天地间一场具有北京之魂的盛大舞会。在这个大型的舞场——"鸟巢"中，来自不同国家的人端坐在观众台上，一次次的掌声更是肯定了"舞者"的能力之高。当巨幅的水墨画、锣鼓喧天的敲水鼓以及动人心魄的"空中飞人"等节目在我们眼前依次交错而过时，又有谁能不为这巧夺天工的高超技术所呈现的视觉美所折服？这，是场无人企及的舞会。它默默向世界预示了北京的腾飞。这样美的北京外表，怎能令我不爱？

二零一二年七月二十一日，我们的北京遭遇了几十年以来最大的降雨。虽然暴雨击垮了路面，击垮了交通，但是却击不垮我们北京的市民。我们是北京人，在危险到来之时，又有哪一个人会袖手旁观？一家打开办公室让市民住宿的私企，一个站在雨里提醒人们的饭馆中的小男孩，一个趴在水里疏通下水道的大爷……这些不起眼的普通人让人感动，北京更是以你们为傲！我想说，"万众一心，其利断金"，只要人人贡献小小的一份力量，那么我们就将无坚不摧。我们北京的市民拯救了同伴，拯救了北京，更用自己的行动诠释了"北京精神"——爱国、创新、包容、厚德。我们，让突如其来的暴雨出乎意料地闪了腰。暴雨过后，虽然对北京的各个方面造成了影响，但每个北京市民的脸上，都挂着一丝微笑，一丝人性中最美的微笑。雨停了，心晴了。我们的心中，都展现了一道爱的彩虹……这样美的北京灵魂，怎能令我不爱？

北京的美，是多方面的美。不仅拥有令世人叹为观止的外在美，更拥有令世界为之一振的内在美！我爱北京，爱它无与伦比的美……

教｜师｜点｜评

这篇文章语言生动流畅，内容充实，流露出了作者的真情实感，是一篇较为出众的征文作品。

我爱北京那生命咏唱的美

北京理工大学附属中学初二六班　马卓尔

指导教师　杨　眉

　　北京是一个繁华的城市，有着宏伟的建筑，发达的科技，然而除了这些，还有着亲切的人文和无处不在的生命力。

　　在冬天的紫竹院，一切都显得很苍白，冷风肆无忌惮地吹着，与春天可谓天壤之别。面对这些，心情也会随之淡然，然而就从某处，你会听到一阵嘹亮的歌声，似乎是在歌唱着北京的美丽，听到后，会给人一种神奇的力量。

　　来到近前，映入眼帘的是一群引吭高歌的人们。他们每个人的脸上都洋溢着愉悦和自信的笑容，虽然他们身穿厚重的冬衣，却依然那么富有激情。唱歌的大多是中老年人，但他们看上去却充满活力与生命力，户外天气很冷，说话都会冒白气，但他们却依然手握着歌片，随着旋律摇摆身体。其实仔细看，在队伍的最后，靠近走廊，还有一些老人，他们因为身体的原因，坐在椅子上，依然跟着大家一起快乐地唱歌。有时候他们会唱一首经典的老歌，带人回到很久很久以前；有的时候，他们也会唱一些流行歌曲，虽然不是现在那种快节奏的摇滚歌，但听起来也一样不亚于那些歌曲。

　　他们就像一个专业的合唱团，分成几个声部，有的唱高音，有的唱低音，当有些地方唱得不满意的时候，他们就会停下来讨论交谈，当音乐再次响起时，他们就会立刻安静，将目光齐刷刷地聚焦在指挥的手势上。有着整齐的队形、专有的名字，乐器、伴奏都有专人来负责，因为是冬天，弹琴的老奶奶是带着毛手套为大家服务的，虽然看上去不是很美观，但是那琴声的质量却不变，听起来无比美妙，由于她年龄比较大，所以要戴着眼镜弹琴。没有人会注意外表的丑与美，因为当他们在享受歌声、乐在其中时，就是最美的。

生活中有许多热爱唱歌的人，他们都在用歌声为自己赞叹，在无形中已经形成了一首生命的赞歌！当你融入他们之时，你将会体会到不同生命中的不同概念。你会从他们饱经风霜的脸上，看懂生命，会从他们的歌声中听懂生命的意义。

也许有时候你会有烦恼，但当你听到这样的歌声，或是看到那些充满生命力的事物和现象时，你就会充满一种神奇的力量。

他们的歌声似乎是在歌唱着北京的美丽，而北京正是因为有了这样一群人的存在，才显得更加美丽。

教 | 师 | 点 | 评

小作者用细腻的笔触捕捉到了北京群众歌咏活动的美，捕捉到了这座城市生机勃勃的文化和魅力。优雅的文笔，美好的心灵，将对生命咏唱的美尽收眼底。

北京，愿你长青

首都师范大学第二附属中学初三三班　刘潇璘

指导教师　蔡彤鑫

灯火阑珊，走在繁华的长安街，回望这片孕育我成长的土地，北京，北京……

你还记得它几年前的模样吗？那时我家的小区是灰蒙蒙、黄苍苍的样子，斑驳陆离的一片，如今，王府井繁华的步行街，代替了原来车水马龙的闹市，中关村耀眼的玻璃大楼，代替了一座座小土房，那片原本充满昏沉的大地，经历了时代的考验，被绿藤缠绕，越来越高，越来越强，耀眼东方，那就是我的故乡，北京，北京……

经过一个老旧的小胡同，那面小木门摇摇晃晃，突然有一种亲切的感觉，推开门，一棵茂盛的古树，上面的枝叶七零八落地挂着，下面依旧是几位老人在下棋，旁边一只老黄狗趴在地上焦热地吐着舌头。明明这棵树并不能乘凉，可是老人们为什么还是坐在树下下棋，这幅画面是多么的熟悉，是习惯吧，这就是老北京的习惯吧，一种温暖的感觉涌上心头，我原以为，老北京已经被高速发展的时代所代替，却没想到，这里的老人们，又让我想起以前那种温暖与祥和……不知道，多年以后，这里会不会被拆迁，盖起一栋高楼，但是我真的希望，在这个城市里，能有一点过去的影子，能让这些老人们，保存着老北京珍贵的记忆……

穿过护城河，越过高速路，太阳照得正高，一块反光的玻璃板晃得我睁不开眼，这是什么？一个巨大的玻璃体？哦不，这是一座商业大楼。我仰望这座楼，还有周围并不矮的小楼，它们是什么时候屹立在这里的呢？为什么我才几个月没走这条路，你们就霸占了这个地方呢？我亲爱的北京，瞧你成长得多快，从我出生，我就同你一起成长，这才几个月，我就跟不上你的脚步了，你现在已经强大到可以独当一面了，而我却还稚嫩得与几年前一样，不知什么时候，我才能站在你的身旁，与你一同为国家争光。再次仰望这栋大楼，心中想起一个声音，北京，我为你骄傲……

篮街，那是一条著名的小吃街，一串串红灯笼，让我想起小时候家里每逢过年时的景象，小孩们围在母亲身边，母亲把盘中的驴打滚儿和麻酥糖举得跟红灯笼一样高，我们嬉笑着猜灯谜，每次答对了，笑得比嘴里的糖还甜。我独自一人走进篮街，刚踏入门槛，便听见了许多吆喝的声音，每一个摊位都冒着袅袅白烟，人也是出奇的多，哪里都挤满了世界各地来的人，北京，你真好，你把那么多金发碧眼的人吸引来品尝我们的特色小吃，让她们也沉醉在与我童年一样的欢乐中，那是永远不变的味道……

暮色降临，可是我们的城市，却依旧闪亮……看那刚刚从公司走出来的 IT 精英们，看那超市里忙碌的收银员们，还有我们亲爱的正在加班的老师们，还有起早贪黑的学生们，他们穿梭在这座城市的每一条街道，每一个角落。黄晕的路灯照在他们身上，映出了疲惫与幸福。每一个人都在为我们的城市奋斗着，贡献着，为了我们的北京，为了我们的未来……

我亲爱的北京，我该如何去比拟你，你承载着中华民族的文化魅力，那种亲切和温暖，生长在每个北京人的记忆里。我亲爱的北京，我该如何去比拟你，你屹立在世界的东方，照亮中国的整个上空，那种骄傲和自豪，印刻在每个北京人的脑海里，我们深深地爱着你，愿我们的爱，能滋润那片绿藤，让你成长得更加参天。北京，北京……

教｜师｜点｜评

感情不是外在的豪言壮语，而是内在的自然流露。小作者以深情优美、诗意盎然的笔触，为我们勾勒了故乡北京一幕幕的剪影：小胡同的亲切温暖、高楼大厦的辉煌和骄傲、簋街的欢乐祥和、忙碌人们的贡献与收获，文章交错着现实和回忆，穿插着作者不同成长阶段的感受，写意的笔触相互照应，语言如清澈的溪水，宁静悠远，充满了暗香盈袖的美丽意境，充分体现了小作者深厚的文化底蕴和文学素养。

同时，文章还具有较为深刻的思想内涵，有对文化的赞美，也有对文化保护的隐忧，更有对北京这绿藤卖力生长、参天蔽日的真切希望，在叙议之中又融入了自己的思想。回忆永远是美好的，但是我们更要去创造更美好的未来。全文流畅婉约又不失大气，思想深刻又不失灵动，是一篇难得的佳作。

追忆属于我的北京

北京市上地实验学校初三三班　胡雪莹

指导教师　杨宏丽

　　我从小生活在北京，生活在这座包容大气却又特色鲜明的城市，以一个孩提简单的视角追寻着北京深邃的文化，感受着它从容傲立的姿态。就是在这个皇城根脚下的城市，我品味着它千百年来形成的独特风韵，追望着它近年来日新月异的发展，体会着这座城市带给我的一切美好。我生于此、长于此，何其幸运，又何其骄傲。

　　北京包含着它的特色，我爱北京，当然爱它所有的一切，记忆中的画面好似永远也不褪色，就是那样从童年令我难忘、爱恋……

　　我爱童年时令我嘴馋的北京，爱它地地道道的特色小吃。那筋道甜糯的驴打滚儿、味道特异的酸豆汁儿、酥脆可口的炸焦圈……都是我无比钟爱的选择。不过说到我的喜爱之最，还是午餐时那手擀的老北京炸酱面，是永远也吃不厌的。炸酱面那浓郁的味道，煸香的五花肉和清口爽脆的菜码，都使我度过了无数次的饥饿挣扎，走过了数个春夏秋冬。尤其是在冬天，热热地吃上那么一碗，足以让人身心都有了无限的活力，充斥着满足。

　　我爱记忆中使我沉醉的北京，爱它七拐八弯的古老胡同……记得在后海游玩时，就那么漫步在老北京的胡同，望着胡同里藏着的碧蓝明净的天空，听着那悠长的鸽哨和老北京的吆喝，看着胡同里的四合院，四周喧嚣内心却又安静。温暖的阳光洒满一身，脚步也在快节奏的都市生活中慢了下来。在胡同里那一步步的行进中、在暖洋洋的感觉中闭上眼，思考着千百年前它伫立的原因，幻想着它千百年后呈现的样子，时间仿佛也就此停止，连心也都一点点变得沉静，生活也变得惬意。历史的原貌，就在我的足迹中一步步显现，每走进胡同更深一步，它也变得更加明朗……不得不提的，还有那胡同特有的人力三轮车，坐在车上一摇一晃，听着嘎嘎悠悠的声音，才更觉老北京胡同的悠然自得，让人印象深刻。就是这样韵味十足的胡同，让我更觉北京的可爱，更感叹于历史对它的精雕细刻……

我爱许多人向往着的北京，爱它温暖明亮的夜景……去香山时，为坐缆车下山，我足足排了几个小时的队。轮到我时，已近傍晚，但看到难得一见的夜景也终算是不虚此行。在高高的缆车上，俯视脚下那黑黢黢、密密麻麻的街道，再把目光放远——那一大片璀璨灯火就那样直冲冲撞进我的眼，在黑色幕布的映衬下，更显明亮。无数的高楼建筑顶着七彩的霓虹灯，闪耀在灯火辉煌的街头，还有那川流不息的车辆，氤氲成一抹抹暖黄，呼应着万家灯火，让我在这夜风微凉的时刻，也不禁感到一丝暖意，更感受到北京的夜晚承载了满满的幸福。

我更爱当地人聚集的北京，爱它风味十足的人文……老北京人爱听京剧，爱逛潘家园。而我就只是站在街口听着那再熟悉不过的儿话音和字正腔圆的京腔京调，看着老大爷拎着黄铜吊钩麒麟盖板儿的画眉鸟笼子在清晨一遍遍地遛弯、老大妈穿着一袭白衣手执短剑有模有样地练着太极，就感觉到了京味。这种老北京的风味，深深烙印在我的心里……

北京的饮食、文化、景色、人情，都是它美丽的一部分，它们都是这么令我喜爱、留恋，身处这样的北京，生活在这一群老北京人中间，真是幸运又自豪的一件事……

教｜师｜点｜评

作者从四个角度——北京的饮食、文化、景色、人情抒发了对北京这座古老城市的热爱之情，文章字里行间充满了对北京的深情和对北京的挚爱，清新而感人，处处流露出小作者作为北京人的自豪！

我爱你，绿色的北京！

北京市上地实验学校初二三班　钱泽熙

指导教师　李汝梅

去年年底的一天，顶着冬日的严寒，我们全家来到首都博物馆参观了由中共北京市委宣传部和市政府新闻办公室主办的 2011 年"绿色北京"群众摄影文化活动优秀作品展。

万千光影图片在这里汇聚，它记录着我们这个时代人们的生活足迹，也见证着我们这座美丽都城的发展历程。驻足欣赏每一幅饱含真情的作品，凝神思考作者精心营造的意境，我如沐浴在和煦的春风里，一扫冬日的寒冷，心中激荡起作为北京市民无比的自豪感、幸福感和责任感。

我自豪，是因为从摄影作品中看到了北京作为历史古城的博大深沉，成为现代化都市的时尚灵动。那蓝天白云下方正巍峨的紫禁城和夕阳晚霞中圆润曼妙的大剧院，那京郊秀丽的自然风光和闹市里宁静的人造公园，那绿树成荫的胡同和楼宇上的"空中绿地"，还有那花园般美丽的校园……一幅幅生动的图片交相辉映，构成了我们工作、生活和学习的立体城市家园——让我倍感自豪的北京！

我幸福，是因为从摄影作品中看到了党和政府带领市民大力加强绿色北京建设，努力改善生态环境所取得的巨大进步。"绿色北京"的理念促进城市环境和面貌不断改观，空气质量大幅提升，一大批森林公园和绿地形成，众多城郊湿地得到开发，污水处理成效显著，通惠河清淤治理还给了历史上大运河北段一个清亮，永定河整治让古老的城市母亲河再现妩媚，南水北调将会使古都更加苍翠葱茏。我爱你，绿色北京！

当然，我更加感到的是肩上责任的重大。"绿色"代表着生命，代表着活力，代表着科学与进步！作为北京的一名中学生，我们更要身体力行，做"绿色北京"的支持者、宣传者和实践者。如日常生活中的低碳绿色出行、爱护花草树木、保护自然环境等等。今年4月份我认养了植物园的一棵银杏树，应该是对"绿色北京"的有效践行吧！

走出展厅，那一幅幅或绚丽多彩或气势恢弘的光影图片已然深深印刻在我的脑海中。这些饱含生命热度与生活热望的普通劳动者的摄影作品不正承载着北京人民和国内外摄影爱好者们的由衷祝福与期盼吗？愿我们共同居住和共同热爱的美好家园——首都北京的未来更加美好！愿建设"人文北京、绿色北京、科技北京"的理念和目标早日成为现实。

教│师│点│评

这篇文章从观看"绿色北京"群众摄影文化活动优秀作品展中选取素材，视角独特，作者能够带着一份热爱，睁开一双发现美的眼睛。在这里，万千光影的图片组成了精美的画卷，折射着京城的美丽，记录着北京的发展足迹，也引起了观看者的无限自豪和幸福。作为一名生活在北京的青少年，能够主动去捕捉生活中的美好，主动书写成长中的发现和感受，由衷地表达自己对创造新生活的信心和责任，心态阳光，令人欣喜！

尝美食，品厚德

北京市京源学校初三一班　李　磊　朱宇洁

指导教师　王燕芳

　　爱国、创新、包容、厚德，这是北京精神的凝聚，然而这八个字中所蕴含的文化和意义，却非一言两语可以道尽，对于这四大精神的理解，也是因人而异。对于我来说，体会最深的莫过于厚德精神了；而在我眼中，"厚德"就是那沉淀在北京美食之中的醇香……

　　"厚德"是"北京精神"的品质，"厚"指的是厚重的历史，而"德"则指的是在这厚重的历史下所积淀下来的人文精神，也就是仁德、奉献、热情的人文精神。而说到北京美食，那可是大有门道——它们是北京悠久的历史和多样的文化孕育而成的。每一种美食的制作方式、食用方式甚至是名字，都蕴含着深刻的哲理和北京人特有的审美意趣。

　　来一块鸭肉，把它放在一张薄面饼上，再加几条黄瓜、葱丝等，最后放入特制的甜面酱，将面饼包裹起来，便会有酱汁渗出。那样子真是令人激动不已。咬一口，首先酱汁浓郁的香味会散发开来，紧接着上好鸭肉的顺滑浓香便会让你的味蕾瞬间舒展。酱汁加上鸭肉，再搭配上黄瓜和葱丝，随着薄面饼一同入嘴，非但没有半点油腻的感觉，反而更衬托出了酱汁的浓香和肉的美味以及黄瓜的脆、葱丝的滑，五味俱全，美味至极。它促使着每一个人去咬第二口、第三口……这是什么美食呢？没错，这就是烤鸭。北京最有名的烤鸭就要数全聚德了。

　　这时你可能就要问了，这全聚德烤鸭和厚德精神有什么关联呢？先简单介绍一下全聚德吧。全聚德，始于北京的中华著名老字号，创建于

1864年，全聚德人历经几代的创业拼搏，最终形成了如今以德为先的经营理念和享誉世界的规模。

从全聚德的牌匾就不难看出，全聚德具有悠久厚重的历史。全聚德创始人——清朝的杨全仁于1864年在前门创建了第一家全聚德，据说，当时杨全仁还特意请来在书法方面颇有造诣的秀才——钱子龙，书写了"全聚德"三个大字，制成金字匾额挂在门楣之上。如今距离那时已过去了整整148年，在这一百多年间，北京、中国乃至世界已然发生了翻天覆地的变化，但全聚德的牌匾依旧高悬，向世人展示着它那经过历史洗刷过后的傲然身姿。"全聚德"这三个字就是聚拢德行的意思。它象征着仁义、恭谦的道德观念和以德为先、诚信为本的经营理念。这个理念在全聚德成立时就已被明确树立。一百多年来，全聚德在一代又一代人手中传承，这个初衷却从未改变。

全聚德创立之初，为了为顾客奉上最美味的烤鸭，杨全仁到民间寻访烤鸭高手，几番寻找，最终聘用了烤鸭技艺高超而且品德高尚、为人正直的宫廷御厨孙师傅，从此寻常百姓也能品尝到这皇室的美味了。如今全聚德能够成为有名的大品牌，不仅是因为烤鸭师傅的精湛技艺，更是因为选料实在、操作认真。从选鸭、填喂、宰杀到烧烤，都是一丝不苟。据说北京烤鸭的鸭胚选用的是经特殊方式喂养的北京填鸭，在宰杀、烤制过程中的刀的切口的大小、手的位置及切鸭肉的顺序等，都有严格的规定，这些规定保证了烤鸭能拥有最好的口感和味道。这一切都让顾客感受到吃的乐趣和老字号的文化内蕴——仁德和奉献精神。

全聚德的一些门店已经是宴请国内外政要的重要场所，尽显名店风范。它作为中国的一张著名美食名片，充分体现了"厚""德"。而这"厚"与"德"也正是北京所展现出来的独特气质。我为我是一个北京人能享受这种富含文化意味和人文精神的美味而感到幸福不已！

其实，不仅全聚德烤鸭，还有很多北京传统美食充分体现了厚德精神。例如爆肚，它也体现出北京人热情好客的人文精神。爆肚店里会根据顾客的特殊要求制作爆肚。一踏进爆肚的老字号店铺，你就会感受到店员热情周道的服务，品尝着厨师用心做出来的爆肚，真是有一种如在家中的感觉！

众多的北京美食也都是如此，比如天福号、郑顺斋、东来顺等等。它们都经过了历史的积淀，都奉行着顾客利益至上的理念，为了能够让顾客享受到天下第一的美味而不懈地努力！在建设国际化大都市的过程中，北京市民也必将继续弘扬传统美德，传承仁德、奉献、热情的人文精神，让我们的城市变得更美好！

教 | 师 | 点 | 评

独特的角度，既有真切的体验，又有对内涵的分析；有代表性的全聚德烤鸭背后的厚重文化的介绍，经营理念中仁德、奉献精神的阐释，也有其他中华老字号的拓展。本文的内容真实中有深度，深刻中有文化，读来给人一种自然流畅、又耐人寻味之感。

爱国，京源在行动

北京市京源学校初二二班　白静轩

指导教师　隋　丽

　　数不清多少个周一，京源学子穿着整齐的制服，佩戴着鲜艳的红领巾站在国旗台下，等待那庄严而神圣的升旗时刻。当《义勇军进行曲》在我们耳边奏响时，当鲜艳的五星红旗在升旗手中缓缓升起时，当操场上空回旋着我们响亮而又激昂的歌声时，我们心里油然而生的是崇敬与感动，因为我们对国旗有情，对祖国有爱。

　　为了让这份爱国之情得以传递，学校组织了各种活动对我们进行爱国主义教育。初一新生徒步到卢沟桥举行建队仪式，这是京源学校的优秀传统。7.5千米将近两个半小时的路程，让从小在蜜罐里长大的我们走完是很艰难的。但是在路上，老师们不断给我们讲红军长征的故事，有些小红军年龄和我们一样大，但是为了民族的解放，为了国家的独立，他们依然走了下去。在小英雄们爱国精神的激励下，我们最终胜利到达卢沟桥，在那一刻，我们更加体会到万里长征的艰辛，感受到抗战英雄们的伟大。那一刻，我们也坚定信念，请祖国放心，京源学子会为祖国和平贡献自己的力量。

　　既然系上了红领巾，我们就要把革命事业进行到底，要和军人一样保卫我们的祖国，为此学校组织我们参加少年先锋岗的活动。在团委老师的带领下，京源学子在人民英雄纪念碑下光荣站岗。那一刻，我们站姿笔直；那一刻，我们涕泪四流；那一刻，我们心中的呐喊响遏行云：祖国母亲，我们用青春与热血为你站岗，用我们的生命守卫你。

为了使我们更好地继承革命前辈的爱国精神，学校让我们在英雄的旗帜下集合。聆听英雄们的先进事迹，我们仿佛又回到了那个战火纷飞的年代，仿佛又看到了先烈们熟悉的身影，他们抛头颅洒热血，为了祖国的独立，为了后代的幸福生活，他们献出了宝贵的生命。英雄们热爱祖国的精神深深地感染了在场的同学，我们都专心致志地把他们的事迹记录下来。那一次我们耽误了下午的课，但是我们都觉得很值得。因为学校不想把我们培养成只知道学习的书呆子，更希望让我们成为有情有义、热爱自己的祖国的好少年。

再回首 2009 年 10 月 1 日，是祖国母亲的六十华诞。京源学子在学校领导和老师的带领下，用自己的行动——排练方队，向祖国母亲献礼。看吧，炎炎夏日里，我们每天坚持刻苦训练，那矫健的身姿、整齐的队形是我们最好的证明。京源学子能吃苦，肯吃苦，我们用自己的行动、用自己的努力表达对祖国母亲的热爱。

爱国，不只是口头上的承诺，更是脚踏实地的行动。北京爱国，京源爱国。爱国，京源在行动，我们在行动。

教 | 师 | 点 | 评

爱国是作文永恒的主题。本文的小作者用她独特的视角来诠释爱国的意义所在——爱国不是空喊口号，而是用自己的行动去表达对祖国的爱。虽然文章写的都是点滴小事，但作者却描述得有声有色，从中可以感受到小作者对祖国的强烈热爱和民族自豪感。尤其结尾处是不可或缺的点睛之笔，较好地突显了文章主题。

我爱北京四合院

北京市杨庄中学初二一班　邹　缘

　　假期里，我读了两本撰写北京文化和历史文明的书，一本叫作《地上北京》，另一本则叫作《人文北京》，虽然名称平常，但书中的内容却让人流连忘返，内心久久不能割舍。

　　他们同样精选200余幅精美图片，与生动幽默的文字、简洁开放的版式等要素有机结合，立体再现古都北京的帝京旧闻、历史人物、世相百态、文化艺术，深入开掘老北京丰厚的人文内涵，全面解读北京城与北京人的文化性格，使我在感受浓郁的京都风韵的同时，获得更多的审美体验、想象空间及更为广阔的文化视野。

　　其中，我最感兴趣的是北京的特色民居——四合院。

　　暗红的漆成块地剥落下来，斑驳的墙面仿佛诉说着它们悠久的历史。抚摸着凹凸有致的墙面，如同见证了岁月的痕迹般，真是既古老又富有一番独特风韵。久久置身于北京——这巨大的文明古都之中。趁闲暇之日与家人一起来到了这座远离城市喧嚣的四合院。仰望着灰灰的瓦，抚摸着斑驳的墙，感受着丝丝凉爽的微风，心中不由地涌起一股在车水马龙的城市所感受不到的快乐。

　　四合院多的是一种大气。说起来也真是缘分，也许一般人来这儿住的是度假村，是旅店。但我和我的家人却有幸住在了道观里一个叫"养生堂"的四合院。这看似不大的四合院里林林总总差不多种了七棵树。有高耸挺拔的，也有小巧精致的。院子里最高的一棵树我几乎要将头仰望到与天平行才能隐约望见它的顶端。爸爸告诉我说，那叫柏树。院子里一共有三棵柏树，它们棵棵挺拔，叶子也片片茂绿，还真是刚强又不失柔美呀！在院子的最中央有一张石桌子，短短的几步路却足以让你饱食青草的清香。微笑地做个深呼吸立即让人心旷神怡，像是嗅到了世间最动人的香味一样。

傍晚时分，在灰灰的瓦片铺成的屋檐下挂着一个个红红的灯笼。每当夜幕降临，数十个灯笼便会一个接一个地散发出片片温暖的光。每当清风拂过夜晚的天幕时，一个个红灯笼也会随着风的韵律，左右来回地翩翩起舞，这时同住一个四合院的人便不约而同地纷纷搬出各自屋里的木椅、藤椅，聚坐在一起，唠叨着家常。不时还有一只名叫妞妞的小白狗舔舔大家的脚丫子，逗得大家哈哈大笑。远离城市喧嚣的人们纷纷聚集在这里，平日挂在脸上虚伪的面具被风吹走了，心中的某个阴暗面被白雾抚平了，就连那颗疲惫已久的心都被红灯笼似火的热情激起了活力。在这个四合院，人们的心彼此拉近了。红色斑驳的墙，茂盛挺拔的树，高挂着的红灯笼，可爱的小狗妞妞，还有在四合院里卸下伪面具、朴实而快乐的人……

四合院里，有北京的文化，有北京的历史，更有北京人的情怀与思念。四合院里宁静安详，和谐而又热闹，是古老而又永远充满新生力量的一方天地，是北京一座座活着的博物馆。我爱这四合院，我爱这四合院里人的淳朴与平和，我更爱这承载着古老文化和文明的北京！

教 | 师 | 点 | 评

本文作者认真地阅读了关于北京的两本图书，并从中领略出了北京的魅力所在，突出地写了自己对于四合院从文字到图片的感受，更融合了自己的切身体验，表达了对北京的喜爱之情。情感真挚，语言流畅。

徒步大会中的"北京精神"

北京大峪中学初一一班　陈佳玥

指导教师　高瑞瑾

　　"北京精神",即爱国、创新、包容、厚德。这是历史积淀和现实风貌的深情融合,是文明素养和道德理念的综合反映,是文化传承和自然特色的准确提炼,是生活理想和人生境界的高度概括……在第三届徒步大会中,北京精神体会如下。

　　爱国。没有国哪有家。国家举办的活动人人都要参与,北京国际山地徒步大会是经北京市政府批准的第一个国际化山地品牌活动,是按照建设有中国特色的世界城市和建设国际化体育中心城市的发展目标,打造群众性国际品牌活动的重要组成部分;是继北京国际马拉松赛、中国网球公开赛、斯诺克公开赛之后推出的又一国际精品体育品牌,每年举办一届。况且此次活动是在我的家乡。那么多的参赛者不远千里来到门头沟参加活动,自然,我们一家人也不例外,早早便来到了赛场,我爱国、我奉献、我快乐。这难道不是爱国吗?

　　创新。而创新又在何处呢?一是时间增加,线路增多。以往大会只持续两天就结束了,而今年共持续了四天,增加了两天的热身活动。有7条比赛路线,比如说有山路、公路等。参赛者可以根据自己的喜好来选择路线。二是我的创新。往年大会我都是参赛者,而今年我不光是参赛者,还是志愿者呢!这可不是个虚名,我们要在赛道边为参赛运动员发放矿泉水,在空闲时,捡拾运动员丢弃的水瓶、烟头等。一连四天,我都有些体力不支了。三是国外友人参与多。一些国际友人参赛,为了让全世界看到不一样的中国和日新月异的首都北京,我坚持着……

包容。有人说，包容的精神就是海纳百川的境界和财富。在比赛的过程中，不和谐的音符出现，我们就会包容。不时有参赛者随手乱扔废弃物，如水瓶、垃圾袋、包装袋等。有时我眼睁睁地看见一名运动员在离垃圾箱几步远的地方，就是不肯多走几步，而是把废弃物扔在树丛中，让原本绿色的草地多了一块瑕疵。于是我捡起废弃物，将它扔在了垃圾箱中。有一个外国人出现在我的眼前，从他的肤色上来看，可以判定他是个美国人。只见他拿出一个空可乐罐，对准垃圾箱，"嗖"地扔了过去。可这个可乐罐很不听话，与垃圾箱擦肩而过，落在了草丛中。可那个老外似乎视若无睹，继续向前走着。我有些生气了，但还是将可乐罐送进了垃圾箱。这时，那个老外转过头，向我伸出了大拇指："中国志愿者 very good!"我笑了笑，说："thank you!"没想到这个老外是在考验中国啊！

厚德。什么是"德"，其实很简单。帮助别人要求回报，叫作交易。帮助别人不要求回报，就叫作"德"。如果有很多人得到你的帮助，而你都不要求回报，那就可以称为厚德。其实当志愿者本来就是厚德，帮助别人不要求回报，比如：当参赛者不认识路时，我们就为他们指路；当参赛者没水时，我们为他们递上一瓶水；当参赛者体力不支时，我们为他们叫摆渡车；当参赛者需要拍照时，我们就为他们拍合影；当参赛者低血糖时，我们就为他们叫医生……这一切的一切，都源于厚德。

"北京精神"就在我们身边，也在我们心中。让我们把这种"北京精神"一代一代地传承下去，有了这样的精神，我们的北京才会更美好！

教 | 师 | 点 | 评

通过徒步大会这项活动体现北京精神，加深对北京精神的理解。文章主题明确，语言流畅，结构合理。

这里是北京的魂

北京市昌平区二一学校初二一班　王彤彤

古人云："幽州之地，左环沧海，右拥太行，北枕居庸，南襟河济，诚天府之国。"这里是北京，燕山脚下一座繁荣富强的城市，同样，也是我国的首都。我是个地地道道的北京丫头，我在这里生活了10多年，北京的发展也看在眼里，而最令我无法忘怀的，不是北京的高楼大厦，不是北京的花红柳绿，而是青砖绿瓦的老北京胡同。

北京的胡同如一条条龙，盘在北京城内。那青砖绿瓦，印刻着岁月的痕迹，代表着北京的沧桑。

"吃了吗您呐？"这是北京人见面打招呼的方式，朴实又亲切，短短的几个字，也充分地表现了北京人的热情好客和诚恳待人。"豆汁儿、油条……"这是每早在胡同口必定能听到的叫卖声，一天的美好生活从这里开始。随便在胡同里转上一圈，映入眼帘的是老人们手里拎着的鸟笼子，出来遛鸟，也是每天早上必做的事儿。"咿咿咿，呀呀呀……"隔壁的老大爷们又开始在家门口吊嗓儿，这京腔京调，如闻仙乐。此时，鼻管里会突然涌上一股馨香，那是各家各户的栀子花香、茉莉花香。这时，附近的学校响起了庄严肃穆的国歌声，国旗徐徐上升，只见不管是买菜回来的老奶奶，还是马上要骑车上班的叔叔阿姨们，都肃立不动，目不转睛，没有窃窃私语，没有说说笑笑，每个人都唱起了那雄壮磅礴的国歌。这是一份精神，永不变的精神！

科技在发展，社会在前进，渐渐地，老北京胡同和四合院也在逐渐消失，替代的，是高楼大厦和车水马龙的道路。那青砖绿瓦上贴上了"拆迁",想找到老北京的蒲扇和躺椅要去废品回收站,京腔京调在电视中能欣赏到,而那胡同的生活,也逐渐成了岁月的痕迹,成了美好的回忆!

我不能说讨厌这些,社会在进步,车水马龙的道路、繁华的街市,也映照了北京在不断进步,在不断完善。社会越来越安定,越来越繁荣,人们的生活也会越来越好!但是,我也真心地希望大家不要忘却老北京的传统文化和物件,一把蒲扇、一张躺椅、一口京腔、一条胡同、一座四合院,都是我们的一份份回忆,都是我们北京的最博大精深的文化财产,也是老北京的象征!

曾在老北京胡同居住过的世世代代生活在这里的北京人,都是北京精神最好的呈现!那一句"吃了吗您呐?"是北京人的憨厚朴实,百年不变的传统。互帮互助,走到哪都是活雷锋,也是北京人的性子,这就是北京人的"厚德"和"包容";北京人的积极进取,勇于创新,善于观察生活,注重细节,平时爱养个花,研究个实用的小发明,更充分地体现了北京人的"创新";就更不用说升国旗时庄严肃穆的我们,不管走到哪都觉得这是对"爱国"最好的诠释了!

北京的胡同,犹如一条条龙盘在北京的各个角落,它是北京的灵魂,是每个北京人的灵魂,是我总也忘不了的家!作为炎黄子孙,更好地把"北京精神"延续下去是我们北京人义不容辞的责任。让我们一起,把老北京的传统传承下去,更好地建设北京城!

我爱北京的一条条胡同,爱北京城,更爱这个和谐繁荣的大家庭!

教｜师｜点｜评

整篇文章以真挚的情感表达了对于老北京胡同、四合院和那些浸润了浓浓京味的物件的深深的爱。这种爱足以感动读者,唤起生活在北京的人们深藏于心的北京魂。

我爱北京

北京市房山区房山第二中学初一四班　侯子彬

今天无意间翻阅到了中国地图，打开的那一刹那最醒目就是右上方的那颗红五角星，那就是北京——我们伟大祖国的心脏。

记得当代学者易中天曾发出这样的感慨："说来也是，有哪个城市能比得上北京？西安是历史悠久的，却少了点儿生气；深圳是生机勃勃的，又少了点积淀；成都是积累丰富的，却少了点儿气度；武汉是气吞云梦的，又少了点儿风味；广州是风味独异的，却少了点儿情调；苏州什么的倒有情调，可又不成气候。何况它们都没有北京'大'。上海倒是国际化大都市，却又没多少历史，很难代表中国文化。只有在北京，你才会真正感受到中国文化的不同凡响和气势磅礴、悠远凝重和博大宽宏，并找到一种既在世界又在中国、既能与先贤交往又能与未来对话的感觉。"

作为一个从小就在北京长大的"老北京人"，这片土地也承载着我的一份爱！记得小时候穿梭于北京胡同中，拿着最爱的冰糖葫芦，唱着属于我们这个年代的儿歌，闻着老北京的味道……这是我童年难忘的记忆！

北京是一座承载太多历史记忆的城市。当你的想象与历史融合在一起的时候，能否穿越时空感受到圆明园的熊熊大火、抗日的呐喊以及开国大典的欢呼呢？近代中国的风云会在你的心头翻滚、激荡，引发你深深的思考……

几根残存下来、屹立百年的石柱亲自见证了那一段屈辱的历史，诉说着世事的沧桑。一段又一段历史战争的惨败，迎来了新中国的成立。短短几十年间，北京发生了翻天覆地的变化，高楼大厦屹立在城市各个角落，像守护神一样保护着这一切，交通更加便利，一座座立交桥仿佛跨越了国界，沟通着地球上的每一个国家和地区！但唯一不变的是她身上那股浓浓的温暖气息，她兼容并蓄、继往开来、不断创新的文化传统，是我们心中代代传承的北京情结。伴随着时间的推移我们在成长，北京也在成长——在向一个更加宜居、更加开放、更加现代的可持续发展的国际化大都市转变……

而在一座城市中，城市精神则是一座城市的灵魂，是一种文明素养和道德理想的综合反映，是一种意志品格与文化特色的精确提炼，是一种生活信念与人生境界的高度升华，是城市市民认同的精神价值与共同追求，是展示城市形象、引领城市发展的一面旗帜。

城市精神就是一座城市的精气神。历经一年多的梳理、推敲、提炼和290多万群众投票评选，以"爱国、创新、包容、厚德"为主要内容的北京精神正式公布了。它是我们宝贵的精神财富。爱国是北京精神的核心，创新是北京精神的精髓，包容是北京精神的特征，厚德是北京精神的品质。我们热爱北京，热爱她的精神面貌；热爱她的爱国、创新、包容、厚德；热爱她的欣欣向荣，手紧握着手，心连着心。爱她包含着的每一份厚爱，爱她所散发的每一点芬芳。那是我深爱的城市……

回忆着童年，继续闻着那似变没变的气息，定下了我人生的目标：为这座我深爱的城市献出我的一份力量！从现在起我要好好学习，带着对北京的爱开始奋斗！

期待明天更加勤奋的我，更期待明天更加辉煌的北京！

教｜师｜点｜评

作者从北京与国内其他名城相比较，挖掘出北京独有的文化内涵、精神底蕴，再围绕"城市精神则是一座城市的灵魂"，引出对北京精神的探究，构思巧妙。

爱　国

——读《在北平沦陷的那一天》有感

北京市房山区良乡第四中学初二一班　刘美晨

　　坐在桌前，漫不经心翻看着那一本厚重的书，忽然一篇文章在阳光的照耀下十分耀眼。文章题目是《在北平沦陷的那一天》，看到这个题目，我不禁想起北京精神——爱国！

　　"爱国"是在北京精神中排在第一位的，可见它的重要性。爱国顾名思义，就是热爱自己的祖国，作为中国人，我们应该热爱我们的祖国。我们的祖国是一幅绚丽多姿的画卷，万里江山一派锦绣。我爱这幅画卷，爱这片乐土。时钟"咚"的一声把我从那个思想世界中拉了回来。我认真地看了一遍这篇文章。看时，我的心潮像一片汪洋大海，随着朱自清爷爷的感情变化而起伏。有时低落，有时高涨，心里就像海水那样变化着，直到最后才安静下来。我知道朱自清爷爷写这篇文章时，心情一定十分激动，因为它是关乎北平（今北京）的生死的事，它是关乎国家的事。虽然全文不过几百字，却字字流露出作者真实的情感。他是一个爱国的人，是一个热爱他的家乡的人。文章的最后一段说北平快要沦陷了，但作者却认为决定胜利的日子不远了，他坚信他的祖国一定会取得胜利的。还有那七个惊叹号也表现了朱自清爷爷的爱国之情。因为朱自清是文学家，所以他只有把自己的所有情感寄托在笔上。就像这篇文章一样，我们可以亲身感受到朱自清的爱国之情。

　　岁月流淌过充满魅力的中国历史的天空，一位英才穿越时空向我们走来，我用心去倾听，用灵魂去触摸，一种崇高精神油然而生。我们其实一样，我们一样爱我们的祖国。

古代时，也有许多人因为爱国而想报效国家。"醉卧沙场君莫笑，古来征战几时回"，这两句不是宣扬战争的可怕，而是表现了战士们谈笑战场、甘愿为国献身的无畏精神和豪迈气概。更加表现了王翰的志气。还有宋朝的杨家将，杨继业一家为报效国家，许多男儿都血流沙场，只剩杨继业和儿子杨宗宝。他们为了报效国家宁可牺牲自己亲人的性命，这种保卫国家连性命都不顾的人在古代有很多。"爱国"在古代几乎处处可见。

诗人艾青说："假如我是一只小鸟……我死了，连羽毛也要腐烂在土地里面，为什么我眼中常含泪水？因为我对这土地爱得深沉。"现代生活中，我们不可能去为祖国而牺牲，但我们可以默默地关心祖国、爱祖国。我身边有这样一个人，他十分关心国家大事，每天的新闻联播他都看。只要你问，他都能回答你。这一点我很佩服，因为我没有做到这一点。这个人是谁呢？他就是我的爸爸。从现在开始我会向爸爸学习，关心国家大事。作为一名中学生，我一定会努力学习，以优异的成绩报效祖国，回报社会。

祖国是一只摇篮，多少风流人物在这里把名字刻进历史。我爱我的祖国，我爱北京！你呢？

坐在书桌前想了很久、很久……一个人静静地发呆，想着北京精神。心中还是那两个字——"爱国"。

教 | 师 | 点 | 评

本文是小作者在书桌前读了朱自清先生的一篇文章《在北平沦陷的那一天》之后写的一篇读后感，小作者先概述了这篇文章的主要内容，对朱自清先生的深沉爱国之情，小作者尤为钦佩。接着小作者又联想到我国古代的爱国志士值得学习，文章最后，小作者想到了关心国家大事的父亲，感到自己很惭愧，决心刻苦学习，将来报效祖国。文章思路清晰，内容具体，小作者通过读书，对爱国的感情体会得越来越深，对北京精神体会得越来越深。这是一篇很好的文章。

我爱你，我的北京

北京市顺义区仁和中学初三三班　李依甜

指导教师　刘晓燕

"爱国，创新，包容，厚德"，众所周知，这是北京精神。虽然只是由 4 个词、8 个大字组成的北京精神表述语，但蕴含着诸多的含义。其实，"北京精神"就在我们身边。

一次在家中，我播着电视，偶然播到一个美食节目在介绍北京特色小吃。这是一个某省卫视节目，主持人正在什刹海寻找他们要推荐的餐厅。他们首先问了几个人，那几个人都答不上来，他们也只是来游玩的游客。从他们的谈话中我得知，他们正在寻找北京的老字号——烤肉季。

几次碰壁后，他们终于找到了答案。一位骑观光三轮车的老大爷对他们十分热情地说："你们真是找对人了，我就是个土生土长的老北京，家就住在后海这儿。我从小就是吃着烤肉季长大的。"说罢，老大爷又张罗着骑车拉着他们到烤肉季。一路上，老大爷详尽地介绍着什刹海的每一个角落：银锭桥、荷花市场、烟袋斜街……我从老大爷的话语中听出一种身为北京人的自豪劲儿。我想，他应该每天就是这样热情地、不厌其烦地为外省来的游客讲述着他爱的北京吧！

看着电视中的画面，我感到十分熟悉，回想起小时候行走在什刹海的街巷中，映入眼帘的都是古色古香的老建筑、四合院。还有那在胡同口玩着推牌九的老爷爷、在河边晨练的老奶奶、在街边捏着糖人的老师傅……这些，都体现出了老北京的"老"。而现在的我们不仅能感受到这些传统老北京，还能感受到后海此时的现代感。各式各样的酒吧、西餐厅就罗列在荷花市场里，一些传统小吃店的菜单上，也多出了像"川北凉粉"这样的字眼。走在这样的街巷之中，感觉到的是现代和传统的融合。坐在电视机前的我笑了，从心里油然而生出一种自豪劲儿来，是啊，这不正是这个城市所显现出的敢于创新的精神吗？

想起暑假去山东游玩时，一位山东人得知我们是北京人时，对我们说："以后我有机会一定要去北京，看看天安门到底有多大。"是呀，爱国，就要爱首都。人们都希望来到天安门看一看，而我们作为生长在皇城根儿底下的人，更应该爱北京，爱祖国。

回到节目中，主持人已品尝完了烤肉季。接下来他们又走进了一家在街边很不起眼的小店铺。这家店里只有4张桌子，一位中年厨师在屋里忙活着，另一位系着围裙的女孩过来招呼主持人，不一会儿，这位女孩就从屋里端出了他们家的招牌——卤煮火烧。吃着香喷喷的卤煮火烧，主持人开始感叹做这道美食的是何人。把厨师从屋里请出来后，通过交谈，我得知：他是一个云南人，以前在这家店里当伙计。这家店以前的老师傅得了重病，但他的子女又都各有事业，不想继承这家老店，于是，当时的小伙计就主动提出要继承这家店，他跟着老师傅努力学习，最终，老师傅被他的这股真诚打动了，于是这个小伙计就继承了这家店并把它经营至今，生意红火，客人络绎不绝。

谁说老字号就必须子承父业？这位厨师经过自己的努力得到了老师傅的肯定。其实不论是哪里的人，只要肯努力肯付出，都能在北京寻找到发展的机会，打拼出一番事业。北京正在以宽广的胸怀和开放的心态迎接着你，这也是"北京精神"所包含的包容和厚德。

其实身边处处都能体现出"北京精神"。北京人已经将践行"北京精神"融入自己的生活中，它其实就是我们的"精神生命"。每天留意一下身边，从中感受"北京精神"，从自身践行"北京精神"。做一个地地道道的北京人。作为一名风华正茂的首都学生，我只想发自内心地呼喊：我爱你，我的北京！

教│师│点│评

　　文章以一期电视节目贯穿始终，行文中穿插进自己的见闻以及自己去外地旅游的经历，形象地写出了北京人的热情包容与厚德。可以说，这是本文最大的亮点。北京精神无处不在，只要你细心观察，它也许就在你的身边，这是小作者最真切的感受。用心观察，你也许会得到意想不到的收获，这是文章带给我们的又一启示。

我爱你，北京

——读《北京城的中轴线》有感

北京市密云县第六中学初二七班　于　田

指导教师　郝　爽

　　我爱北京，爱她悠久的历史，爱她灿烂的文化，更爱她的恢弘与壮丽。

　　读完《北京城的中轴线》，我迫不及待地打开电脑，开始搜寻那一条贯穿城市南北、长达 7.8 千米的恢弘壮丽的北京城的中轴线。

　　看到了，看到了，随着摄影机的镜头，我鸟瞰全城，看到了贯穿北京城南北由建筑组成的全世界最长的城市中轴线，它南起永定门，北到钟鼓楼，汇集了北京古代城市建筑的精髓，见证了北京城的沧桑变迁。建筑大师梁思成这样赞美这条中轴线："一根长达八公里，全世界最长，也是最伟大的南北中轴线穿过全城。北京独有的壮美秩序就由这条中轴的建立而产生。是的，凸字形的北京，北半是内城，南半是外城，以故宫为核心，也是全程布局的重心，北京前后起伏左右对称的体形或空间的分配，都是以这条中轴为依据的。"

　　随着摄影机的镜头，我看到了外城最南的永定门，从这南端正门北行，我又看到了在中轴线左右的天坛和先农坛这两个约略对称的建筑群。经过长长一条市楼对列的大街后，便到达了内城第一个重点——雄伟的正阳门楼。镜头一点点拉近了，从正阳门楼到中华门，由中华门便到了举世瞩目、令全国人民向往的天安门。那高高耸立的人民英雄纪念碑，那令世人瞩目的人民大会堂，那金色耀眼的琉璃瓦顶，那红墙黄瓦的金色殿堂，一起一伏，一伏而又一起。再向北，重点逐渐退削，以神武门为尾声。再往北，又"奇峰突起"，苍翠的景山做了宫城厚重的衬托。由此向北是一波又一波的远距离的呼应，地安门、鼓楼、钟楼，高大的建筑物在这条中轴线上延伸，但到了钟楼，中轴线便有计划地，也恰到好处地结束了。中线不再向北到达墙根，而将重点平稳地分配给左右分立的两个北面城楼——安定门和德胜门。这样有气魄的建筑总布局，世界上没有第二个！

朋友，你知道吗？这条中轴线始于元朝对大都城的规划设计，至明清两朝才形成了现有的规模。更令人欣喜的是在北京新的规划蓝图中，这一令世人赞叹的城市景观再次向南北两侧延伸，连接北起奥林匹克公园，南至南五环外的广阔地区，成为集中体现古都保护和城市发展的一条新轴线。令人难忘的 2008 年北京奥运会的场馆——"鸟巢"、"水立方"就坐落在这条中轴线上。

朋友，你看到了吗？这条贯穿北京城南北的中轴线，这条作为千年古都最鲜明标志的中轴线，这条既是北京城市框架的脊梁又展现北京历史文化名城的气势恢弘、辉煌壮丽的中轴线，在经历了 800 多年的风风雨雨，至今仍发挥着它不朽的价值……

它是一座 800 多年历史都城——北京的中轴线；

它汇集了北京城古代建筑的精髓；

它体现了最地道的北京人的生活方式……

我爱你，一座见证了明清 24 位帝王成败荣辱的都城；我爱你，一幅展现华夏文明的历史画卷；我爱你，一条串联起中国古代辉煌建筑的中轴线……

是你，谱写了北京城悠久的历史，是你，记录了北京城灿烂的文化，更是你，展现了北京城的恢弘与壮丽。我爱你，北京城的中轴线，我爱你，举世闻名的都市——北京。

教｜师｜点｜评

这篇文章构思独特，带着我们去了解北京的历史、建筑和文化。在文字表达上也非常有功力，选词精准，句式灵活，充满节奏感。整体是一篇上乘之作。

对北京的那份情

北京市平谷区第三中学初二十一班　刘　洋

指导教师　王淑慧

北京，这是一个我生活了 14 年的家园；北京，这是一片养育了我 14 年的沃土；北京，是一个人人都万般憧憬的地方；北京，是一个有着悠久历史的文化古都；北京，是一个让北京市民引以为豪的城市；北京，是一个汇聚了中国和中国人的美德和崇高精神的殿堂……这些荣耀，让我以她为豪。现在，已经长大成人的我，逐渐理解了上文所述中种种意义的真谛。因为我爱上了北京，爱上了这个充满爱的地方。

安宁的生活养育着我，让我爱上这个城市。早上，我伴随着闹铃的响声安宁起床，收拾好书本安宁上学，认真听讲安宁上课，互相告别安宁回家，洗漱上床安宁入睡。北京的人们也和我一样日日如此，却丝毫没有感觉到无趣与疲乏，因为生活在北京这样一个没有硝烟和暴力的城市，人们都会因为安宁而欣然微笑。安宁赋予了生活欢乐的气息，使人们在欢乐中快乐生活。"简单就是美"这句话同样适用于生活。我们的生活简单却不单调，丰富却不复杂。北京塑造了一个安宁的城市养育着我们，我们不得不对它发出由衷的感谢，而最好的方法就是爱护它，不要让它受到破坏。

美丽的环境吸引着我，让我爱上这个城市。"青山碧水把她环绕，参天大树把她支撑，潺潺细流把她贯穿"。这一句句优美的诗句不是出自唐宋的大文豪，却是北京最真实的环境写照。每个初来北京的人有哪个不被她吸引？有那个不被她折服？天安门的磅礴、紫禁城的神圣、颐和园的秀丽、卢沟桥的奇特、长城的豪迈、香山的巍峨……我们时刻生活在它们的身边，它们也时刻与我们为伴，让我们体会到一处处风景所带给我们的财富。这些财富无法用金钱来衡量，因为这是大自然天工巧夺的艺术品。

向上的精神引导着我，让我爱上这个城市。爱国、创新、包容、厚德，是北京人精神家园的丰硕果实，也是北京人在共同思想道德基础上的最新智慧结晶。北京精神时刻约束着我们做一个有道德、有素质、有文化的北京人！"爱国"是北京精神的核心，它也是北京城市精神最深刻、最显著的特征，它体现了北京市民所具有的"天下兴亡、匹夫有责"的爱国精神。"创新"是北京精神的精髓，创新是民族进步之魂，是城市活力之源，它体现了北京人积极进取、追求进步的精神状态。"包容"是北京精神的特征，纵观中国上下5000年，北京宽广的胸怀和开放的心态无不给予着中国这个大家庭新鲜的血液和有力的支撑。"厚德"是北京精神的品质，悠久的历史培育了北京胸怀坦荡、文明有礼的品质，孕育了这座城市美好的品德。北京精神是北京城市的精神生命，也是所有北京人共同的精神生命。愿北京人像守护心爱的家园一样守护我们的北京精神，不断为北京精神注入新鲜血液和新的活力。

我爱北京，我爱北京的点点滴滴。她的一滴水滋润了万物，她的一片土耕种了庄稼，她的一片空气冶炼了尘埃。她犹如一位母亲滋养着所有爱她的孩子，并且为我们提供良好的环境、欢乐的生活和丰富的精神世界。

我愿在这片我爱的土地上奋发向上，努力学习，在不远的将来让她因我而自豪。

教｜师｜点｜评

"安宁的生活"、"美丽的环境"、"向上的精神"这三个并列段落不仅结构严谨，更从多角度展现了北京对小作者的影响，更展现着新时代北京的美丽。字里行间无不浸透着小作者对北京的热爱。

我的书香北京 我的成长青春

北京市平谷区马坊中学初三二班 何若楠

指导教师 李陆平

迎着微醺的风，踏着清凉的雨，感受着花香划过指尖的朦胧爱意，心海不经意间被一股熟悉的气息拨起了一圈一圈的涟漪。蓦然间，回忆的绸缎如雪花般飘散，不禁让我想起了我所钟爱的故乡——北京，还有那久违的书香的味道。

垂髫之年——结下不解之缘

时光，倒流回十年前。稚嫩的我捧着一本不知从哪里找到的书，坐在葡萄架下的那把承载着历史的刻痕和被岁月洗刷过的藤椅上，学着爷爷的样子，眯起眼睛，认真地读起来。满园荷花飘香，我嗅了嗅，以为书也是带有这种清新的香气的。我兴奋地在藤椅上摇了摇，藤椅咯吱咯吱地响，像钥匙对准锁孔的声音，然后，拧开，一扇华丽的青春大门在我面前赫然打开。从此，一个少年，一段青春，一本书，便紧密地联系在了一起，结下了不解之缘。

豆蔻年华—— 一个对于青春的纪念

十三岁，我知道了书不是有香气的，但我却爱上了新书印刷出来的油墨的味道和旧书所承载的历史的厚重感。我爱上了老舍笔下的北京城，那些文字夹杂着独特的京味儿，像一支支柔软的毛笔，撰写在我懵懂的年华里，把小小的心脏一点一点地填满，然后溢出来，流露出那满满的幸福。

青涩的我，总爱幻想。时常幻想着有一座装载着老北京独特气息的四合院，就像老舍笔下的一样。院子里有清雅的海棠花，有高大的梧桐树，有熟悉的油墨的味道，感觉整个北京城的书香都紧紧地环抱着我，安闲，自在，又温暖。

我想，这是一个对于青春的纪念。

锦瑟青春——似一场美丽的轮回

十六岁，像所有正值花季的少女一样，我喜欢浪漫。我喜欢一个人在幽静的古道上，与夕阳的余晖为伴，一起漫步。就这样，静静的，什么也不说。

我喜欢用手掌去抚摸国槐枝干上的裂纹，仿佛在这一道又一道的痕迹上所积淀的是北京悠久的文化历史；我喜欢用掌心去感受月季花香的温度，用耳朵去聆听那娇羞的含义；我喜欢游走于过去北京城的私塾，或许它现在已完全改了模样，但我依旧爱它足下的土地，似乎隔了几十年上百年，依然可以听到老先生的谆谆教诲和孩子们的琅琅书声……

"春去春会来，花谢花会再开……"不经意间听到这首经典老歌，心尖像是被轻轻地触碰了一下，撒下片片流年，这场青春，这个纪念，这股陌生而又熟悉的书香，对于我，是一场又一场美丽的轮回……

这不是结束，这只是一个新的开始……

我的青春，被北京这个大大的茧包裹着，终于有一天，她可以放眼去眺望更远的生活，但她却舍不得这个温暖的茧。她说："你是我心中永远的太阳，我是你心中永远的光芒。"

教｜师｜点｜评

如此文采飞扬的文章，很难想象是出自一个初中生之手。字里行间无不散发出淡淡的"书香"，而执卷再读，是古老的、充满人文思想、到处都有着文化韵味的北京城，滋养了一个热爱文学的少年。

高 中 组

我看中国人的乡土情结

北京市第二中学高二十班　张颖涵

　　乡土情结之所以在中国人身上格外突出，大概是源于几千年农业社会安土重迁思想的世代流传。它体现在身处异乡者身上是对故国故乡日夜不断的绵绵思念，体现在身处故乡者身上则是对曾经故乡的人和事的深深感怀。前者是一只含着血和泪的杜鹃，哀婉的啼声直抵人心；后者是一部没有声和乐的默片，飞逝的黑白逼人落泪。

　　客居他乡之人的思乡之情是如此的常见，但通常也是如此的让人心疼。"独在异乡为异客，每逢佳节倍思亲"的千古一叹，自然是不必多说，"雕栏玉砌应犹在，只是朱颜改"的令人心碎也不必加以冗长的叙述解释，一句简简单单的"乡愁是一弯浅浅的海峡，大陆在那头，我在这头"就曾让我的心久久不能平静。我游过西湖，到过海南，览过英国。我喜欢西湖素美中的娇媚，喜欢海南奔放中的端庄，也喜欢英国高贵中的可爱活泼。但当身处这些地方的我听到一句地道的北京话时，我的心便立刻飞回了我亲爱的故乡，因为我的灵魂属于它，我的爱也属于它。这种思乡之情是不能克制的，它早在你拥有了生命的刹那便烙上了你的皮肤，融进了你的血液，刻上了你的脊骨。也正因为这样，那晚当楚军营地周围响起楚歌时才会有那么多的江东子弟落下了英雄泪，那年席慕容笔下留洋在布鲁塞尔的自己才会如此钟爱和故乡有关的一切，那天王安忆书中坐在小镇河边的王琦瑶才会对着上海产的胭脂出神的吧！

　　至于对曾经之人事的感怀之情似乎更为频繁，也更为沉重：故乡是永远不会消失的，而故事故人却是一旦错过就可能再也无缘了。读《辘

162

铲把胡同9号》时虽不爱冯寡妇的势利，也笑过韩老头儿的虚荣心和后来的傻得可爱，但在品读之余更多的还是怀念和憧憬，怀念那时淳朴的民风，憧憬那样大大方方又愉快熟悉的邻里关系。北京这个经历了几百年沧桑的古都，改朝换代没有消磨掉那干净利索、棱角分明的口音，战火绵延没有燃尽那种类繁多、内容复杂的习俗传统，可它们却在今日变得模糊起来。我作为年轻的一代，从没有住过平房，也没有过在炎热的夏天蹲坐在院门口和胡同里的孩子们一起等卖雪糕的老奶奶，更没有过一家人在树荫下乘凉吃饭，这不失为一种遗憾。但读郁达夫《故都的秋》时我怀念那样绚烂而萧瑟的秋景，读老舍《想北平》时我怀念那遥远而美好的人和习俗。它们离我如此之近，近到我常常会露出会心的一笑；它们离我又如此之远，远到我没有亲眼见过，却也不妨碍我对它们深深的怀念。而这怀念里面包含的，也许更多的是一种向往吧！

中国人的乡土情结在我这样一个小小的个体上就已经体现得淋漓尽致。与其说它是一种现象，倒不如说它是一种天性。当我在灯光中落笔写下这一个个方块字的时候，又有多少人正对着地图上这远东的一大片疆域出神呢？

"扑通，扑通。"中国的心跳，你听见了吗？

教 | 师 | 点 | 评

读着这篇文章，被作者文字的魅力所感染。诗句、书籍的引用，都能深刻地体现出该作者的语言功力。欣赏她的文章，仿佛坐着时光机穿梭在古代和现在，那古往今来文人墨客挥洒出的故乡的名句，由内心抒发出爱故乡的情怀，在身边久久萦绕，谱成一首故土的诗。

车窗里的北京

北京市第五中学高二一班　颜　婕

指导教师　顾　青

秋刚刚踩着夏的荼靡上场，秋雨试探性地纤指敲窗，镶在发髻，点点如星。鹅黄色的灯光温暖了我周围的一片世界，刚刚收拾完屋子的我从杂货堆里挑出来了一张泛黄的月票夹。上面是妈妈的一寸黑白照片，照片上多多少少有一些污迹。以前也听家里的长辈们讲过那时的公交车和地铁，此时，这张月票仿佛一把钥匙，打开了我对往事的记忆。

儿时的记忆有些模糊，老式公交车，公交车黄顶红身，形状仿若面包。车内铺有地板，地板上是简陋的双排座椅。那时候爷爷奶奶大概还很年轻，他们可以毫不费力地把年幼调皮的我抱上车。那时候我总是有座的，不论车上是寥寥几人或是人满为患。那时候我总是对每一个让座的人充满了极大的感激之情，尽力报之以一声甜甜的"谢谢"。我从车窗里第一次看到了故宫的红墙碧瓦，第一次看到了北海的波光粼粼，第一次看到了天坛里高高的风筝……

后来爷爷奶奶管不了活蹦乱跳的我，开始由爸爸妈妈带我出去。那时候的公交车慢慢变长了，两节车厢之间有一个"大转盘"，我特别喜欢在公交车转弯的时候站在上面。有时候一个不小心，妈妈会一把抓住我，按在身边。这时我从车窗里第一次看到了兴建中的高楼大厦，第一次看到了令我神往的北京大学红楼，第一次看到了艺术气息四溢的798艺术区……

2008年我上了初中，每天我就坐着蓝色铁皮的107路电车上学，一千多个日日夜夜，风里来雨里去。伴随着铁皮车厢的摇晃，我从有理数学到解析几何，从《从百草园到三味书屋》学到《岳阳楼记》。少了家长的关怀备至，一个人学会了尽量去成长。直到我毕业以后，一个人再次坐着哐啷哐啷的 107 路来到这个曾经熟识却又陌生的午后。我从车窗里第一次看到了灯红酒绿的簋街，第一次看到了清新生动的南锣鼓巷，第一次看到了午后树荫下下棋的老人……

如今的我，每当乘车，也更偏爱靠窗的位子。沿路的风景记录着时光的印记，记录着北京的变迁。一方水土养一方人，不论是古朴的历史符号，还是发展的现代元素，抑或是浓郁的文艺气息，无不滋养着这片土地上的每一个人。我们在这里成长，也在这里收获。我们在这里懵懂，也在这里释怀。北京一直是我们缱绻的家乡，北京一直是我们内心的信仰。

你看那从远方驶来的列车，我从车窗里看到了北京的未来。

教 | 师 | 点 | 评

这篇文章最大的特点就是视角独特，从小车窗来看大北京的变化，以小见大，四两拨千斤。文章中饱含着对北京的热爱之情，充斥在字里行间。文章思路清晰、连贯，语言清新、灵动。整体非常不错！

我心目中的北京城

北京市第五中学高二四班　祝皓诚

我是一个土生土长的北京人，生在北京，长在北京，来到这个世上十六年，与这个北京城也朝夕相处了十六年。没事时漫步在北京的大街小巷，看着周围，看着北京，我看到了一个令我赞叹，令我迷恋，令我丝毫也不愿离开她一步的北京。

身在北京，闲时乘上北海的游船，在一片春意盎然中，俯首望去，碧绿的湖水在阳光下鳞光闪闪，抬头仰望，昔时威严的白塔在落日斜晖的照耀下显得格外动人；漫步在未名湖畔，看着来来往往的行人，想着一批批莘莘学子在此学有所成，成国家之栋梁，不禁令我也对这里充满了向往；攀上巍峨的居庸雄关，迎着扑面而来略带寒意的飒飒西风，想象着当年边关将士在此浴血奋战、抗击蒙古铁骑的壮烈场面，令我热血沸腾；跨过紫禁城高高的门槛，面对当年的皇家禁院、金碧辉煌的殿宇，心中不由连声感叹物是人非，世事之变迁，犹如沧海桑田。这所有的一切，都是北京城鲜明的标志，都是北京城实实在在的财富。

两千五百年前，在华夏这片土地上，儒家、道家、法家三足鼎立，先秦诸子，百家争鸣。往后数千年，"江山代有才人出，各领风骚数百年。"李白、杜甫、唐宋八大家、程朱、陆王式的人物层出不穷。作为一个有着五千年文明的古老民族，华夏民族悠久的文化，长盛不衰。时至今日，北京，作为中华的首都，更是中国文化之中心。在北京，几乎每条街上都有书店、图书馆，而且还有一片区域，遍布着数十所大学和数十所研究院，其中有的相隔只有一条街。浓烈的文化氛围充斥着整个北京城。在北京，赋诗作文之大家比比皆是，精通各行各业之人更是数不胜数；在北京，走在街上，不经意间便可遇见一位大科学家或是一位高深学者；在北京，远看只是个凡夫俗子，可细看他的行为举止，细听他的言辞谈吐，才知那竟是个满腹经纶的大儒。任何一个到过北京的人，都会被她的高深的文化底蕴所震撼，惊诧于自己眼前所见到的一切。

遥想三千多年前，周天子把召伯分封到北京这块风水宝地，建立燕国，并以北京为都城，号曰蓟。又过了两千多年，金国也定都于此，号曰金中都，之后的元明清三朝都以此作为都城。在世界上，有哪个城市可以与北京，这个拥有三千多年建城史、八百多年建都史的古城相比？经历了几千年忧愁风雨的洗礼，北京，当之无愧是这世上首屈一指的文明古城。从不胜枚举的名胜古迹到坐北朝南再普通不过的四合小院，从金碧辉煌的琉璃到一块块一片片残砖破瓦，处处可见的这座古都斑驳的年轮，诉说着这座古城的沧桑岁月。古观象台上那锈迹斑斑的天文仪器，曾经领先于世界几百年，钟楼上那大钟发出的声音，余音杳杳，数里之外亦清晰可闻。随手从地上抓起一把土，谁敢说这不是多少年前哪座宫殿上的琉璃瓦，或是哪面城墙上不知挡住了多少箭矢的城砖？

在这个日新月异的时代，古朴沧桑的北京城，早已不甘心于"沉舟侧畔千帆过，病树前头万木春"了，而是老当益壮，这个历史悠久的北京城，恰似老木回春，沉疴顿愈，脱胎换骨，获得了重生，昂首屹立在世界的东方，敞开胸怀迎接四方宾客。在北京的街市上，人头攒动，汽车飞驰，霓虹灯彻夜不熄，分明是一个高速运转中的城市，一个三日不见即当刮目相看的城市。世界上出现的各种新事物、新技术、新文化、新思想，都在第一时间越过重重大洋，翻过莽莽高山，汇集到这里，又有多少新事物、新技术、新文化、新思想从这里诞生，散播到世界的各个角落。既古老又崭新的北京城，已彻底同这个世界融为一体，潮起潮落，与时俱进，共创辉煌。

与这雄伟的北京城相比，更令我感到自豪的是生活在这里的北京人。在胡同里，在公园中，在大街旁，有一群人，他们遛鸟，舞剑，打太极，耍空竹，古老的北京城所蕴含着的沧桑的文化，在这些人身上体现得淋漓尽致。在高楼大厦、时潮商店、大学校园里，还有另一群人，他们向往着日新月异的潮流，探索着这世上高深的奥秘，追求着自身的完美。这两种人在北京城里相得益彰，把北京城打造成传统与新潮相碰撞的大熔炉，在这里创造出一个又一个辉煌。虽然他们在年龄、爱好、生活习惯上有很大的差别，但他们都是一样的北京人，都在北京共享一片蓝天，都在用自己的行动诠释着那爱国、创新、包容、厚德的北京精神。北京城也正是因为生活在这里的北京人，而变得独一无二，光彩夺目，谱写着一曲辉煌的乐章。

夜幕降临，白天车水马龙、熙熙攘攘的北京城，陷入一片寂静。北海的湖面静得像一面镜子，公园里空竹振聋发聩的轰鸣声不知了去向，紫禁城里殿角的悬铃也不再随风而鸣，北京城里的一切事物都变得模糊起来，大街上偶尔传来一阵依依稀稀的人语声。走在回家的路上，不知不觉地回过头去，看着夜幕中的北京城，在星星点点的灯火的衬托下，显得格外迷人……

教 | 师 | 点 | 评

这篇文章最大的特色就是内容充实、选材广博，但却井然有序；其次是它非常富有体验感，是作者通过深入的体察、思考之后的结晶；最后是它的语言，虽没有什么华丽的辞藻，但在质朴中又有一些优雅，恰到好处。

胡同里的哈喇味、槐树和北京片子

北京市第五中学高二五班　魏冠宇

　　我可以说自己是一个地地道道的北京人，学龄前的大半时光在北京的胡同里度过。我还记得，那条熟悉的河泊厂胡同的角落里、臭水沟里残留的哈喇味。我残存的印象里，似乎最深刻的就是这么一条嗅觉的信息。正因此，我才时常到各个寻常巷陌去找寻，这种充斥我幼年时光的味道——那是腐败的干果味道，还是油臭味，抑或是下水道里翻出的气息？我一概不知，只知道那是"哈喇味"，一种特殊的味道，一种充斥我鼻腔和心灵的长达三年甚至更久的味道。

　　我即将上小学之前，那条胡同就被拆了。我至今还记得我最后一次走在我家平房的过道里，踮着脚尖摸摸那根已经晶莹光亮的老榆木门闩，回头望望，一条过道里生活了多少人家。迈出门槛，听叮铃铃的自行车车铃在北京宁静的早晨歌唱。抬起头，老木门的横梁上，一窝窝新生的雀儿燕儿唧唧喳喳地聊个不停。耳畔一群鸽子旋过，留下的是挥之不去的清脆鸽哨。走在胡同里，我总是那最矮的人儿，或许也就是因为这个我才只记得地面附近的味道——那是在垃圾堆旁？抑或是阻塞的下水沟？我无从而知，在我脑里，早已散了它的图像，消了它的模样。胡同口有一棵槐树，它见证了我的成长：我自打从医院出生抱回胡同它就记得我的模样，此后更是任我在它阴影里乘凉、嬉戏。我记得我曾在树干我头顶高度的位置上浅浅地刻了一个"天"字，那是我学会的第一个字。

　　我们隔壁的老大爷拄根拐棍走出大门，倚在门框上，看着四角天空叹着闷气。"怎么？敢情猫儿狗儿的又进去踩了您的花儿草儿不成？""呵呵，不是，不是。你个小人儿现在不懂呢，赶明儿个大了就咂过来味儿了……"然后他摇摇头，驼着背一步一步地踱了回去。之后我就不知道怎么的忽然搬到了南三环的另一个家，我临走的时候对胡同口的那棵槐树许愿，心里说："等我回来，三年为期。"后来我就走了。在那里上完幼儿园，已是荏苒三年过去。大人说，我那时的口头禅是"我要回哈巴厂去闻哈巴味"，仔细一听才明白，意思是"我要回河泊厂去闻哈喇味"。那时的大人也只是笑一笑，然后叹口气罢了。

终于我要上小学了，我即将搬回去了。记得一天我坐在出租车里看见了熟悉的哈德门饭店，恨不得立马疯狂地转动车窗的摇杆呼吸一口故土的空气。我高喊："哈巴厂到了！"诶？我立刻不喊了：我的河泊厂呢？我的槐树呢？眼前是花花绿绿的六层小楼，不得不承认它们的确很漂亮，但我还是喊急了眼。在大人的引领下，我跳下汽车，走上这一片熟悉而陌生的土地。没成想，我在这个新地方遇到了老相识——那棵槐树。我兴冲冲奔过去看看。不是，我头顶的"天"呢？没了？那就不是这棵树；不对，那个熟悉的刻痕，出现在我肩膀的前下方——是了是了，我长高了呢。于是就"老乡见老乡，两眼泪汪汪"了起来。我摸着浅浅的刻痕，嘴角展开一丝微笑；——"小孩儿，你让一下！"我便不情愿地走开了，然后便耳听电锯隆隆，眼见火花砰砰。"推！"老朋友就应声而倒了。后来我才知道，那树占了小区门口的位置，所以就砍了。怎么？我们刚刚老友相逢，就天人永隔了吗？望着被拴绳拖走的老树，枝桠拖在地上，摩擦着，仿佛不愿离开；枝叶沙沙的，是它的临终呐喊；那槐叶槐花在地上擦落、散落、碾落了一地，是它纷飞的眼泪。"三年为期，我已归来，不负与君言。"我想着，我们都遵守了自己的承诺，等待了三年，如今又相会了，可是，如今一别，就是永别了。我到底不知它去向哪里，是去了爷爷工作一生的北京火柴厂成了洋火棍儿？还是磨成细条成了牙签子？抑或是给人打了家具？不知道。几年后在电视上看《红楼梦》凤姐被人从羁侯所卷了草席捆了绳子拖进雪地里的场景时，我立刻就想起了我的老朋友——此刻已化了飞灰，"却不道人去梁空巢已倾"了吧？

回迁进新小区，作为小孩自然心情喜悦——祈年大街新铺的柏油大马路上空空如也，地上连根白线都没有，路边连个电线杆都没有，俨然一个巨型广场，南到天坛大门口，北通东交民巷。于是，很长一段时间，这里成了我的舞台，也是我的童年开始的地方。我总是在这广场上转着圈高歌——像《音乐之声》里的玛利亚一样在山顶的草原上放声歌唱。河泊厂从地球上永远地消失了，从今天起，这里叫作祈年大街！

河泊厂从地球上消失了，但仍然在这个世界上呼吸着——它永远活在我的心里。一开始搬回崇文门，魂牵梦萦的是河泊厂胡同。那梦里的是河泊厂其地、其人、其事、其景。我重新踏在那松软而厚重的黄土地上，数着左右的门牌，到了。我向右一转，轻轻推开大门，木门吱呀开了——是了，是这里了。我看见一个不足半人高的孩子踮着脚尖够着那根已经晶莹光亮的老榆木门闩，轻轻地抚摸着，我向里望望，左手第一户人家就是我家：进门一个旧的发黄的矮冰箱，后面逆时针沿墙围了一圈黑皮沙发，顶上有柜子，中间有几案，左手是 29 寸彩电，再左是一道象牙黄的漆木门，推开里面一张大床，那曾是我梦乡发源的地方，左边是发乌的一溜玻璃，上边还有我用嚼过的口香糖粘成的福字，几张破碎的窗花，还有玻璃窗雾气上用手按出的一对对小脚丫——那是我的天下。其实，我一进门就觉得熟悉了，是什么呢？我摸着榆木门闩，低头不语。轻轻嗅一嗅，我会心一笑，是了，是我最爱的哈喇味了！兴奋得撞了头，定神一看，我靠着防盗门，手里攥着冰凉的钢铁旋钮一个劲儿地冒冷汗。

一天放学，走在东交民巷，突然闻到哈喇味，我寻气味而去，原来是一个路旁的泄水口，我闭上眼睛，不去想那上边的垃圾，河泊厂就又在眼前了。客观地说，那味道的确不敢恭维，但对我而言，它仿佛是老磁器口豆汁儿店的豆汁儿一样，让人着迷、让人上瘾。抬头一看，一家寿衣花圈店，唬得我撒丫子就跑了。谁让北京医院、同仁医院扎堆在一块儿了，干这个行事的自然也要扎堆，怨不得。

时至今日，我依然在找寻。多少次乘坐地铁，在下行的滚梯上发愣的时候，我遇到一种似曾相识的感觉。是你吗，哈喇味？是吧？虽然我知道，你的成分里，或许有硫化氢、一氧化氮、二氧化硫、可吸入颗粒物等等有毒的物质，我也好想再闻一闻。我想我早就中毒了，早在我十五年前就中了你的乡毒，从此再没摆脱。

不少时候我都在羡慕那些能操桑梓之音的人们，即使漂泊在外，仍有一口熟悉的乡音影不离身地伴着自己；可是我呢？虽然自己仍在北京，不曾远离故土，那些北京片子却也从我的灵魂里洗得所剩无几了，反不如那些客居异乡的人们幸福。这也是我的一种悲哀了。我再也不会正经地用北京腔说北京话，也再也不能用北京话写出我的北京魂了吧？或许，当我再想淋漓尽致地释放我的京味儿欲望的时候，也只能看看老舍先生的话剧、瞅瞅北京卫视特意编录的京味儿节目了吧？北京片子恐怕也要成为标本，被人们保护、陈列起来，成了北京人的奢侈品了。

如今的祈年大街又是一番景象。右手高楼林立，装饰着崭新建筑的外墙，这里不久就成了南城商业圈；中间路上车水马龙络绎不绝，断不是昔日空旷广场的景象了；左手边，老旧的小胡同苟延残喘着，晒着随后一抹夕阳余晖在瓦砾上，墙上的白粉"拆"字外加圈格外显眼。我有时像个胡同串子，总到那些迷宫似的小胡同里逛逛，因为不定什么时候，它就像我的河泊厂一样，只能活在我的梦里了。是啊，那地标性的哈德门饭店、便宜坊、崇文门菜市场如今也已经只能活在我的梦里了。

北京人在北京，数载倏尔，再见在迩。回首相看，展眼可叹：梅红竹青，京已非京。

教｜师｜点｜评

　　尽管有很多写北京胡同的文章，但这篇文章却以它的容量、情感和语言脱颖而出。一篇好的文章，不单单是华丽辞藻的简单堆砌，最重要的是情感，是魂，作者一边埋怨胡同里的恶劣环境，一边"三年为期"的承诺，并多次在梦里回去，作者用很多的意象、细节甚至感官细腻地表现了对胡同的留恋之情。感受也非常深刻细腻，语言上长短句互相配合，制造张弛有致的节奏。

我的北京

北京市第四中学高三十二班　何仁亿

一

两千年来，仿佛这北京城就是为了等我，历尽沧桑在那儿等待了两千多年，等待着我出生懵懂继而狂妄终究以平淡。

十七年间，北京的形体被那些不能理解她的人肆意雕琢着，而幸好有些东西是任谁也不能改变的。

二

记得 2011 年 1 月 1 日的清晨，我像往常一样路过地坛门口的包子铺，带上几个包子去学校。就在我翻开口袋找零钱的时候，手机新闻弹了出来：史铁生于昨夜心脏病抢救无效逝世。

地坛门口的那棵大槐树像昨天一样在风中哗哗作响，而树底下读书思考的人已忽地变了模样。他仿佛就坐在那里静静地看着，我呆立着试图嗅到些他的踪影，时间忽地在我脚下模糊了起来。

《我与地坛》中那对夫妇似乎正缓缓从我身旁走过，那个长跑者的呼吸声刚刚响起就远去了，旁边的儿童嬉闹着，那中间也有我的身影，歌唱者的慷慨激昂与低回婉转，捕鸟者的欣喜与失落，春夏秋冬，清晨与夜幕，一切都模糊了。一切都等着我，等待着这个清晨我与地坛的滞后了十五年的邂逅。

初识史铁生便是《我与地坛》，敬佩着这个十五年灵魂蜕变的男人，敬畏着那凝聚着四百年沉静的古刹。这个人在这个地方，由"最狂妄的年龄上忽地残废了双腿"时的痛斥命运的不公，到看见漂亮与弱智并存的那个小姑娘后"就命运而言，休论公道"的度化，由"逃避一个世界"到感激着热爱着"另一个世界"，由恐慌自己的罪孽到领悟园神的福祉。

一路上，我追随着那一道道车辙，走遍了地坛的各个角落。我童年的地坛与史铁生的地坛已经被记忆的针脚编织在了一起。他在写作之夜忆起的那个男孩仿佛就是我，而我又似乎已坐在了铺好纸笔的桌前。

现代化、城市化、工业化、金钱、权利、地位，这一切的一切，都溶解在地坛的宁静之中变得悄无声息。无论高楼大厦多么嚣张狂妄地占领天空，我仍愿意在皇祇室前与那些老大爷们望天、谈天。无论商业区多么缤纷绚烂地抵抗夜幕，我仍喜欢蹲在方泽坛边看老奶奶们跳着小舞。

这个已经经历了四百年沧桑的地坛，等待着更多的四百年风雨。他已经感化了一个叫史铁生的老头，那个老头的虔诚又引着我来到地坛。而我，多少年后也一定会试着让自己的孩子理解自己高中时那个清晨的净化。

三

坐上公交车，捧着冒着热气的包子，售票员安定门的报站让我想起了许多年前那个相似的情境。那天爷爷带我去地坛玩，回家坐车路过安定门，那时候我刚刚学会"门"这个字，指着它拉住爷爷不让走，原因就是这里没有门。

1969 年安定门就已经让位于拓宽的马路，前些年在晚报上看到安定门拆除时的老照片，蓦地理解了梁思成先生说的话。古老的城墙被冰冷的铁架包围，叮叮咚咚的声音响个不停，每一下似乎都敲在我的心上，生疼生疼。那真的是我的血，我的肉。

在《北京——都市计划的无比杰作》中，梁思成提出了种种具有前瞻性的意见："把城墙上面的全部面积清理出来"，"布置花池、栽种花草、安设公园椅"，"由城墙或城楼上俯视护城河与郊外平原，远望西山远景或紫禁城宫殿。它将是世界上最特殊的公园之一——一个全长达39.75公里的立体环城公园"。

读着字字血泪，一个如此热爱他生活着的北京城的人，竟然会被一次次无情地驳斥。

"陈梁方案"坚决反对拆除，无效！在国务院办公会议上抗争，无效！一路找到周总理，无效！最后，梁思成先生在哽咽中说道："拆掉一座城楼，像挖去我一块肉；剥去了外城的城砖，像剥去我一层皮。"

他说："五十年后，你们会后悔的！"

现在43年过去了，只有寒风从安定门立交桥上空呼啸而过，历史的绝望与呐喊，早已湮没在钢筋混凝土的冷漠之中。

安定门拆了，可是北京人的那份热爱却留了下来。四合院的居民有的搬家了，但那一种属于老北京的生活却留了下来。这一切，都是北京这座城市生命的一部分，他们将随着北京的脉动，代代流传。

四

我喜欢旅行。

走在爱丁堡雨中，我会想起北京的清晨，幽深的巷子里透过瓦片缝隙的光，照在一位老妇人的银灰色发丝上，给人历史的宁静与希望。徒步于刚刚过完350岁生日的台南，蓦然想起北京城，早已沉默地走过了三千个春秋，时间之长，简直有点让人发晕。还记得在苏州一家叫作蔡记豆花的铺子里，那位阿姨称赞自己的牌子有30多年的历史，而我知道，地坛南门口那个包子铺里的老人已经在那卖了一辈子包子，现在她的孙子也许正陪着她。

走过了许多城市，可无论我走到哪里，北京城的影子总会浮现。每一次旅行，我都会发现一个新的北京和一个新的我。我的童年是在那里度过的，我的未来也一定有她的烙印。正是她，塑造了我的性格，我的灵魂。

教│师│点│评

本文融叙事、抒情、议论为一炉，表面看来信笔而走，实则紧扣住北京的变与不变，紧扣住自己对北京城的浓浓情意。苏轼说自己写文章喜欢"行于所当行，止于所当止"，本文在写作上也有类似的追求。

一座历史名城，自然有其独特的自然环境与人文气氛，本文就很好地抓住这两点展开，在现代社会高速发展、北京城日新月异的今天，本文自然有其现实意义。

"我的"北京

北京市第一六六中学高二一班　麻怡同

　　一直认为，喜欢把某种东西称为"我的……"的行为总是带着些孩子气的、执拗的。但有一种感情是无论如何也无法用语言描述的。所以，姑且让我用这种幼稚和不切实际的方式，这样称呼他——"我的"北京。是的，是"他"，一位成熟却并不苍老的，拥有爱国、创新、包容、厚德精神的智者，就像一提起北京就会让人想到的那位大文人——老舍一样。

　　读过许多老舍先生的文章，字里行间透着那种熟悉、亲切，从骨子里深深地吸引着我。有时，读着读着会有一个声音跳出来说："没错，就是这样的。"读着读着，一股笑意会从心底毫无预兆地蔓延开来，忽地又会感慨，擦拭莫名的泪花，却在唇边戛然而止，然后眼睛悄悄地红了。读完后，会有些不舍，真的落幕了？那是真实发生的吗？那是一个个真正拥有自己独特人生的活生生的人吧？于是，整个人仿佛在真实与虚幻中穿梭，回到了那个时代，感受着那一脉相承的北京精神，甚至还不过瘾，专门跑到剧场，去看一看正在上演的老舍话剧。在那浓缩着最正宗的北京精神的地方，看看演员们的"我的"北京，观众们的"我的"北京，老舍先生的"我的"北京。

　　最喜欢的是《四世同堂》，但是太爱了，反倒写不出来了。《茶馆》是让我印象很深刻的。所以试着斗胆写一下感受吧！"莫谈国事"的字条在茶馆中是越贴越多，越贴越大，但是想想，若来此饮茶的人都不关心国事，又何必挂这些字条呢？茶客们三三两两谈的正是国事啊！北京人这话总是反着说，嘴上不饶人，可这心里是真爱着的。就像常四爷那句"我看呐，大清国要完！"，其实这句话中更多的还是担忧，也许还有对国家衰败统治者不作为的愤懑吧！常四爷还说："我是旗人，旗人也是中国人哪！"这是一种跨越了民族与时代的爱国啊！这个"国"已经消融了各个民族的差异，脱离了朝代更迭的桎梏，达到更高境界。这是北京人爱的国，从古至今，从未改变。

不仅是说说而已，像常四爷、秦二爷这些人无论何时，总能在北京找到。现在这样的人越来越多，他们都有这种北京精神——爱国。

"改良，我老没忘了改良，总不肯落在人家后头。"也许，可以把王掌柜的这个"改良"理解为"创新"。正是王掌柜的改良，才有了在别的茶馆倒闭后它仍能开张。只有创新，才能激发一个城市的活力。北京需要创新，去适应世界潮流，让北京变得更好。北京已经有了足够的底蕴来支持这一次次的创新，经历的伤痛为北京带来了沉淀，而这之后的北京，必将绽放那耀眼的光芒。

茶馆中有形形色色的人。好人、坏人，贫穷的、富有的，都容纳在这间茶馆之中。而这茶馆，不正是北京城的缩影吗？北京以其宽广的胸怀接纳来自世界各地的人，这种大气和包容只有历经坎坷曲折的岁月积淀才能拥有。而北京城，毫无疑问拥有这种精神——包容。

仅仅是北京悠久历史中的一小段，仅仅是广大北京城中的一个小茶馆，就有这么多的故事。那么，整个北京城呢？那该是多么厚重的一份底蕴啊！而这其中的精髓，便是德。北京城的一草一木、一砖一瓦，无不体现着这个城市的品格。每一个北京人，浸在书香之中成长，受到"德"的熏陶。我并不能完美地说出北京的"厚德"是什么样的，但只要你来到北京，必会感受到这与众不同的"厚德"。这是北京城令人着迷的一部分，是我最喜欢的北京精神。

　　我真爱北京城，可我写不出来。真正能够细致地描绘出"我的北平"的，唯有老舍的文字了吧！以上那些段落，并不足以表达我对北京的爱，哪怕是一丝一毫，也是不及的。北京是我的牵挂，与我的心灵粘合在一起，融在我的血液里。我的性格与脾气有许多地方是北京这座古城所赐予的，哪怕离开这里，那带着北京城的味道的书香仍萦绕在鼻尖。这是我所依恋的北京城，不能忘却的"北京精神"。

教｜师｜点｜评

　　角度新颖，从京味儿十足的《茶馆》入手，把老舍先生的文章用北京精神赋予了时代的气息，并融入了自己的思想。同时也让北京精神在人民艺术家的笔下散发出悠长的文化"茶香"，让人眼前一亮。题目《"我的"北京》，更写出了自己对北京深深的爱，总领全文，写明是自己对北京精神的理解，是一篇可贵的好文章。

我爱北京

北京市第十四中学高二四班　李佳琦

　　北京是我出生的城市，在我还在蹒跚学步的时候便学会了在地球仪上准确地指出"她"的位置，那个红色而闪亮的圆点。随着自己的一点点成长，结交了一个又一个的朋友，每个人在北京都有着自己独有的生活，所以每个人对于北京的印象应该都是不尽相同的。

　　有人说北京是一座文化传承的城市，因为这里有召公暮年忆其辅佐周王伐纣的婆娑身影；有元、明、清三代古都850年的皇城历史；有三十几位皇帝指点江山、从英武少年到老年的英名矍铄；更有毛主席天安门城楼上振臂一呼，宣布新中国成立的光辉壮丽……

　　有人说北京是中国建筑艺术的代表。因为这里有代表现代建筑的"鸟巢"、"水立方"，有矗立了600多年的紫禁城，有经历了战火洗礼后一步步再次走向繁华的圆明园，更有值得国人骄傲世人敬仰的万里长城……

　　有人说北京是个人才聚集的城市，在这片土地上曾经出现了许多的著名人物，有文有武，数以百计。有"十年磨一剑，霜刃未曾试"的苦吟诗人贾岛在斟酌"推敲"二字；有曹雪芹伏在案头留下一部红楼，在几百年后的今天仍有学者在不停地提出新解；有孙中山、宋庆龄四处奔波，一点一点筹出一个中华民国；有梅兰芳的故居至今仍有余音绕梁……

　　北京在每个人的眼中有不同的色彩，有的五彩斑斓；有的充满憧憬；有的略显灰暗。而我关于北京的记忆是从与老舍笔下"茶馆"中类似的各色人物所组成浓郁的生活气息的四合院生活开始的，那是一颗大树下的几户人家，彼此间体会着"远亲不如近邻"的和谐与温暖。虽有"瓜田李下"的诸多耳语，也有"夜不闭户"的深深信任。现在回想起来都会有一股暖流由心底而起，涌遍全身。

随着自己的成长，生活水平一个台阶一个台阶地向上攀登，多少个"不可同日而语"造就了一个新的北京城。遍布着寸土寸金的钢筋水泥城堡，繁华的商业娱乐中心，一片璀璨的霓虹闪烁，众多的500强在此扎根，几千万的流动人口与我们一起竞争、一起生活。曾经有那么一段时间，我怀疑这是不是我以前认识的北京，是不是那个充满欢声笑语的北京，是不是那个邻里和谐的北京。我以为钢筋水泥的城堡割断了人与人之间的联系，我以为激烈的竞争磨灭了彼此间的关爱与信任，我以为那片璀璨而闪烁的霓虹淹没了人们的无私与奉献。那时的我每次驻足都会觉得北京有那么一点陌生，有那么一点可恶，有那么一点蛮横。我曾抱怨"她"发展得太快，生活得太严肃，变得太坚硬。

可是，北京就在我心底燃起了那份深深的爱国情怀，很快就让我重新感受到了"她"的温暖与强大，感受到了包容与厚德，感受到了创新与和谐。

当我在那一缕朝霞的绯红中经过天安门，看着广场上拥挤的人群整齐地注目着国旗的缓缓升起；当香港和澳门相继回归，我走上街头，被人群簇拥着加入狂欢的行列；当中国足球队出征日韩，参加首次世界杯之旅，我和朋友们一起度过那难忘的不眠之夜；当申奥成功，大街小巷的各家各户插起红旗，人们都露出内心欢乐升腾出的笑容，欢腾的街道上鞭炮齐鸣，锣鼓喧天。我明白，其实我们的爱国情怀一直都在，只是我们忘记了停下脚步，看它燃起，而当我们驻足将它升腾，那种感觉足以让我们融化，融化成五星红旗那片深红。

当我驻足在窗前，看着城市的日新月异；当我每次远行踏上和谐号干净整洁的车厢；当我坐地铁时偶然抬头，发现墙壁上那张四通八达的交通图；当我踏进免费开放的博物馆，导游向我们讲述起北京的发展；当带着外国友人踏上这片热土，看到他们惊讶的眼神……我终于明白，北京的发展多么的迅速，北京的发展多么的人性化，北京的发展多么的值得我们自豪。

当举办奥运会，我们微笑着迎来四方宾客；当陪护着亲人朋友，走进医院时掏出社保卡；当清晨时来到公园看到老人们围在一起欢声笑语；当打开电视、电脑看到"菜篮子"问题一次次被重申成重中之重；当一栋栋保障房拔地而起；当五十六个民族的朋友穿上各自的彩衣聚集在一起；当各种肤色的人围在一起畅所欲言的时候……我才明白，原来我一直怀念的那份和谐与温暖并未走远，我们的北京只是变得比以前更加包容。

当汶川和玉树受灾的消息传来，一辆辆载满物资和志愿者的车辆从北京出发，一个个捐款现场人山人海；当北京的血库缺血，寻找特殊血型，赶去献血的我看到身前那一条条长龙；当不同肤色的人操着各种口音来到北京，指路的人耐心而又从容；当走进郊区的打工子弟小学、敬老院、孤儿院，看到志愿者们那份发自内心的笑容的时候……我明白，原来我所熟悉的那份人与人之间的关怀从未离开，北京用"她"的文化和传统，带着所有来到北京的人奉献自己的善与爱，共同建造着一个以"厚德"为标志的城市。

曾经我们很挑剔，曾经我们只会抱怨，曾经我们过于注重索取。经历了许多，回想了许多，我们会发现在我们眼前的北京还是那个温暖而和谐的北京，还是那个融洽而包容的北京。如果说北京变了，那么"她"变得更加文明，更加包容，更加和谐，更加让人依恋了。"她"正用自己的行动感化着每一个来到北京的人，带着大家一起贯彻、维护、升华着"爱国、创新、包容、厚德"的北京精神。

教 | 师 | 点 | 评

本文以排比的手法层层递进，揭示了北京的和谐与发展变化，描写了北京人的大爱。北京用"她"的文化和传统，带着所有来到北京的人奉献自己的善与爱，共同建造着一个以"厚德"为标志的城市。描绘了北京人奉献自己善与爱的北京精神。

茶馆里的北京

北京市第八十中学高二十二班　田佳音

——老舍沏了一杯茶，有种沁香叫北京。

身为"九五后"，虽然没在老北京的浓厚氛围中长大，但是说起老北京的文化，我却对北京的茶馆情有独钟。

小时候住在院子里面，家门口便是一条小巷，巷口的边上有一个不算热闹的茶馆，记忆里已经不太清晰的牌匾，门口还有一副对联。没有小伙伴一起玩耍的时候，我就坐在巷口的石墩子上面看着各样的人进进出出。但我从未进去过，只是坐在外面看着穿着马褂的小二，还有光头的掌柜，对每一个茶客都笑脸相迎。有时还会在外面搭个棚子，请说书的人来讲几个段子，那时候我只要坐在一旁就可以听见叫好声一片，人们喝着茶吃小吃，或只是坐在小板凳上评头论足，热闹极了，我心里也是很开心的，说不上为什么。

只可惜后来搬走了，父亲搁置了那个院子，我们一家住进了楼房。后来听父亲说，那个小茶馆变成了卖书画的店铺，童年的大院子也被卖掉了。内心有些伤感，从此，"茶馆"两个字便慢慢淡出了我的记忆。

记得刚上小学三年级，爷爷就带着我去剧场看了《茶馆》，但那时我还未懂事，并没有理解《茶馆》讲的到底是什么，只是傻傻地跟着周围的人笑而笑，跟着周围的人伤感而不住流泪。随着时间的流逝，有关《茶馆》的一幕幕回忆已经渐渐模糊的时候，我又在学校重温了一遍《茶馆》，寻回自己年幼时的记忆。

茶馆，在我们眼中也许只是一个品茶、听书、看京剧的地方，谁能想到它竟能折射出一个社会。而中国却有一位具有独特视角的大师使它"活"起来，那位大师便是老舍，他用独特的视角和手法使整部剧本的语言绽放生命的炫彩，让它成为真正的艺术品，以幽默、风趣的语言，有力的讽刺，深刻地体现了人们在旧社会时的生活、背景，深刻地讽刺了当时社会的黑暗，三个时期对人民的欺压及黑暗统治，真实地揭示了当时社会的本相。

老舍眼中的茶馆是一个小世界，剧里上场的便有六十多个人物，虽没有中心的故事线索，却能紧密地联系在一起。《茶馆》讲述的是在清末戊戌维新失败以后、民国初年北洋军阀盘踞时期和国民党政府崩溃前夕三个不同时期的生活场景和历史动向，前后竟跨越了半个世纪。

而剧里面的王利发让我想起了童年的秃头掌柜，小小的茶馆每天有各样的人进进出出，有纨绔的公子哥，有拉车的脚夫，有欢笑、有愁容。而在老舍描绘的那个时代却没有这么简单，对比秦二爷昔日的优越和后来的苦楚以及"官老爷"的仗势欺人，极好地展现了当时社会的阴暗面和百姓的无奈之感。

其中的语言更是运用精妙，同样让人印象深刻。茶客间说的不是客套话便是奉承话，但他们之间的谈话使人更能深刻地体会到当时的世态炎凉。尤其是第一幕里茶客的东一句西一句，左一下右一下。那都是北京语言的精华，都是近百年京都生活的沉淀。它们多彩而不杂乱，节奏明快又一气呵成。这使得第一幕成为全剧的高峰，后边两幕也是由第一幕而来，托着衬着第一幕构成整部戏。"嬉笑怒骂，皆成文章"，他们演绎的虽然都是旧中国，但《茶馆》还有浓厚的悲剧意味，却都跳跃着时代的脉搏，显示出历史前进的趋势，具有一种内在的关于历史的乐观主义精神。

印象很深，常四爷有句台词"我爱国呀！可谁爱我呀！"是的，作为中国人，又能有谁不爱国呢？

这样一句台词，能让观众深刻体会到当时的秦二爷在革新失败后的无奈，但那句"爱国"却能引起北京人的共鸣。即使是社会动荡、历史变革，前一辈的人却从未放弃过爱国的信念。闻一多等爱国人士在全国解放战争中频频发表爱国讲话，更有由学生组成的爱国主义的五四青年运动。北京，在以她的胸怀容纳各样的文化，汇成一颗爱国的心，使这种爱国的精神成为一种北京人与生俱来的品德。

一个小小的茶馆，展现出一个时代的变化和永恒的精神——北京的爱国精神。其中的北京文化更是丰富多样，大茶壶、长马褂、遛鸟说书、京腔快板，让人看过后拍手称赞、回味无穷。

茶馆，我心里的北京，无论过了多少年，老舍和他的茶馆都会是北京的传统符号，让后人也可以瞻仰、称赞。

那一刻，仿佛又回到了小时候，小巷口的石墩上，小女孩撑着下巴，看着那个小小的茶馆。阳光渲染透过树叶，照在眼前，一片美好。

教 | 师 | 点 | 评

"茶馆，我心里的北京"，一句朴实的话语，道出了小作者对北京茶馆的感悟。文章叙事清晰，文字流畅，耐人寻味。

北京的"包容"

北京市第八十中学高二十二班　周　原

　　包容是北京精神的特征。什么是包容？对于一个人来说，包容是海纳百川、雍容大度的胸襟，是开放的意识和对人生之路的豁达。那么对于一座城市呢？我想不仅如此，更是要加上许多的。尽管城市由人的聚居而形成，但一座经历了一代代人生存、变迁的城市，也就拥有了自己的生命，也就拥有了自己的精神，也就拥有了独特的品格且广阔得多的品质。

　　北京就是这样一座城市。她的包容，既是广义的包容，也是有着自身独特品质的包容。我想以一个主人翁的身份来谈谈北京的"包容"。套用老舍先生的一句话来说，"我所知的北京大概等于牛的一毛。"

　　北京的包容，是对如诗如画的自然的一份贴近。一座城市，假使不能和自然的景色相融合，在自身的发展中与生态环境对立而为，那么这座城市的发展一定是狭隘而目光短浅的。北京不全然是这样。前面提到了老舍先生——他是描写北京最好也是最真诚的一位作家了，当我们打开《骆驼祥子》，打开《四世同堂》，打开《正红旗下》……一段段对北京其人其景的描述引人入胜。

　　通过他的文字，我们看到初春台阶的砖缝里露头的香蒿叶儿，夏日小贩们用篓儿装着的微微挂红的枣子、半红半青的杏儿，中秋前后北海的湖面上微微残败却不乏清秀的荷叶，我们看到德胜桥下一湾绿水，南长街上绿树红墙百花香，雨后什刹海的蜻蜓轻飞轻驻……这样的自然之景，怎一个美字了得？这样的一座城市，又是多么地接近自然，能叫人在喝着温和的香片茶时悠然而享着清福。

现在的北京，虽然有了各类令人头疼又心痛的环境问题，但在城市中挺立微笑着的绿树还是叫人看了那么亲切，但在那些已免费开放的公园里依然会有鸟语花香。随着人们对环境问题的日益重视，我们大概有理由相信北京的自然面貌会有越来越多的改善，变回她最好的模样，变成她更好的模样。

北京的包容，是人们一如既往的热情和大方。在女作家谢冰莹的笔下，"北京的风土人情是淳朴的"，事实上那篇叫作《北平之恋》的文章把北京写得太完美了，以至于我都有些讶异。那么，就抛开我的阅读，单谈自己所看见和感觉的吧。在北京，人们不会对一个陌生人的困难全然漠视，老太太手里的菜撒了一地，一定有人来帮着捡起；问路人的怯生生的搭讪，鲜少被粗暴回绝；头几天看法制节目，一女子抱着幼儿要从北京某立交桥上跳下，过路的车辆停了多半，车主们纷纷协助着警察拉扯当事人，拉住了又不停地劝，还有人忙着接过小孩儿，一切都迅速而自然。

在公交车上，更是能体现出北京人和人之间的体谅、理解、尊重和包容，老幼病残上车，一般不用售票员多说，自然就有人站起请对方坐下；而就算人再多，挤得焦头烂额时，也会因一句"劳驾"而唤起满心的欢喜与亲切……

是北京这座历史悠久的城市，赋予了生于斯长于斯的人们深厚的品德（恰如北京精神的另一条"厚德"），让他们能够彼此包容，彼此关照，也使他们能包容和关照各地为友好而来的客人。这是首善之区人们良好的文明素养，而按照北京话来说，这是咱北京人的"局气、有面儿"。

北京的包容，是对各地文化的求同存异。天南海北，贯古至今，各种各样的文化在这座城市中都能落地成长，被兼收并蓄。这些多元化文化的激荡，恰似古希腊学者的辩论声声，战国时期的百家争鸣，能在不同思维的碰撞中产生新的火花，促进更大的发展与进步。

但需要说明的一点，尽管北京有来自不同地方的人，而近些年更是有源源不绝的外来人口涌入，但她并非一座普遍意义上的"移民城市"，或者说，绝非！她的文化，也不是移民文化。北京有她自己的历史沉淀、自己的文化以及自己的魅力，北京的色彩不是其他各种地方的色彩杂糅在一起的混合物（在艺术上那势必成一个黑），而是她本身有一种色彩，又经过外来文化对这种色彩的调配，使那种色彩更加动人而美丽。这样的一种色彩，永不黯淡，永不蒙灰，却又因吸收了其他的精华而更为好看。

就像京剧，是徽班进京，有多个地方的曲调和表演方法，但又一定是和北京民间的曲调和土语相结合，才成了"京"剧；而被尊为国粹，也是因为文化的完美而合理的结合。

北京的包容，并非纵容。包括我在内，每一个深深爱着这座城市的人，都绝不能容忍对这座城市的蓄意破坏，这城市自己也不能容忍！而这破坏，或者是对环境的糟蹋，或者是对人民生活的滋扰，或者是对传统文化的玷污……我们自己不会这么做，也下定决心要捍卫自己的城市，不让这些事情发生。北京的包容，是欢迎所有的情谊，却对恶意没有好颜色。就像那首歌中所唱："朋友来了有好酒，若是那豺狼来了，迎接它的只有猎枪。"

写了这么多，文笔其实很不济，却也略微让自己感动。我闭上眼睛，眼前浮现着北京的每情每景，过去的、现在的、怀念的、期待的……我的感动骤然化作了更为澎湃的激动，这使我情不自禁地说出其实多少年都在我心里头的一句表白——"我爱你，北京。"

跟着我低下头，所有的心情幻化为了祝福，就像透过窗帘照进房间的片片阳光，最终凝聚成了金色的海洋。那样的光明，我愿它每天都遍布这座城市的每个角落。

教｜师｜点｜评

　　文章通过作者对北京精神中"包容和厚德"的深刻阐述，表现了作者较好的文字功底，整篇文章紧扣主题，温情的结尾，充满了对北京的爱。

史铁生与地坛

北京市日坛中学高一八班　魏方依

指导教师　王慧艳

史铁生的《我与地坛》已算不上是新书了，这本书可谓鼓舞激励了一大批人。也许史铁生的书风就是如此，这也正是我们最尊敬他的地方。

我不知道为什么这本书会有如此之多的版本，我也不知道我的这本是不是原版。但当我翻开书，文章映入我的眼帘，我就知道这肯定是史铁生的文字。

其实我并没有在书上做标记、批注的好习惯，可是这次却不知不觉地在手中握了一支笔。我特别不想在这本书上涂涂画画，我觉得我的字符会打破这书原有的平静。可是若是我没有划下来一些句子，心里又觉得有些不甘，因为那些句子写得都入木三分，因为那些句子充斥着太多的道理。

有时候我真的看不懂他文字中的意思，最大的感受就是：他说了半天我也没明白他重点是想说什么。也许是他的语言太深奥，也许是我还太小经历的东西还太少，也许是还有太多的人情世故我不懂。

即便如此，他有的话语我想我还是读明白了，他告诉我的道理我想我也领会了。

史铁生21岁时，也是生命最灿烂的季节，他却双腿瘫痪。他也挣扎过，最后还是挺了过来。坐在轮椅上的他，每天都会去地坛待上一天，就那样静静地坐在轮椅上思考着。上天是夺去了他的双腿，可是我觉得事事都是塞翁失马，焉知非福。失去了才会得到，史铁生虽然残疾了，但却有了充足的闲暇时间来让他思考人生，悟出生命的意义。

我想，像我们这些整日为学业、为工作奔波忙碌的人，可能不会像他一样拥有这么多的宝贵时间。为什么我们不能和史铁生一样领悟到这么深刻的真谛？为什么我们不能和史铁生一样用优美、形象的语言来描绘这些真理？我想，并不一定是我们读的书比他少，更不可能是我们的智商与他相差十万八千里。一个重要原因是我们欠缺自己的时间。

有时候我挺羡慕史铁生的。我羡慕他能悠闲自在地在院子里一待，让阳光洒遍自己的每一寸肌肤，偶尔还会有清风徐来，打开一本书，放在膝头，仔细品读。读累了，"啪"地一声合上书，然后靠在椅背，舒一口气，闭合双眼，静静地思考。可以想想今天中午吃什么，也可以想想自己身上的不足之处……无论想的是什么，都不会受到别人的叨扰。此时，周围的鸟鸣变成了背景音乐。如此惬意的史铁生，我怎么会不羡慕。

然而要是史铁生看见我，他肯定会羡慕我有健康的双腿。这就不免让我想起一句特别经典的话："上帝关上了你的门，却又为你打开了一扇窗。"我一直相信，在每个人的身上，幸运与不幸是并存的，不可能单一存在。

文章中有这么一句："我常以为是丑女造就了美人。我常以为是愚氓举出了善者。我常以为是懦夫衬照了英雄。我常以为是众生度化了佛祖。"就像史铁生说的："看来差别永远是要有的。"我明白，只要有竞争，就总会有个人得第一的，也总会有个人得最后，这是无法争辩的事实。确实，"一个失去差别的世界将是一潭死水，是一块没有感觉没有肥力的沙漠。"在竞争中总有一个是垫底的，可这并不代表失败！

有差别，我们就接受差别；有苦难，我们就接受苦难。"不为失败找理由，只为成功找方法。"这是我常讲的一句话。最让我充满斗志的是史铁生的一句话："当时我有过一个决心：要么好，要么死。"其实我们只要做得更好，无需抱怨，证明给别人看，自己没有失败。

有的人也许在某一方面强于自己，让自己心灰意冷。可是要坚信，在另一个领域，自己总会强于别人的，总会有一次自己是那颗最耀眼的星星。有些事情，不用拿来跟别人比较抗衡，只要战胜自己、突破自己，就是最棒的。

"在命运的混沌之点，人自然会忽略科学，向虚暝之中寄托一份虔诚的祈盼。"我的确不信佛教，可是我总要找点什么来作为我的精神支柱，引领我继续前行。我想，透过这本书、透过史铁生，现在的我已经找到了。

"要是有些事我没说，地坛，你别以为是我忘了，我什么也没忘，但是有些事只适合收藏，不能说，不能想，却又不能忘……"史铁生，要是有些事我没说，你也别以为是我忘了。

教 | 师 | 点 | 评

通过一个人物的命运，能够了解和洞悉到一种品质，并愿意坚持使之成为自己的一种动力，本文切入点新颖，有特色，重要的是表达了学生积极向上的品质。

家在丰台航天城

北京市第十二中学高二九班　皮芃

　　我从小生活在北京城南丰台区南苑，这里是中国的航天城。它居于北京中轴线上，距天安门广场 12 千米。以前并没有特别感觉，但在这个暑假，我阅读了何建明、天泉著，作家出版社出版的《天歌——走进中国火箭的摇篮》，合卷遐思，蓦然发现，丰台航天城，其实就是一朵绽开在南城的鲜花，每天都在变得更加美丽，馥郁芬芳，令人陶醉。

　　在一个阳光灿烂的日子，我和爸爸妈妈登上南苑塔楼最高处，凭栏极目，航天城风物，尽收眼底。

　　首先映入眼帘的是车水马龙、热闹繁忙的街市。栋栋高楼相倚竞矗，条条街道纵横交织。快速公交车欢快地奔跑着，三座人行过街天桥如长虹卧波，横跨东西。以南大红门路为中线，整个航天城成"田"字形状。西边是火箭研究院的科研生产区，青灰色的办公大楼深深掩映在葱葱绿树中；东北边是商业区，百家商号，万紫千红，市场呈现出空前的繁荣；东南边是新兴的住宅小区群落。最热闹的是位于南苑路东头的东高地市场，电器城、百购物中心、超市连锁店，人来人往，熙熙攘攘。在这里的农贸区，你可以买到新疆库尔勒的鸭梨，江西南丰的蜜橘……货物丰富极了。

　　正像《天歌》所描写的，这里是我们国家长征火箭的摇篮。五十多年前，我的姥爷姥姥和老一辈航天创业者们一起，在满目黄土、风尘蔽日的艰苦环境中，开始了中国的"铸箭"历程。经过五十多年的建设发展，南苑已经成为著名的航天城，也是丰台区一颗耀眼的高科技"明珠"。穿过宽敞的神箭南路，我不止一次到过航天博物馆参观，我也曾一次次伫立在钱学森爷爷的全身塑像前，感悟航天人热爱祖国、报效祖国的赤诚之心和无私奉献、自力更生的精神。远处掩隐在绿树红花中的楼房，是神秘的火箭设计研究所和生产试制工厂，在这里出出入入的人中，有叱咤风云的航天科学家，也有心灵手巧的能工巧匠，他们是托起"神箭"的人。

放眼望去，四周的住宅小区群落，布局合理，设计精巧，景色美丽。梅源里小区中间那座 E 字形的红色教学楼，是我曾经就读的小学，为社区配套建立起来的新校区，以设施全、校风好在丰台区小有名气。可你知道吗？这里以前是脏乱差的煤厂，还有农田哦！在我小时候，爸爸经常带我到田野里去玩，跑来跑去捉蝴蝶，但现在，原来错落棋布的简易平房、筒子楼逐步被推倒，一幢幢崭新的高楼陆续耸起。

《天歌》里写到，南苑在清朝时是皇家郊苑猎场，因此被称为"御苑"，并曾是清朝八旗军队驻扎的地方，这里的很多地名都带有"营"字，如三营门、六营门、东营房等。原来有个万源村，是一座有近百年历史的小村落。历史上这里是树枝丫杈的杂木树林，野猪野兔穿梭其中。但这样的景况，随着时光的流逝，早已不知何处去了。今天的航天城，在北京市市委市政府的支持下，通过几代航天人的努力，在昔日荒芜的土地上，开辟建设，绿化环境，画出了美景。

就看占地近两万平方米的万源路休闲广场，多么大气，多么恢弘！广场中央是表现神话故事后羿弯弓射日的大型青铜雕刻，象征着中华民族挑战自然、征服宇宙的勇气和梦想。每天清晨，不分男女老少，人们迎着初升的太阳在这里锻炼身体。在妈妈的童年时代，这里是一个简陋的篮球场，那个时候经常在周末，月色暗下来后，航天大院会在这里组织放映露天电影。

现在的航天城,园林绿化,街道绿化,小区绿化,使航天城佳木葱茏,姹紫嫣红。到处是新铺的水泥路,到处是新盖的楼房,到处是绿色的树,到处是明亮的灯。只要你置身于航天城中,就会感受到航天城充满的蓬勃生机。欢迎你来参观游览,你一定会喜欢上这里。

教 | 师 | 点 | 评

作者通过描写自己熟悉的环境,直抒航天城的环境优美、布局合理、生活舒适等,还特别讴歌了航天创业者们为我国航天事业做出的巨大贡献,由衷地表达对航天城以及对航天城一草一木的热爱。

前门剪影

北京市育英中学高一八班　王佳丽

指导教师　张文军

　　北京，夏天，空中悦耳的鸽哨掺杂着聒噪的蝉鸣，抬头看见太阳散发着令人畏惧的热光，即使是这样，我也忍不住要享受一个个闲不住的北京夏天。就像在寒风凛冽的深冬也一定要出门滑冰车一样，我这个北京人从来不会被我熟悉的北京天气拦住。

　　在我的心中，北京是一个大的乐园，一个集古典和现代于一体的乐园。过着一流的现代化生活，在闲暇时与历史文化亲近亲近真的是最好不过了。去看看中华老字号，去尝尝老北京美食，去听听古老的故事，去寻寻那时的记忆……

　　天晴，我们马上出发，挤在北京便捷的地铁里，用激动的心情掩盖了路途稍远的烦闷，想着完美的计划来拥有一个美丽的开始。我们前往的前门大街是北京著名的商业街，它位于京城中轴线，北起前门月亮湾，南至天桥路口，与天桥南大街相连。

　　毕竟经过了 500 余年，前门大街也是遍布了时尚大牌的商业街。如果是为了体验中国传统文化也不必担心，中华老字号也保留在它自己的位置上。

　　到了前门大街，我们就迫不及待地开始实行计划了，于是顶着太阳，我们直奔鲜鱼口，在老北京城，鲜鱼口是很有名的胡同，有那么一副用北京地名组成的对联"花市草桥鲜鱼口，牛街马甸大羊坊"中就有它。鲜鱼口汇聚了各种北京老字号，保持着历史风貌。站在胡同口望去，街巷两旁多是二三层的民国风格的小楼，行走在胡同中，会看到许许多多的老店铺，使人仿佛在刹那间穿越到了那段历史中去。来一碗天兴居的炒肝，几个猪肉大葱的包子，一盘外脆里嫩、剔透晶莹的炸灌肠。抚摸着光滑古朴的木桌，整颗心都静了下来想象着古时候会不会有这样的情景。

买一个吹糖人，三个好朋友高兴地像小孩儿一样溜达在大街上，糖人儿兔子在阳光下闪着我们从未见过的光芒，掰下一片举得高高的，眯起眼睛看天上太阳透过糖片的光，不觉得有什么刺眼，只是觉得怎么会有如此简单的美好。淡蓝色的北京天空中，云朵和一片半透明的糖稀连在了一起，糖片晶莹得像琥珀一样，琥珀的形成经历了几千万年，所以它的美在于它承载了历史，给我们展现了那时变幻莫测的世界。而糖人不也是一样吗？原来从古老的时代走出来的一切都是那么美！

小心翼翼地将舌尖舔过糖片，没有想象的那么甜蜜，只是留下了淡淡的甜意，咂咂嘴，那一丝甜竟然滋润了心田，真的好神奇。再想起吹糖人的男人把糖稀在手里揉两下，揪出一根吹气的细管，用稳稳的气息就创造了我们手中的精制糖人儿，这门手艺一定是经过了千锤百炼，无数次失败的结果在吹糖人的心中会留下多大阴影？而现在又有谁会专门去学习这样一门老手艺呢？面对那些有可能要消失在这世界的宝贵手艺，我们也只有珍惜了。

慢慢逛在老北京味儿浓郁的街上，心里面有的都是安宁。不知道为什么，路过卖蛐蛐的地方，我不由自主地停了下来。一个个说圆不圆、说方又不方的小笼里面，关了一只只百日虫在不知疲惫地发出那夏天特有的声响。我突然想起了小的时候，夏天的傍晚，爸爸会带我到草丛里去抓叫声好听的昆虫，虽然我和其他女孩子一样很惧怕它们的样子，但是它们的叫声仿佛能带给我一种清凉的感觉、舒服的感觉。爸爸带着手电和小纸盒，我们一句话也不说，为的是听见虫子的踪迹，一旦发现了周围的昆虫，爸爸便很有技巧地为我捕回家，等我听够了它们的鸣唱，便还给它们一片自由。北京的夏天因为虫鸣而那么恬静安逸，那样充满记忆。

前门大街带给了我老北京的气息，让我的心中有了那么一份美好。北京在我的心中也是占有一席之地的，我爱北京的每一天。

教｜师｜点｜评

很显然小作者是个"老北京"：她巧妙地安排了"北京风光一日游"，目的地选择了最具老北京风味的前门大街，笔下的"吃喝玩乐"无不烙印着鲜明的北京符号。难能可贵的是，小作者通过孩子的视角看到了活色生香的形象背后，是北京悠久的历史和独具特色的京味文化。结尾夏日捉虫的联想更是精彩的一笔，写出了平凡的北京、活泼的北京、每个人记忆中"我"的北京。

槐花庭语

北京市育英中学高二三班　刘星宏

指导教师　耿红漫

那是什么样子我已经记不得了，不过那余香所带来的回味却从未消散。

庭院间有一棵老槐树，它是几时种到这里的，我的父辈们也说不清，只隐约地记得，自打我们有了记忆，它就从未挪过地儿。说来有趣，以前我每每回到自家的老院子里最先去看的便是这棵老槐树。

五月是槐花盛开的季节，院儿里的老槐树也老当益壮地将白色蕾丝装点在翠绿的画壁中，那一团团、一簇簇的白色小花像一串串铃铛当啷当啷地挂着，槐花里头嫩嫩的蕊是淡黄色的，由内而外地逐渐淡化成了雪白。那扑鼻的香气更不用说了，无需风儿帮助，那甜甜的蜜香早已传遍了整个世界，那股清香永远地镌刻在了我的心里，那味道久久不能忘却。

那棵槐树到了夏天，枝繁叶茂，不夸张地说，那一大片的绿像伞似地把整个庭院捂得严严实实，一缕光都难以偷偷进来。我曾经抱怨它遮了我的太阳，让我没法享受日光浴，但现在呢，我已经没的抱怨了。

在老院拆迁那天，我们全家人都去了，我印象很深，那是五月初的一天。我们家极力地想要去挽救它的生命，但是，它还是被无情地砍去了。刹那间，我的心脏仿佛停止了跳动，碧叶白花，从天空中陨落，倾洒了一地，像是白色的雪花从天而将，我能听到，它在颤抖，它在哀鸣，它在无声地哭泣着……

我无力地跪在地上,双目凝视着这一切,心中的是痛心与愧疚。我,失去了的不仅仅是那棵槐树,那尤为重要的是关于过去的回忆。泪水无法抑制地流下……

昔日的欢歌笑语,昔日的胡同深巷,昔日的参天巨槐,随着它的轰然倒下都变得模糊而黯淡了。曾经它矗立着的地方被钢筋水泥所取代,曾经的宁静与和谐被打破,那抹清香随之而去,我知道,它再也回不来了……痛苦环绕着我的思念,像汹涌的大海,而那记忆的快乐却像鸟儿一样在花林里唱着那不变的歌。

还记得,夏日里,我叼着冰棍,不停地扇着扇子,从屋内端来一盆盆冷水往老槐树的树干上泼,想为它解去酷暑的煎熬,也许从那时起,我便知道了,它的消失是必然的。

不知又过了多久,当我再次遇见一棵槐树时,那份情感迸发了出来,虽不如那棵老槐高大,但那新生命的生机勃勃,清清的淡香,使我忆起了那久违的黯然凝淡。

庭院虽不在了,老槐虽不在了,但那清香并未消散,那甜甜的味道,让我终身难忘,那幼时的回忆,永远刻印在我的心中。槐花代表的是什么?是那份难以割舍的对于过去的留恋。绿草寻找它在地上的伙伴,树木寻找它在高空的独立,而我寻找着的是那份文化的记忆,那份不会湮灭的自然。

教 | 师 | 点 | 评

槐花飘香,这清香也镌刻在读者的心里。作者对槐树深深的喜爱和眷恋之情洋溢在字里行间,透过这棵老槐树,我们看到老北京四合院的温馨生活,看到作者对北京的热爱之情。

青城，倾城

北京市育英中学高二五班 周知柔

指导教师 任昕平

　　我深深地爱着这座青城。爱它清晨的第一缕阳光，爱它黄昏时分的彤彤落日，爱它平整街道的古朴庄重，爱它胡同小巷的舒适安逸。就是这样的一座青城，倾心之城。

　　北京城中总是笼罩着温情的色调。阳春三月，时光里充斥着春天的影子。下过几场春雨，天灰蒙蒙的，水汽弥散，草地上泛起几分绿意。春天就这样翩跹而至，时光的齿轮埋在这青城的土地之下缓缓转动，咔嚓咔嚓，从未停止。

　　最喜欢的季节还要数秋天。北京的秋天很长，似乎要等到萧瑟的秋风吹掉了树上最后一片枯叶；等到骤降的气温迫使人们穿上厚厚的外套，街上的行人都成了一副很臃肿的样子；等到黑夜变得很长，白昼变得很短，它才肯甩甩手转身离开，唤来冬季的皑皑白雪装扮起整个北京城。秋风也是个必不可少的角色，有时它会像发了脾气一般没完没了地刮上一整天。落叶一团团地被卷起，再被重重地摔回柏油路上。于是秋风就这样不停地刮啊刮，原本灰蒙蒙的天竟变得干净。像是橡皮用力地擦过布满铅笔印的素描纸，只留下它原本的颜色。宛如随手打翻的墨水瓶晕染开的那般纯净的蓝。

　　这是一座古老的青城，它曾是六朝古都，有着深厚的文化底蕴。砖瓦砌成的四合院方方正正，面容安详的老人坐在院里眯着眼睛晒太阳。胡同口坐着棋友对着楚河汉界出谋划策，兵来将挡，水来土掩。兴许还会站着些票友，清清嗓子唱起西皮二黄，项羽刘邦。一切都显得舒缓，夕阳下的光屑在这份舒缓中缓缓沉淀，披满肩膀，时光显得愈发悠长。

现在，这座古老的城池也融入了许多现代的元素。"鸟巢"、"水立方"、国家大剧院等新建筑便很好地证明了北京成为国际化大都市、与国际接轨的创新精神。城中的地铁公交线路也变得纵横交错，方便了人们的出行。每天都会有无数拥有梦想的年轻人来到这座青城闯荡，他们对新生活心怀憧憬，希望有朝一日梦想实现后衣锦还乡。

太阳每天从东方升起，照亮这座古老与现代元素完美融合的青城，照亮这城中每个人心中微茫抑或宏伟的梦想。

这样的一座青城，我为之倾倒。

教｜师｜点｜评

本文抓住北京的特点，描写了北京古老与现代的融合，着力表现了现代的北京给人以希望，是人实现梦想的地方。感情充沛、真挚，语言流畅。

北京——天涯共此时

北京市育英中学高二六班　张凤霖

指导教师　耿红漫

随着钟声的敲响，天色渐渐亮了，明净的湖边，一轮朝阳还在慢慢酝酿，瞳孔里倒映的是大片大片的碧水绿树，苍翠欲滴……

随后背景音乐响起，这是北京经典的气息，感人又轻快。曼妙的歌声中，龙头、古城墙、天坛、北京站、国家大剧院、"鸟巢"、中关村、王府井……一一浮现，从 5：08 到 23：53，把北京一天中最美的景观都记录了下来。这是北京卫视的总宣传片《北京时间——天涯共此时》，信吗？这就是北京。饭后闲谈时，不经意一瞥，这"天涯共此时"会使我们为之驻足。

此时光阴留痕，此时共沐风雨。

树木的年轮，水面的淡淡波纹，记录了光阴留下的痕迹。大自然中的荷叶，伞下伸出的那双触摸雨滴的小手，在同一时刻，以不同的方式沐浴清风细雨。习惯了烦杂喧嚣，怎么知道北京也是有着大大方方的一派山水的。赏长安新雨，香山红叶，天晴气朗，惠风和畅。当站在颐和园昆明湖边时，伸开你的双臂，拥抱湖边的水气雾气，有没有一种"空翠湿人衣"的感觉呢？先不说这颐和园美景，就是闭上眼睛，都可以嗅到这山清水秀啊！在这里，走出了书斋，走出了都市，也就走出了狭小的自我。身边，玉渊潭公园、陶然亭公园都可以有这般感受啊！北京不比南京处处秦淮，但不能否认北京包容一切，厚重悠久的历史，源远流长的文化，婉约与豪放的山水，浩然之气，气可吞天！

此时打开浩瀚视野，此时感受古今相应。

余秋雨先生曾说过:"把历史溶解于自然,把历史浓缩到宫殿。"古建筑楼顶一角,红墙黄瓦;新时代建筑"水立方"一角,"波光粼粼"。

一处古城墙,一段悠久的历史。故宫、长城皆是北京的代名词。这里古色古香,这里可以感受到历史的厚重。那一座座宫殿,那一排排城墙,洋溢着北京古老的传统;从奔流不息的车辆,从霓虹闪烁的夜晚,又看到了北京年轻的情怀。眉眼间气宇非凡,既古老又年轻的精神风貌,令人流连忘返。

此时,连接彼此真情。

抬头仰望,天高云淡,心随白云飘。我曾常常怀恋故乡的小桥流水,我的家乡在湘水之岸,可以尽情享受亲山临水之感,可南方因多雨,天放一次晴都是难得的。阴雨连绵,天空总是雾气沉沉。北京的天有深邃的天际蓝,既青又绿的清新蓝,还有传统的湛蓝。来北京一年了,从处处挑剔,到被北京所融化,我真心地认为厚德载物的北京是包容一切的,是亲近温暖的。《北京时间——天涯共此时》宣传片短短一分钟中为何要给北京站一个镜头呢?我想它要表达的就是在北京古老而又现代的文化魅力下,它博大的胸怀和精神内涵吧!连我一个新北京人都这番感动,又何况是老北京人呢?在北京,不孤独。

现在北京卫视与清华大学图书馆联合举办了"最美北京"的图片展,感受历史凝重,发现北京之美。水木清华的荷塘月色已融入了北京精神的历史画卷。我们爱北京!

这里是北京,天涯共此时。

教│师│点│评

文章激情洋溢,大气磅礴,从时间和空间上描摹从传统中走来的现代化的北京,开头巧妙,结构严谨,语言优美流畅。

我爱北京的色彩

北京市育英中学高三七班　范冬蕊

指导教师　蒋　玲

作为北京人，我爱北京……爱北京的一切，爱北京的色彩……

那斑驳残缺的灰瓦，那落了漆的朱红木门，那风蚀模糊的灰白的老院门墩儿，那旧砖墙上的青苔，那宛如历史车轮驶过的蜗牛留下的银轨，这一切的一切都是北京的色彩，都是我的最爱……

高一以前，久居都市的我，不曾踏进过老街胡同，因为那儿于我，似乎没什么意义。也是由于机缘巧合，我的芬兰朋友不远万里来到中国，想见一见最具韵味的古都色彩，我也便随她一同前往。

打了辆车，到了什刹海。没有目的地，没有地图，没有向导。走到哪里，哪里便是目的地。

我和 JENNA 在胡同里转啊转。我忽然觉得以前忽略了太多太多的东西，我想去寻觅百花深处的花香，想去探访我不知道的一切，我想，我爱上了这抹古都色彩……

"你未看此花时，此花与汝同归于寂，你来看此花时，此花颜色一时明白起来，便知此花不在你心外"……这狭长的胡同景象，于我心如此明白，又何尝在我心外？

爱，来得太过突然，我们便迫不及待地用相机，用步履，写下心的批注，眼的旁白，随时随地，作"看此花时"的笔记。

我的目光落在胡同口，对弈了一盘又一盘的棋友，看他们举棋、凝神，最后意志坚决地拍下，听他们互放狠话，誓把对方的棋子，杀个片甲不留！边上站着的两三看客，敲敲边鼓，跃跃欲试。

我看见一只花猫懒洋洋地斜躺在一截颓唐废弃的断墙下，牵牛花在它头顶爬出一路的姹紫嫣红。

我看见站在合欢树上的蓝喜鹊，JENNA 说在芬兰有很多这种鸟，但她却不知道喜鹊在中国人心中的地位。

道旁古朴的小院述说着历史，抱鼓石上的小狮子仍栩栩如生。

我们相携迈过沧桑的榆木门槛，郑重得仿佛跨越了千年。

极其普通的小院，幽深而静谧，却不悚人。柔光洒落在方方正正的院落里。一块块整齐排列的青石砖，一个厚重的大鱼缸。一棵怒放着花苞的老槐树和一棵小石榴并肩站着，树上挂着一只虎皮鹦鹉。树下两个坐在摇椅上边把半导体贴在耳边听广播、边扯着闲篇儿的耄耋老人。嘻嘻哈哈从屋里突然窜出的孩童，追逐顽戏……

正堂，两把太师椅，端坐两侧。绯红黛青压在月白长绸上，“梅兰竹菊”四君子，俯视着整个正堂。不大的红瓷装饰在案头，也许并不名贵。老式的留声机放在一角，已不出声了。有些裂纹的盖碗儿，述说着它的沧桑。杯中淡雅的茉莉花，梁间镂刻的木雕花纹，淡淡的檀香，把这房间，拉离了尘嚣，仍旧是一片岁月绵长、人间静好的气氛。

时间是一只藏在黑暗中的温柔的手，在你一出神，一恍惚之间，物走星移。已然日落时分，是该走了。百花深处依然在，但它传承的古都韵味会无限延伸向远方，这一抹古都色彩也会永远定格在古老的街巷里……

走到胡同口，我不舍地回头。最后一次掏出相机，照下了斑驳的红底白字的“百花深处”的牌子。一个中年人，骑着三轮车，“上次也有一个人照下了这里，真不知道你们在照什么。”也许他觉得这些都很稀松平常，但我却感动得一塌糊涂。原来，曾经有一个或许是更多的人，像我一样，来到这里……

百花深处的古都色彩，是否已成绝笔？

百花深处，十分钟，年华老去；古旧城墙，立千年，轰然倒塌……

我感到一种莫名的悲哀，这是一种难以言状的复杂心情，我不由得想起了梁思成。

"北京拆一座城墙，就像挖去我一块肉！剥去一块城砖，像剥去我的一层皮！"

还记得古旧的街墙上，那些赫赫的"拆"字吗？触目惊心！还记得林徽因说过：有一天，他们后悔了，想再盖，只能盖个假古董了。人们是否后悔？我无从查找，只知道，一切都在斗转星移间成为前尘旧梦，物是人非。

城墙的倒塌，那是历史裂掉的声音；梁思成的奔走呼号，那是杜鹃啼血般的呐喊！

真正伟大的往往是使人忘记伟大的东西。现在，我们留恋那曾经在风霜雨雪中挺立了八百多年的老城墙。

可，又无可奈何……

我爱首都的色彩，正是因为这是北京人生活的色彩，是悠久的历史的色彩，是神秘而古老的文化的色彩！但，弹指一挥间，它是否还在都市人心中存在？

我只希望古都的色彩不会像我压在玻璃板下的照片一样，经不起岁月的抚摸，泛黄变皱。我只希望能有越来越多的人爱上这抹绚丽的色彩，即使消失的色彩得不到复原，在未来的城市发展中，只要我们有能力保住这最后一抹首都的色彩，何乐而不为呢？

教 | 师 | 点 | 评

斑驳的灰瓦、落漆的朱红木门、灰白的老院门墩儿、旧砖墙上的青苔，这些都是北京最为古朴的色彩。作者以游览过程为文章脉络，带读者领略到了那专属于北京的隐藏在胡同中神秘而古老的文化色彩。"百花深处，十分钟，年华老去；古旧城墙，立千年，轰然倒塌。"文章后段，作者以难掩的感伤和无可奈何之情，道出了古城墙坍塌那震人心魂的断裂之声，那是历史的哭泣，是有识之士啼血般的呐喊。全文不仅仅因细腻、充沛的情感而突出，更因它别具匠心的现实意义——古都的色彩不应像压在玻璃板下的照片一样，经不起岁月的抚摸而泛黄变皱——而发人深思。

梦，在此起航

北京市十一学校高二　唐雁寒

指导教师　闫存林

　　触地的瞬间，一股蓬勃的力量，强劲的支撑，注入周身的血脉。咚咚——咚咚——心跳的波动传输给大地。怦怦——怦怦——深厚无言的回声由脚掌传回心间。

　　北方热烈的阳光，仿佛在天空中鼓掌，摩擦出千万缕欢快的闪光。天空靓丽的蔚蓝，把超物质的光彩倾泻而下。赏心悦目的几丝淡云无意侵扰蓝色的独舞，仿佛整块天空幕布绽了一丝白线，幕布遮掩的更辽阔的蓝直入心扉，使人豁然开朗。

　　一个长久蜷缩在盆地中的湿潮灵魂，一只渴望天空的笼中之鸟，伫立在宽阔的停机坪上，假想正俯瞰壮阔的北京城：灿烂的光彩铺满大地，比目光更远的房屋鳞次栉比，排列在骄傲的土地上。天安门广场上威严肃穆的红墙，毛主席深远凝视的目光；颐和园奇异秀丽的风景，清宫中冷清寂寞的回廊。再有北大清华梦幻般的额匾，中关村混凝土中活跃的思想。更不乏窄胡同里喧哗的人声、吆喝着飞驰的车夫的景象。北京的一切，完全地、崭新地在我面前展开，演绎它的春秋冬夏。这里将是我生命的舞台，吞吐我的喜怒哀乐，容纳我的浮沉悲欢。我大声地向北京问好。

　　北京话有味儿。不同于四川话的干瘪直涩，京城人说话，大都不慌不张：运气儿，吐字，转音，起承转合做得完整而流畅。悦耳圆润，有如京戏的韵味儿，兼有绅士的儒雅，更有大家的风范。北京人谈的内容大都可登大雅之堂：纵横天下大事，指点江山罅漏，不从世俗言语，自成一家之言。从出租司机到家庭主妇，不管是在理发店还是在候车厅，关注的、谈论的，都不仅仅是柴米油盐。他们的思想向着更高远的境界延展。每一步，都走快一点；每件事，都想深一点。

清晨的阳光未张开手指时，匆匆的脚步声就奏起了一日的序曲。日光从无形的沙漏中簌簌落下，化作积攒的人群在街上嘈嘈移动。暮色四合，繁忙的鼓点收起了白日的霸气。归家的车上，人们打开与世界沟通的窗口，仔细窥探自己圈子外的世界如何。

一如北京话温和的语调，京城人的心胸犹如北海的宽广，京城人的内心比热炕更温暖。

一夜风劲雨猛，屋门訇然大开。只身栖居的我吓得魂不附体。好心的邻居闻声赶来，帮我检查房屋并锁好门窗，耐心而温情地，她们劝慰我不必恐惧慌张。身在异乡，形影单只。邻居间的关爱犹如温热的糖浆，滋润了被陌路冷眼冻伤的心灵。

崭新的校园更是给了我无限的惊喜。明亮宽敞的教室、自由民主的管理、平易近人的老师、舒适温馨的宿舍、藏书丰富的图书馆……繁忙的校园里不时地传来比银铃更清脆的笑声。花圃里的粉朵儿也不甘寂寞，和着秋风的旋律曼舞。课堂上思维不断迸射出智慧的火花。不拘泥于应试的天马行空，是我从未体验过的快乐与自由。

有时，大步向前迈去，觉得自己上擎天，下顶地，豁然成了一个独立的人。

有时，逆行于熙攘的人群。一脚踏出去，却如踩空般惊悸，纷纷扰扰中忘记了自己的方向。茫然一回头，才意识到自己身在他乡。凉意自脚底袭来，心事比落日更沉重。

潮湿的腥气，翠绿的青苔，一把竹椅，一枕雾霭。川北的号角超越时空传来。盖碗茶的清甜搭着二胡的悠扬浸满心田。熙攘的人群退去很远，家乡的梧桐恍若在眼前。

转瞬间，落日的余晖把孤独的身影拉长，马致远那天涯断肠的哀愁浸湿眼帘。

本以为自己正要尝尽世态炎凉，人情冷暖。举目四望，却发现关怀就在眼前。素昧平生的阿姨，也教我如何选菜；温和慈爱的宿舍老师，不厌其烦地在我犯错后鼓励我。任课老师特意利用晚自习为我补课；爸爸的熟人也常常打电话来问候……原来，北京四处开满了拥抱我的花朵，只不过暂时的阴霾迷惑了我的双眼。

忙碌而充实。我逐渐在自主的环境下学会了自我监督与安排。生命的鼓点，青春的跃动，北京给予了我一支生活的画笔，让我尽情书写自己的篇章。

爱国，创新，包容，厚德。这八个字不是一个初识北京的高中生所能衡量的。这八个字的宽广非管中窥豹之技所能构想。北京好大，我之所见不过是这座城市的粗糙掠影。称不上一滴水珠，反映不了大海的宽广。北京好美，几许零落的碎片也足以彰显出它超凡的光彩，流露出独特的韵味。

不是土生土长的北京人，爱已扎根于这片土地。梦，已寄托于它。梦，将在这里起航。

教｜师｜点｜评

本文作者从四川迁来，虽不是北京人，但在她的笔下，你可以看到她对北京的热爱。她逐渐融入北京，慢慢触摸着北京的灵魂。文笔优美，感情真挚，不失为一篇佳文。

你，可还记得北平？

北京市中关村中学高二一班　宋心仪

指导教师　于玉贵

【起】

那些事，你还记得吗？

是否记得在地图上尽心描画棋子格似的四方城？

是否记得钟鼓楼一晨一暮悠然绵长的铮铮回响？

是否记得皇府里未被硝烟染尽的一棵苍天古树？

是否记得宫殿汉传佛像前缕缕腾起的一脉香火？

是否记得某年某月某日你的久经风沙的双脚，踏上这片前天子脚下的土地？

这些，你还记得吗？

【壹】　郁达夫

"我的不远千里，要从杭州赶上青岛，更要从青岛赶上北平的理由，也不过想饱尝一尝这'秋'，这故都的秋味。"

—— 《故都的秋》

我想，你是记得了。

一叶知秋，故都秋日被你细细描摹，一树、一花、一瓦，皆是心底柔情。你在三年时间里闲散而居，游山玩水，千里迢迢赶来故都，寻找心中的那一份美——深沉幽远，不浓不淡的北平，最适合你沉静寡淡的心境。枣子、柿子、葡萄，淡绿、微黄、藏红……细细读来，眼前是一片朦胧的画，由一片片的色块揉在一起，飘来隐隐约约的秋香；仿佛一个优伶戏子，站得不近，也不远，隔着恰到好处的距离，呈现最浮想联翩的模样。这是你所见的北平，将她袅袅亭亭留在了文字里，你记得了，我，便也记住了。

【贰】 林语堂

"北平又像一颗古木老树……这些昆虫如何能知道树的大小，如何生长根，在地下有多深，还有在别枝上寄生的昆虫？一个北平居民如何能形容老大的北平呢？"

——《动人的北平》

我想，你是记得了。

你的眼里，北平处处皆美，闪着动人的灵光。西山、北山，足够你眺望许久，百货楼蹲着个白菜园的一景也让你充满兴味地欣赏半天；走在街上，一块石头、一棵树木、一座桥梁，都能让你的思绪轻轻徘徊；警察、和尚、藏人、舞女、画家、小贩……即便只是擦肩而过，也足以使你微微颔首，点头微笑。字里行间那份欢快、闲适与优美，让我心跳加速，轻笑出声。这北平，如一个祖传下来的小屋，新的主人来了，旧的主人也仍在招呼，两位主人笑呵呵牵起彼此的手，新闻旧事欢欣地交织成世界最美丽的一隅，你记得了，我，便也记住了。

【叁】 老舍

"言语是不够表现我的心情的，只有独自微笑或落泪才足以把内心揭露在外面一些来。我之爱北平也近乎这个。"

——《想北平》

我想，你是记得了。

你是像爱母亲一样爱着北平的。你的童年，你的青年，都是在这里度过的，浓厚的血脉紧紧相连。你的心里装着"雨后什刹海的蜻蜓"，"梦中玉泉山的塔影"，一段歌，一首诗，又英俊，又雄伟。什么巴黎、罗马、伦敦、堪斯坦丁堡，一与北平相遇，便统统失色失声。你的深爱融于血液，灼烫、厚重，令人一见，几欲落泪。想北平、想北平，书多古物多、花多菜多果子多的北平，有老远就能望见美丽的牌楼的北平，香片茶温和的气韵弥漫的北平，一个充满生活和气的北平，你记得了，我，便也记住了……

【终】

我是真的记住了，这优美的、陶醉的、灵动的、深情的北平，她是城中之城北京的母亲，识了她，便识了大半京城了。

北平——北平！如最初那样，默默低语一声——你，可还记得北平？

唉！我想，你是真的记得了，只要你是曾在北京生活过的人。像刻在顽石上的不枯不烂的誓言，像归于江湖的萦着游子之心的一滴水，你是真的记得了——所以，才让这汩汩不尽的思忆自笔尖流出，带着我那心中熠熠生辉的城中之城，淌满后人的书页……

教｜师｜点｜评

此文颇值得一读，亮点有四：

标题采用问句形式，意蕴丰富，引人入胜：北平即为旧日的北京，你是否还记得北京的历史？是否记得历史上的北京？

全文以"你是否记得"为起，以"我记得""你也记得"为终，中间始终照应"你是否记得北平"，线索分明，结构圆融，首尾照应。

全文巧妙运用第二人称，亲切自然。

主体部分内容丰富，分别以郁达夫《故都的秋》、林语堂《动人的北平》、老舍《想北平》的文字为切入点，构成三个并列的片段，通过分析三位文人笔下流露的对北京的热爱，抒发自己对北京的深情，并巧妙回答"你是否记得北平"。

漫步什刹海

北京市明光中学高二四班　宋恺雯

指导教师　李月梅

　　走过一条条胡同，迈过一道道门槛，嗅着独特气息的风划过——秋日的午后，我徜徉在什刹海，体会着这北京城内 700 年以前的人情世故，感受着今天的北京带给我的美好。

　　站在银锭桥上看着水波粼粼，金光闪闪，岸边的树木依然葱茏流翠。眺望西山，即使只望见一个绰约丰姿的影儿，也可体味出"北京第一山水"的味道了。若是在夏天，更可以看到"出淤泥而不染，濯清涟而不妖"的"花中君子"竞相吐艳了，定会叫人赞叹不已啊！

　　穿过烟袋斜街的各个小巷，想象着老人们拿着烟杆拥挤在烟袋铺的画面。烟袋斜街本身就宛如一杆烟袋，细长的街道好似烟袋杆儿，东头入口像烟袋嘴儿，西头入口折向南边，通往银锭桥，看上去活像烟袋锅儿。在这里散着步，挑选着各种具有北京特色的小玩意儿，品尝着各种地道的北京小吃，感受着北京最初的风土人情，一种属于北京的惬意油然而生。

　　据说，斜街的形式与元代修通惠河漕粮货物之运有最直接的关系，所以烟袋斜街的繁华发轫于鼓楼西大街。元世祖忽必烈修建大都，布局是"前朝后市"，即从永定门到三大殿是朝，钟鼓楼后是市场，更由于开凿一条360 里的通惠河，接通南北，使南方货船直接到大都靠岸，各种商品源源不断供应大都市场。而经过了这么多年斜市街鼓楼西大街包括烟袋斜街却基本保持着六百多年前的格局和模样，这也该是一种幸运吧！

忽然想起和珅的恭王府也就在这儿不远，那也是北京的一颗文化明珠。史书上对恭王府的描述是"月牙河绕宅如龙蟠，西山远望如虎踞"，不难想象这房子的极尽豪华。记得书上说过：古代亲王府有门脸 5 间，正殿 7 间，后殿 5 间，后寝 7 间，左右有配殿，但恭王府的吸引人之处绝不止于此，因为关于它和它主人的故事传说更是引人入胜的。

夕阳已撒下最后的余晖，腹中的小吃也已消化过半，一阵烤肉的香味飘过——没错，著名的烤肉季饭庄！当各家店铺点起温暖而又摇曳的灯，我已经坐在二楼品尝着最早由蒙古族传入北京的珍香了。一抬眼，便可看到桥畔的绿叶残荷，姑且也小资一下，想象着"炙味香飘清清烟"的美韵和意境吧！

当我再次走到银锭桥时，已是夜晚了，此时的银锭桥与白天已迥然不同：桥身的灯光格外明亮，使得脚下的石桥仿似真地镀上一层金属的光泽。我慢慢地一步步走过，用脚丈量着心中的喜悦。桥头东南那块"银锭观山"的四字巨石，较之以往似乎愈显古朴悠然。

我喜爱什刹海，爱她的静寂，也爱她的繁华，更爱容纳这一切的北京。

我爱北京，它就像一切美好的源泉，带给我从未有过的惊喜，让我遨游，任我探索，予我收获，给我快乐！

教｜师｜点｜评

　　作为生长在北京的人，对北京一定有着浓厚的情感。为了更好地传递这样一种情绪，作者没有选择故宫、长城等让人引以为傲的北京符号，而是选择了什刹海，选材不可谓不巧妙。以一种看似漫不经心的游记笔调，加之以联想，缀之历史，便足以带给读者一种温暖之感。虽身不能至，亦心向往之，谢谢小作者！

四合北京

北京市第十九中学高二一班　龚甜彬

指导教师　樊丽慧

"丫头。"

"哎！"

翻开那本厚重的相册，不经意间看到一组照片，那是我在南锣鼓巷的一座四合院中照的，每张的背景都是合欢树和一位白胡子的老人，只是照片里的我在一点点地长大，一点点地感受着这座城，也一点点地爱上了这座城——北京。

（一）

血液里流淌着南国温软缠绵的味道，吴侬软语，画眉柳桥，我是个地地道道的南方孩子。虽是个南方的女伢儿，但我更爱那有着浓郁北方气息的昵称：丫头片子。

丫头片子，是的，我是半个北京的小丫头儿。

自小生活在北京这座历经沧桑的城市中，鳞次栉比的高楼，玻璃幕墙的反光总令我迷惑：北京到底是怎样的？为何这座历经千年的城市仍旧散发着昔日的光彩？许是被围在现代化的浓雾中太久，许是我那时还太小，许是我还不曾感受真正的北京，领略她真正的精神吧！

小时候，外公喜欢带我出去见识北京的各种风情，坐在有轨电车的老式座椅上看那窗外川流不息的人和车便是我的最爱。下电车，乘风铃叮当的三轮儿，穿走在纵横交错的胡同小路，青瓦灰砖下是生意人响亮的吆喝声，这份浓郁的老北京气息，幼小的我也曾感受过。

无数次向外公吵着闹着，他终于说要带我去尝尝真正的老北京小吃。那是第一次，外公带我走进了那个静静隐匿于南锣鼓巷的四合院。

那时的我只有六七岁，走到院门口儿便被四合院所透出的那份古朴厚重吸引了。砖石青黑透着份清冷，拂过那粗糙的细细裂纹，仿佛数百年的历史都从那缝隙中流淌而出。推开院门，院中一棵不大的合欢树，正抽着新芽。长大后，每次读到史铁生文章中的那棵合欢树，我都会想起这院中那棵枝繁叶茂的合欢树。

树下藤椅上坐着一位白胡子老人，年岁比外公稍大。一见主人，我立马儿走到藤椅前认真地问："爷爷，您这儿真有好吃的老北京小吃吗？"

"哈哈，当然有当然有，厨房里早就给你预备下了。"

等我拿着半个焦圈儿出来时，外公和老人已坐在树下聊天了。

"这就是你那南方的小丫头片子？"

外公刚要回答，我忙插话："我不是丫头片子，是南方的女伢儿。"那时的我总以自己是个南方女孩儿为傲。

"哈哈，你这个小丫头片子，不不，女伢儿。"老人哈哈笑了起来，只是我不懂我怎会是北京的丫头片子？阳光透过叶的缝隙漏了下来，映在绿着青苔的石板上。

断断续续听着两位老人的谈话，得知他是外公的战友，也曾浴血沙场，为国英勇杀敌。曾在外公家见到过他的奖章，听他讲过打仗的故事，只是不料战争竟如此的残酷，让老人的手臂上至今还留着被子弹穿透的疤痕。交谈时，他抚着那深陷的痕迹，说那是为保家卫国留下的，是种永不磨灭的荣誉。我当时尚小，还不懂老人们谈及保家卫国时眼中的那份湿润。

合欢树轻摇，一如年幼无知的我。

（二）

转年入夏，合欢树开得更艳了。

再来院子时，见到的是老人的孙子——大学毕业的健壮阳光青年。

"建新哥哥，你的房间怎么有那么多东西，电脑打印机，还有那么多海报？"

"呵，这是我的卧室兼工作室。那些海报是我在'青年创业创新大赛'中获奖的作品。说起来，做那些东西还真挺不容易的。和你说这些是不是太早了？哈哈，来，我们去尝尝奶奶的豆汁儿……"

后来知道，建新哥当时正在艰苦创业，走的是不同于传统的创新路。

（三）

冬去春来，在四合院的合欢树下我度过了许多个开心的周末。小时的我为了吃食而吵闹不停，如今，慢慢地长大，慢慢地多了另一份来自这四合院的喜好——读书。老人的一间厢房专门辟作书房，我消磨时间的方式便是坐在那雕花古色的书架前翻阅一册册沾满岁月气息的集子。时不时学着古代儒生的样子诵出一句："纸上得来终觉浅，绝知此事要躬行。"北京的历史文化都融在了本本线装或钉装的册子里，融在了每个方正的汉字间。

老人祖孙三代都喜读书，还常会去首都图书馆查些资料。这不禁让我想到这北京古老文化的传承，许就是通过那页页泛黄却沉甸甸的书籍流淌在每个北京人的血液里的吧！读书，让我更深地感受到这座古城弥漫着的浓郁的文化气息；读书，也让我对北京爱得更加深沉。

（四）

不知何时，传统气息浓重的四合院里多了一个蓝眼睛的外国留学生，多了些巴洛克风格的西洋装饰，一张 NBA 篮球明星的海报甚至还被贴到了厢房的外墙上。我问老人会不会介意洋人、洋玩意儿？毕竟像那个年岁的人都传统且保守。谁料老人却笑着说："时代不一样了，总守旧怎么成？更何况我中华自古就是融合了多个民族众多文化的国家，一直以宽广的胸怀与包容屹立于世。国且如此，更何况我一个老头子呢？"说完还学着那海报做了个投篮的姿势，我忍不住笑了出来。

有容，乃大。

合欢树又粗了一圈，棕褐色的树皮浸满了岁月凹凸不平的沉淀。慢慢长大了的我开始渐渐地懂得，懂得那小小的四合院，那院里的每个人。

（五）

老人过寿，外公带我去祝贺，院里坐满了人。

"建新哥哥，那些人不会都是爷爷的亲戚吧？"

"当然不是了，那些都是胡同儿里的邻居。"

"唔？都来给爷爷祝寿？"

"老爷子这些年常参加街道的义务活动，街坊邻里有困难，他都尽力去帮，大家都特敬重他。"

难怪我会在西厢房的墙上看到那么多奖状和锦旗。

……

合上相册，回忆的往昔还在静静流淌。我爱那南锣鼓巷中的一家人，我爱他们身上所代表的爱国、包容、创新、厚德的精神。他们是生在这座城中的人，他们是这座城所浸养滋润的人，他们身上流淌的是这座城的精神，是这座城留传不息的精神——北京精神。

站在路口，遥想着这座令我深爱的城。故宫檐角的铜铃，北海起伏的清波，胡同中的四合人家，传承不息的北京精神。

我要回到那个小小的四合院，回到那繁茂合欢树下的院子，我要骄傲地告诉老爷子："我是北京的丫头片子，我爱北京！"

教 | 师 | 点 | 评

　　作者巧妙自然地将"爱国、创新、包容、厚德"的北京精神融于流畅的叙述之中：南锣鼓巷四合院的主人——老爷子，手臂上的弹痕便是爱国的印记；获"青年创业创新大赛"奖的建新哥哥，代表着京城创新的年轻一代；留学生进入四合院生活，老爷子高兴地欢迎，体现着北京海纳百川的包容；老爷子热心帮街坊邻里排忧解难，透射出的是北京人载物之厚德。这一切又都是通过一个骄傲的南方女伢儿、半个北京丫头片子的口中道出，更显得令人敬重。四合院中有着书卷气的老爷子一家正是北京精神的践行者。如此写来，颇具匠心，既形象地阐释了北京精神，又扣合了本次征文的主题"书香燕京"，实是一篇不可多得的好文章。

白泥青板下的古弦雅韵

北京市第十九中学高二一班　刘　琬

指导教师　　樊丽慧

翠微峭拔倚云间，漓江余韵奏古弦。

——题记

最近，网上一组关于"梁林故居"拆迁风波的图片，使我心中久酿的情愫一时间发酵了起来。多年来，四合院"拆迁"与"保护"的拉锯战如同一场没有硝烟的战争，在北京这块土地上反反复复地进行着。这场北京传统文化与现代化建设的战争不禁使我想起刚刚出炉的北京精神——爱国、创新、包容、厚德。

看"云开间阖三千丈，雾暗楼台百万家"，寻"北海清波浮画舫，香山红叶染霜天"。北京，我爱你一如古韵琴弦伴袅袅檀香般的四合院，那是你融合了各民族文化的痕迹；爱你一如青花古瓷烟雨勾勒般的皇家园林，那是你历史尘封的印记；我更爱的是你鳞次栉比的白泥青板，是你享有硅谷美誉的"中关村"，这更是你时代的标记。

"天棚鱼缸石榴树，先生肥狗胖丫头"是北京人的活法，四合院是北京耐人寻味的古玩，是北京精神的影子。碗筷的碰撞，临街的吆喝，这灵动的音符连成了京都千年的国谱京韵。端详图片中梁林故居脂白粉红的合欢，那如马缨花般如丝如缕的胭脂扇不禁让我想起林徽因的细语"你是一树一树的花开，是燕在梁间呢喃"，仿佛这合欢早已把北京文人墨客的四合院氤氲出古朴的气息。如浓砚研出的稠黑，从影壁到垂花门，从游廊到厢房、正房、后罩房，四合院的精巧是老北京的智慧，老北京厚德的物化，老北京祖祖辈辈的根。

"天坛地坛日月坛，坛坛妙址；前海后海中南海，海海清源。"众所周知，三山五园是北京的皇家园林：看北中南前三海，天地日月四大坛，赏万寿、玉泉、香山串联的三山，圆明园、颐和园孕育的五园。精妙绝伦的张张图片上展现的皇家园林，犹如吸尽了日月精华而同日月争辉。从天上的星宿，到地上的河川，北京人将星罗棋布的地标与天圆地方的意念交汇、铺展。北京在吸纳、在吞吐中沉淀了对山河湖泊的领悟：对天地宇宙的神会，天地之气蓄积千年的厚德。

正如北京精神"爱国、创新、包容、厚德"。北京，我爱你传统中晕染的爱国与厚德，但我更爱你不囿于传统的藩篱、超越时间的创新与包容。而创新与包容必得在厚德的根基上方能找到自己的定位。

"太平之世无所尊，所尊贵者工之创新器而已。"康有为如是说。捻入了古都芳香的泥土下的是你如春笋般洋溢活力的生命。自小的熏陶并没有让你满足于自己的博大精深而固步自封，你甩开玉衣锦绣的衣襟，在创新中将你历经千年的雅韵一一渗透。从中官坟到中关村，从太监荒凉的坟冢到林立的高楼。聚集 5 万名高端人才，在信息服务、生物医药、新能源等领域异军突起的中关村，形成了许多拥有技术主导权的产业集群，让北京底气十足地说出自己的名字。创新是北京的魂，站在创新的高地，北京才能看清自己的高度，看得更远，不在众多国际大都市的挤压中成为"明日黄花"的代言。

"泰山不让土壤，故能成其大；河海不择细流，故能成其深。"自秦汉至辽代，北京从一个历史的结点渐次展开，农耕与森林草原文化的交汇，中原汉族与少数民族的碰撞，将北京文化中的包容气质延展开来。从元代建都到共和国定居，西方文明的进驻，中华文化的喷涌使北京成为国际交流的中心之一。从原始的包容走向多元化的自觉选择，北京已完成了海纳百川的过渡。目前北京有八九百万名外来务工人员，居民与国内国外流动人口年度总数居全国城市之首，最高时近 1.7 亿。北京，你的包容不只是雍容大度、海纳百川的胸襟，不只是求同存异、兼收并蓄的气魄，更是突破了物质的积累，将五湖四海的繁杂在微妙中的融合。像女娲熔炼的五彩石，斑斓的色调在融汇中方能补天，这才是北京打出的名片中最独特的标记。

但我以为，我们的开放，比起纽约、伦敦，像是刚迈开步的孩子。看看我们人潮如织的大街上又有多少蓝眼睛、白皮肤的外国人？异域之都的游客来华观光仿佛止步于大巴中，我们的街道多为自己敞开，熙来攘往却尽是本国的游客。而反观罗马、巴黎，大街小巷中簇拥的似乎都是那些"城外人"。如果说北京一个广场上的游客簇拥成了整个中国，那么纽约一个广场上的游客便囊括了整个世界。旅游只能体现国际化大都市的一隅，城市是用来开放的，北京精神中倘若加上些"开放"的资本，方才论得上是真正走上了国际化。其实，保留物质或非物质文化遗产与现代化建设并没有天生的矛盾，创新在根基上进行才稳当。China 不能以创新发展为借口就随意大拆大建，成了人们调侃时说的"拆呐"；当然也不能以爱国保护传统为借口就缩手缩脚放慢发展的脚步。处理好保护传统与建设发展的关系，更是当务之急。所以，北京，须知民族的才是世界的。你既古老又年轻，要走的路还很长，传统中的开放才是我最爱的北京。

正是：

千年风雨，沥尽青砖碧瓦，翘首金檐。

钟灵毓秀，流传三山五园，青漾涟涟。

丹韵飘香，厚载百湖千山，出奇而屹。

大开大合，撑起九州苍穹，才露荷尖。

教 | 师 | 点 | 评

本文因"韵雅"而颇显"格高"。"韵雅"体现在以下几方面：其一，论题雅。本文由备受关注的梁林故居拆迁说起，体现了作者对现实的关注与思考。作者说，传统文化是根基，所以将四合院、北海的清波、三山五园寥寥几笔就点染得那样美，我们的创新需要以传统为底蕴，需要厚德作支撑！失去了传统文化之魂的创新就如无根的飘蓬，不能让我们走得更稳、更远。其二，情趣雅。四合院是北京极具传承价值的文化遗产，作者描写的笔触生动而细腻，饱含了对这道建筑上独特的风景的无限喜爱。其三，语言雅，有文采。语汇典雅，语句整饬，语势丰盈，文采斐然。写起来得心应手，读起来齿颊留香。得意处还自撰诗句以遣兴抒怀。其四，文题雅。文章题目为《白泥青板下的古弦雅韵》，文题典雅，颇具吸引力，能抓人眼球。以上"四雅"均体现了作者广泛的阅读视野，正与"书香燕京"暗合。

迷人的北京
——仿写自林语堂先生的《迷人的北平》

北京市海淀区教师进修学校附属实验学校高二一班　朱　钰

指导教师　　肖海洋

有人说，北京市属于红墙绿瓦琉璃殿中的大老爷，

我却说，北京属于灰墙青瓦四合院中的市井小民。

你应该见过——

纯真的北京。

梳着两个小髻的稚儿成群结伴地在枣树下嬉闹，用长长的竹竿子去捅翠绿翠绿的枣子，影壁后摇着蒲扇的老爷子，无奈却又宠溺地笑。

悠闲的北京。

穿着粗布衫子解了襟扣儿的老爷们儿，三三两两躺在石榴树下的藤椅上，哼哼唧唧地唱着"我本是卧龙岗上，闲散的人儿……"天棚下绿叶儿，和着晚风的调儿低吟浅唱，他们的媳妇们，从屋里探出头来，吆喝着唤他们的名儿。

温馨的北京。

搽着脂粉的女人们笑得露出一口糯米白的小瓷牙，招着手儿唤儿来吃糕饼点心。

安详的北京。

坐在街角儿的老艺人微眯着眼儿，一把破旧的二胡咿咿呀呀依稀是瞎子阿炳《二泉映月》的调子，布满褶儿如同霜打的柿子的老脸，沉醉在宫商丝竹里，那脸上的皱儿都渐渐舒展了开，嘴角儿弯成了新

月的牙儿。

四合院里石榴花开红似火，有淡淡甜香，影壁后的大鱼缸，小金鱼儿甩着尾巴碎了一波粼影。

忙碌的北京。

走街串巷的各行小商小贩，垫步拎腰儿快步地走着，推着小木车，轮子笃笃转过青石板的地，他们不敢懈怠地一抑一扬地，操着各地的口音，拉长了调子吆喝。

"买大小鱼……小金鱼咧……"这是卖小金鱼儿的吆喝。

"拾掇……雨旱伞呐……"这是卖雨伞的。

"硬面——饽饽儿！硬面——饽饽儿！"这是卖硬面饽饽儿的。

"瞧一瞧咧……砂——锅。"抑扬顿挫的腔调，卖砂锅的。

"包才，好白我的面儿，吃点儿包，闹点儿包，尝尝包儿馅！"独特的乡音，保准儿是卖包子的人。

"高庄柿子咧……不涩的咧涩了还有换的咧！"一听这三个咧的吆喝法儿，保准儿是卖柿子的！

这是国际化的北京。

王府井大街上红男绿女，大屏幕上溢彩流光，来自世界各地异国他乡的人，齐聚在这个城市，他们可以不了解这个城市的文化，但他们却对这个包罗万象的城市感到无比的亲切。偶尔也会操着不怎么熟练的中文，对胡同口儿买菜回来的老妪问一句："吃了吗您呐？"

这是创新的北京。

"798"是文艺创意青年的聚集地，他们不按常理出牌，他们特立独行，他们领先时代，但你却能从他们的设计中找到浓浓的人文风情，找到亲切的历史沉淀。

只有你司空见惯，却怎么也没有想到的无限创意，没有他们天马行空的脑子想不出来的。

中关村是乡土化的美国硅谷，你可以指责它没有硅谷那样集中的高科技，你可以嘲笑它就是个"小家电修理厂"，但你却常常会见识到他们意想不到的科技创新、新兴文化产业创新，因为这里是年轻人的聚集地，年轻就是梦想和创新最好的先决条件。

　　这是时尚的北京。

　　南锣鼓巷是个大染坊，有洋颜色，也有土颜色，那一隅小小的厝内，也许是一个温馨浪漫的小酒吧，也许是一家规模不大却别具匠心的小工艺品店，也许是卖着诸如驴打滚儿、宫廷奶酪等特色传统小吃的，也许是一家胡同文化体验馆……它成功地把新老结合，让扇着蒲扇的老人也学会玩 Ipad，让唱着《Rolling In The Deep》的小年轻儿，也爱上梅派《贵妃醉酒》，于是它就是最时尚的地方。

　　这是亲切的北京。

　　你乏了，就来天桥听听相声；

　　你倦了，就来后海看看清风拂碧柳；

　　你恼了，就来银淀桥赏赏落日；

　　你烦了，就来香山捡捡红叶。

　　她年纪很大，她也许不会说些甜言蜜语来哄着你，但是你却总能在自己最失意落魄的时候，感受到她亲切和蔼的一面，或许是她本身的景色，或许是她的人，又或许是她的神。

　　这里也许不是你的故乡，但你终究会爱上这里。

　　她不是帝王将相的欢喜场，她属于生活在这里的每一个普通人，每一个市井小民。

　　她不施脂粉，却别有一番清新俏丽；

　　她不着艳裙，可爱诙谐又淳朴的人是她最好的点缀；

　　她不似上海富丽堂皇，不似苏州温文尔雅，不似杭州俊逸脱俗，不似内蒙古威武雄壮，不似西藏神秘高贵，但是她一举手一投足一颦一笑都带着纯真的味道，都带着亲切的味道。

她是北京，迷人的北京。

教 | 师 | 点 | 评

文学大家中写北京的文章有很多，林语堂先生的《动人的北平》中流淌的那种浓浓的市井生活气息，郁达夫先生的《故都的秋》中对北京近乎偏执的爱都让人难以忘怀，读着眼前这篇《迷人的北京》，恍惚间似乎感受到了大师的脉动，那全景镜头与特写镜头的组合，将大大的北京城长长的历史糅合在小小的细节中，小作者小中见大的笔力是很让人惊叹的；类似"硬面——饽饽儿！硬面——饽饽儿！"这样北京味儿十足的方言俚语将郁达夫式的北京情渲染得极有韵味，朴实而真挚，让人感叹小作者敏锐的捕捉生活的能力。虽然是十几岁的年龄，但文笔老道，平面的文字中有着立体的画面，简练的文字中有着厚厚的底蕴。

我的北京印象

北京理工大学附属中学高一八班　申　晨

指导教师　　李中江

　　我不是一个土生土长的"老北京"，更不会说一口的"京片子"。我第一次听父母说起北京，是因为父亲来这里读大学。那时我还只是一个懵懂的孩子，但我已经知道北京是一个很大很发达的城市，是全中国的首都。

　　儿时，北京对于我而言是一个很神秘很华丽的地方。我所有最初对北京的了解都来自于在这里生活的父亲。每次听大人们说起北京，远在河北的我都会说："我想去北京。"和很多孩子一样，在我心里，去一次北京，就是完成一个梦想。北京对于我而言是一个陌生却又很熟悉的地方，我希望去探索它，也希望来到北京以后我们一家人能够生活在一起，不再两地分居。

　　然后我终于来到了这里，北京在我心里渐渐褪去了那一层华丽的外衣，变得更加真实。我第一次来到这里的时候，住在爸爸租的"小黑屋"里，那里真的很拥挤，只放得下两张单人床，我那时还不懂什么叫"北漂"族，来到这样一个陌生的大城市，我满是小心翼翼，这里的一切都是陌生而新奇的，我害怕被拒绝，害怕不被人接受。

　　后来我们租的房子变大了，我也来到这里正式地上学。我原来的担心真的很多余，在北京，我和同学们相处得很融洽，老师和同学们都像我的家人一样。我在这里感受到的不是冷漠和拒绝，而是大家的热情和有礼。我想，这就是北京人所拥有的包容吧！

曾经吃的苦，比起在北京所体验到的华丽和完美，真的不算什么。虽然日子不算富裕，但是我在这里感受到了北京的热情，感受到了北京的文明。我也越发明白了，支撑"北漂"族的，正是北京这种包容的精神，对待外来之人的友好。

后来，我不再是"北漂"族，我开始在这里长时间生活，现在，我也可以用一个主人的身份来向大家介绍北京，我可以骄傲地告诉大家，我所在的北京，是中华人民共和国的首都，是全国的政治、经济、文化、交通、科研、教育中心，也是世界上著名的历史文化名城、国际化大都市。这是一个有着悠久历史的四大古都之一。

在这里，你将感受到每一个人的爱国之情，你将感受到每一个人对于中华文明的传承。你看那天安门前整齐的军列队，展现的是中国军人挺拔如松的风姿；你看那故宫里充满韵味的京剧，表达的是千古万代社会的风云变换；你看那绵延不绝的万里长城，留下的又岂止是历史的印记？在这样的文化底蕴下成长，作为一个北京人，怎么会丢失爱国的满腔热血？又怎么会没有谦谦君子的厚德包容？

能够在北京生活是一种幸福。作为一个北京人，我们享受着天子脚下的优质教育和物质条件。我们更应该做好全国的先驱，除了对传统文化的传承和发扬外，我们也要不断地创新。作为祖国"早上八九点钟的太阳"，我们青少年应当展现出我们的朝气，要敢于创新，才能让我们的祖国一点一滴有所发展。

北京真的是一个很让人成长的地方。在这里，你会看到以爱国为核心、以创新为精髓、以包容为特征、以厚德为品质的北京精神。在这里，你也会感受到集中全国文化交融的团结与和谐。

作为新一代的北京人，我们青少年有责任更有义务去践行北京精神，为建设和谐社会献出一份自己的力量。作为一个北京人，我可以大声说："我爱北京！"作为一个北京人，我更加有理由做好每件事，去展现出北京的风貌!

　　我相信,以后的北京,会更加和谐,更加美好!

教｜师｜点｜评

　　本文以一个"新北京人"的经历和视角来看现代化的北京,其感受代表了大多数新北京人的心声,其眼中体现的是北京与众不同的特点。这种艰辛的历程更易于感悟和揭示北京特有的精神魅力。语言平实而感情充沛,善于观察和体味生活,准确地表达了敏锐捕捉到的一个个有价值的精髓品质与精神。

创新与包容

北京市京源学校高一一班　闫笑生

指导教师　邓义兰

远在几千年前，秦始皇创新地采纳了商鞅的变法，团结了大部分的百姓，使秦变得包容，于是便吞并六国，统一天下。国内革命战争时期，共产党创新地提出"打土豪，分田地"的口号，使其团结了一切可以团结的力量，于是便打败了看似强大的国民党。这些事例，让我感受到"创新与包容"内在的力量。

近几日，在天桥上、街心公园里、街道上，到处可以看到北京精神的横幅和字画，"爱国、创新、包容、厚德"，在北京精神这几个大字中，我感触最深的是"创新"与"包容"。

创新与包容是分不开的，包容促进了创新，创新是包容的基础。俗话说得好："海纳百川，有容乃大。"中国是个古老的国家。纵观历史，我们在很长的一段历史时间里，科技文化都是非常领先的。孔明灯、九宫格、制陶和纺织技术……都是领先了世界好几百年。但近代，我们中华民族曾一度没落，以致被列强欺负，两次鸦片战争、英法联军侵华、八国联军洗劫圆明园、甲午中日海战……

究其原因，不外乎有两点：第一是实行了闭关锁国的政策；第二是对待洋人的心态。创新的制度影响着国人的包容，而不包容的心态，影响着国人的创新。中国由于清时实行的闭关锁国的制度，使中国不去包容他人，固步自封，不去接受新思想、新技术，以自己为中心，排斥他人。而自古养成的天朝上国的傲慢，影响了国人的创新能力。纵然四大发明领先百年，但唐代的火药到明清还没有多大变化。反观西方，利用火药制造火炮，用指南针引导军舰，终于打开了中国的国门。

中国不创新，于是便不包容，不包容于是便不创新。外国学习中国的文化，创新地改造自己的制度，无论是共和制，还是君主立宪制，都对科技的进步产生了很大的影响。再看中国，千年不变的科举制度，成了书生们的桎梏。不见了战国时"百家争鸣，百花齐放"的景象。在春秋战国短短五百多年中，却创造了被书生们学习了一千三百多年的东西，就算再先进的思想，经过千年也会腐朽。不包容，不吸收，使创新能力在下降。

改革开放以来，我们有意识地吸纳了许多新鲜事物，研究洋文化，模仿洋技术，甚至过洋节，看似越来越包容——但在这种以模仿为主导的"包容"过程中，我们创新能力严重匮乏的弊端已经越来越明显。近代的诸多发明，都是由西方传入东方，而我们的包容只是在追赶着别人的脚步。在市面上更多的是中国制造，而不是中国创造。这反映了中国尤其是作为首善之区的北京的包容精神、创新精神还远有未足。创新的制度影响着国人的包容，而不包容的心态，影响着国人的创新。在感慨国人怎么就出不了乔布斯的时候，我们更应该思考包容与创新的内涵、关联与实践之道。

中华民族就像一条腾飞的巨龙，而北京是巨龙的龙头。今天，我们提出了"爱国、创新、包容、厚德"的北京精神；我坚信——明天，中华民族一定会重新主导世界的潮流！

教｜师｜点｜评

"苟日新，日日新，又日新"——谁说中国就是"守旧"的代名词？"海纳百川，有容乃大。"——怎能把中国人当成"狭隘排外"的等同品？小作者旁征博引，纵观古今，把"创新"与"包容"看作一个有机整体——其文，胜在格局。

我爱我家

北京市大峪中学原高二一班　高　鹤

　　"举头望明月，低头思故乡。"李白的《静夜思》应该是我学会的第一首诗。小时候只是单纯地背诵，琅琅上口，觉得好背，虽然母亲为我讲解了其意，究感不深切。随着年龄的增长，阅历的增加，慢慢感觉到了家乡——家的牵连。

　　我的家乡是北京的门头沟区，或许在很多人眼里，这里是穷乡僻壤，人们大多对它没什么好印象，甚至于有些门头沟人也这么想。我不明白这是为什么，因为我的家乡有着悠久的历史，独特的文化，而且现在发展得很快，很有潜力！

　　门头沟有著名的京西古道，在古代也曾繁荣一时呢！不想现在却落寞了，不过境况一直在改变，越来越好。北京重要的永定河也流经门头沟，听说之所以称之为永定河，是因为它经常河水泛滥，人们希望它能永远安定，故称其永定河。现在人们的愿望实现了，它不会再对两岸的百姓构成威胁了。门头沟最有名的，就是寺庙了，潭柘寺、戒台寺，还有很多庙宇都在门头沟，因此门头沟是个众神庇佑的地方呢！不是有这么一句话吗？"先有潭柘寺，后有北京城。"这足见潭柘寺的地位了！

　　故而，门头沟的旅游业倒是前景可观，况且除了这几个典型的外，众所周知的还有不少，且还有着丰富的自然资源，山清水秀，风景宜人，其中灵山还是北京的第一峰呢！

　　枯藤老树昏鸦，小桥流水人家，古道西风瘦马，夕阳西下，断肠人在天涯。

这首马致远的《天净沙·秋思》道出了无数远行者的心声，马致远也声名远扬。而他的故居，现在也成了门头沟的一处旅游景点。

京西著名的文化就是京西太平鼓。说来，我不仅见过，还亲身体验过呢！这是一种手拿鼓，用羊皮固定在铁环上，在我看来，这就是拿着个鼓面而已嘛，下面还有铁环儿，动时响声清脆悦耳，锤儿也很特别，很细，尖端还有个小疙瘩，用来敲击鼓面。别看它"单薄"，敲出来可有气势了！

我的家乡风景美，文化美，而且还要更加现代化，要建设一个新的、有特色的新门头沟。

我的家乡不仅风景美，文化美，人文也美，民风朴实敦厚，所以既有内在美，也有外在美。当然我更注重其"心"，即内在的东西，因为这才真值得骄傲。

我的家乡很美，有这么多的好东西来熏陶，我岂有不喜之理？在发现它的美的同时，渐渐地，我感觉到了我与它有着千丝万缕的、不可剪断的牵连。

我现在明白了——

我爱我家！

教 | 师 | 点 | 评

　　文中抒发了自己对家乡的爱，列举了家乡如何美。语言流畅，文章结构合理。

古韵北平

北京大峪中学原高二二班 耿嘉彤

记得老舍先生写过一篇文章，名为《想北平》，北平是他的家乡，他以游子的身份将自己的思念写得淋漓尽致。冰心等作家也写过北平，他们用尽了华丽的辞藻去形容那个在他们眼中分外美丽的地方。似乎在他们眼中，北平是他们足迹踏过的地方中最令人心驰神往的地方。

我的家乡就是作家笔下的北平，现在的北京。我很有幸住在这里，住在这个让所有人都想一睹其风采的地方。若你问我北京什么最美，我想我会说不仅是北京的景，更是因为这里的古韵意味。如今科技越来越发达，而北京那些古老的建筑，习俗，却没随着时间消逝，我也在这种古韵中找到了其他地方没有的美。

北京的四季各有各的美。北京的春天在我看来是很好的时节，随处可见不知名的花儿开得烂漫，微风拂过，柳枝随风飘动，仿佛美人的妙曼的舞姿；初夏的北京是潮湿、闷热的，有时候还下着淅淅沥沥的小雨，下雨的时候整天就像挂着一层雾霭一样，感觉就像江南的梅雨季。我喜欢这样的天气，喜欢远远地看着楼宇的时隐时现；深秋时的北京，那枫叶算是奇景了，远远看去，大片大片的红展现在山间、墙上，美得触目惊心，过目难忘。那"停车坐爱枫林晚，霜叶红于二月花"也不过是这般美景了；冬日里银装素裹的北京更是美，下过雪的清晨，走出家门，看着四周屋顶，地上厚厚的雪，谁也不舍得踩这第一脚，纯净的白衬得整个视线里的景物也别有一番韵味……

记得前些日子去前门，最开始只是为了找"蔡家胡同"，可到了那里，我便被那些红砖绿瓦堆砌而成的房子、高大的城楼上泛黄的牌匾所吸引，让我想去探寻那些古老历史中的种种秘密。四合院方方正正，人们坐在中间的空地上，轻轻摇着扇子，有一搭没一搭地聊天，大街上不时传来的小贩带着京腔的叫卖声，孩子们嬉闹着的笑声从我们耳边飘过……那些身着戏服、画着浓妆、甩着水袖一一亮相的演员，用传统的国粹展示那一场场、一幕幕经典故事，我便更是激动。虽然如今流行音乐当道，但我们的国粹依然未被国人忘记。

可惜的是，我很少见到、吃到北京的名小吃。多年前看史铁生先生的《秋天的怀念》里面提到的豌豆黄，还有许多人不惜花比吃用的多出几倍的油钱去尝一碗北京的豆汁儿，而我，总是没有机会尝一尝。

马致远先生是北京人，是门头沟人，那句"夕阳西下，断肠人在天涯"直到现在依然有人浅浅吟唱，听着那飘渺的声音随风飘过，我的心也开始随着那诗词飘远，飘向那天涯海角……

不知从何时开始，复古成了一种潮流，人们开始怀念那些身着旗袍、手执团扇、黑发如瀑、红唇如丹的眉眼间满是娇媚的美人，她们的一颦一笑之间将气质展现得淋漓尽致。没有过多的装饰，只青丝深挽，却吸引着大多数人的关注。

当安妮宝贝、郭敬明将我们的书架淹没，我们依然会好奇那沉重的牛皮书卷、陈旧的竹简中深藏的黄金屋、颜如玉。那是我们历史的见证，是一种传承，一种延续。

我并非游子，从没离开过这个地方，因此无法体会那种游子离乡后对家乡的分外思念，对故土的莫名想念，那种对着皎洁月光感慨家乡遥不可及的事情还没有遇到过。但我知道，这片土地，我的家乡，很美，不专指景色，更因其内涵，因这片土地的古韵意味，因那悠久、惊心动魄的历史，这些历史表现在北京人身上就成了一种精神，是北京人一代代传承下来的温润如玉，落落大方，如星光般绽放在世人心间，渺茫却璀璨。

教｜师｜点｜评

通过阅读老舍先生的文章《想北平》，引出自己居住在北京，进而抒发自己对北京的热爱。文章结构合理，语言流畅。

生命的意义

—— 《我与地坛》赏析

北京市昌平区第一中学高二三班　李 菡

　　昔日浮光掠影的辉煌被岁月遗忘在未闻其名的角落，轻声笑着的光阴逝去时踏碎的是一场盛世繁华。

—— 题记

　　这是一个在痛苦中寻得安宁的灵魂对人生的感悟。

　　这是一场在虚拟与现实之间对人生的深度思考。

　　当一个人的人生处在顺境的时候，他是不会珍惜生命、珍惜时间的，因为他没有那样的机会去思考生命的意义和价值。但当他走到了人生的十字路口，当他的身心遭受重大挫折的时候，他便去思考人生，拷问自己的灵魂，生命的意义究竟是什么？人，到底是为何而存在的？

　　史铁生带我们走进的不仅仅是安静的地坛，更是他已对人生的意义深刻领悟的内心世界。

　　史铁生老师在双腿残疾后，在地坛的十几年里，写出了这让人难以接受的痛苦和挫折带给他的影响，以及对人生进行深度思考的机会。全书通过散文的形式，将他在和地坛的接触中、在他对地坛的感悟中，体会出的生与死的价值、体会出的生命的意义一一呈现在读者眼前。在地坛，这样一个幽静、偏僻的地方，在这样一个具有浓郁的历史特点，又沉淀着深厚的历史文化而今又荒废的园子，史铁生老师所获得的不仅仅是一种对生命的认识，而是贯穿着一种时间意识、生命意识。在这儿，地坛是他精神的寄托地，在他人生出现大的挫折，在他的心灵遭受极度的痛苦，在他徘徊于生与死之间时，他来到了地坛，似乎这古旧的地坛就是专为等他的到来而存在的。它静默地在时空里守候着，等待着，等待着他的到来，去倾听他这样一个人的心声。

在地坛，他获得了很多启示。他从地坛的苍老中读出了一种沧桑，他在地坛的历史里读出了一种宁静。可以说，此时的地坛，已经成为史铁生心灵的栖息地，使他得以用一种不过于消极的方式逃避生活。在那里，他把自己与外界的一切隔绝起来，听不到市声的喧闹，听不到人声的嘈杂，可以静下心来，整天陷入对人生的思索中。

在一次又一次与自己灵魂和地坛的对话里，他看见了"四百多年里，它剥蚀了古殿檐头浮夸的琉璃，淡褪了门壁上炫耀的红漆，坍塌了一段段高墙又散落了玉砌雕栏，祭坛四周的老柏树愈见苍幽，到处的野草荒藤也都茂盛的自在坦荡。"想到的是地坛曾经的繁华与喧闹，想到的是它昔日的风光。曾经，这都是多么美丽、多么精致的东西，在时间的剥蚀下，纷纷香消玉殒，风光不再。而那些能经得住时间的考验、在历史的长河里生生不息、坚忍不拔地生长的，却是地坛里那棵默默无闻的老树，如今已是愈见苍幽。

这一切的细枝末节都不能不触发他心灵的感悟。是的，时间会剥蚀那些虚浮的东西，而那些普通的生命，却有着顽强的生命力，一如既往地生存着。那些浮光掠影的繁荣，经不住时间的分崩离析，飘渺的绚烂不过是过眼烟云，但默默如地坛里那棵百年的老树，看尽世间沧桑，历经风雨苦难后，把根深深地扎进地下，才能具有强大的生命力，才会在任何时候都能焕发出勃勃的生机。这就是生命。

看看那些地上的小虫，那些微小的生命，一样有着它们生存的意义、存在的价值。它们并没有因为自己的弱小与卑微而选择放弃生命。

仔细想想吧，人这一辈子来到这世上，能留下的东西又有多少呢？

是的，史铁生老师虽然双腿残疾了，再也无法忘情地感受奔跑的激情与漫步的悠闲，生命可能再也没有那些雕栏般绚丽，没有琉璃般炫耀的朱红，但苦难却能使他像历经风雨的老树一样，默默无闻地生存。但是，也许正是因为这样，他的人生才有意义。一个生命既然已经来到了这个世界上，就没有必要再为生与死来浪费时间。失去了双腿又如何？他还拥有敏捷的大脑可以思考，他还拥有明亮的双眼可以观察，他还拥有健全的双手可以写作，他还拥有灵活的口舌可以表达。这个时候应该去思索的不是"我失去了什么"，而是"我还拥有着什么"。不是为自己的懦弱和逃避找理由，而是为自己的未来作选择。活着，并且好好地生活下去，这就是摆在他面前的道路。

时间会冲刷掉一切虚浮的东西，只有那些真实的东西、那些脚踏实地的东西，才具有很久的生命力。所以史铁生在文中说："一个人出生了，这就不再是一个可以辩论的问题，而只是上帝交给他的一个事实；上帝在交给我们这件事的时候，已经顺便保证了它的结果，所以，死是一件不必急于求成的事，死是一个必然会降临的节日。"死既然是一个必然降临的节日，那么生呢？既然生着，那么就要生出其意义。观世间百态，静自我内心，去感悟生命的鲜活，对上天的给予表达感恩。

生命的意义，就是保持一颗平静且感恩的心，坚强、乐观地活下去，为了自己的信念，为了那些自己爱的人和爱自己的人。

教 | 师 | 点 | 评

饱经风雨的地坛是北京的标志之一，多少文人墨客在此停留、思考、徘徊、离去……本文由史铁生老师和他的《我与地坛》自然过渡至对生命意义的深入思考，最后得出自己的结论，语言流畅优美，过渡自然，思想深刻，实为佳文。

外婆 胡同 茉莉花

北京市昌平区沙河中学高一二班　刘鑫杨

　　我从小生活在北京，没事时我爱溜达，北京的每一个角落几乎都留下了我的足迹。天坛、颐和园、圆明园、故宫、天安门、长城、明代十三陵，数不胜数，但，给我印象最深的还是北京的胡同。不管多繁密，拐弯抹角，即使是一个说书的大爷都可以把我家的地址给清楚地找出来。傍晚时分，我们下学，成群结队背书包的孩子，远远望见自己房上一缕炊烟袅袅升起，一抹轻尘轻轻散尽，长街里传来欢声阵阵，深巷中飘来花香徐徐。这真是一处神奇的所在，这些亲切的生活气息，使远在他乡的游子念念不忘。想念北京的胡同，想念住在胡同里面的外婆……

　　我的外婆家就住在蕴含着悠久历史的小巷中。每当我来到外婆家，推开那陈旧的老木门，伴随着老木门唧唧的声响，我走进那幽深的小院里，外婆喜欢在院中种些茉莉花，使院中弥漫着淡淡的茉莉花的香气，听见门声的外婆会走出来迎接我，见到外婆，第一件事就是扑到外婆的怀里问："茉莉花，开了吗？"外婆慈祥地说："早开过了……"我心里有些小小的失落，早知道就早几天来了。外婆把我领进院里，我无意中看到一盆盛开的茉莉，仿佛闪着淡淡的银色光芒。我小跑过去，嘟着嘴说："外婆逗我。"外婆没有说话，只是在我身后静静地笑着。我把我的小鼻子凑到盛开的花上，贪婪地吸允着花儿的清香，仿佛置身于茉莉花海一般。

　　最后一次去外婆家是在她去世的半年后，依旧是外婆家那扇旧得不能再旧的老木门，唧唧的声音使我不觉有些颤抖。走进深院内，我竟闻到了一丝淡淡的花香，走近一看，是一盆含苞欲放的茉莉花，我伸手摘下一朵，轻轻地放在手心。想起儿时我与外婆的对话，我坐在外婆的怀里，头上别着一朵朴素淡雅的茉莉花，我们一起种下茉莉花种，许下最美好的心愿，虽然外婆已经不在了，但是仿佛依然可以听到我和外婆的对话在胡同上空回荡。

我内心小小的爱就被收藏在这条胡同中，它伴随着茉莉花清幽的香气飞走，飞到外婆那里去，带去我深深的思念，像小信差一样。如今，每当我看到幸存的胡同，心中总有抑制不住的亲切和伤感，怀念起我的童年，但看到高大的新建筑，我又会为北京的新符号感到快乐和骄傲。外婆虽已经去世，但这条胡同记录着我与外婆的点点滴滴。

我爱外婆！我爱北京的胡同和里面栽种的茉莉花！我，更爱北京！

教 | 师 | 点 | 评

这是一篇感人至深的好文。伴随着淡淡的茉莉清香，小作者对外婆的爱渗透在字里行间。小作者的真情实感，没有半点掩饰和夸张，我们仿佛随作者的脚步，去了北京城中那条幽深的胡同，看见了慈祥的外婆，闻见了花香……

家住北京

北京市昌平区沙河中学高一五班　崔毛毛

　　我不了解北京，这也不是我的家乡。但不知不觉，我却深深地爱上了这座城市。

　　九月一开学，莫名其妙地从老家被调遣到这里，完全陌生的环境，太多的不适应了。天天盼望着回去，就在这日渐疲劳的感受中，无奈地选择了接受。

　　去了解、去熟悉我所处着的北京。

　　时间一点一滴地流逝着，而我渐渐地熟悉了这座城市——北京。

　　每天拿着地图出门，拼尽全力地看着不解的地图。在公交站我通常不好意思开口问人，就自己慢慢摸索，这自然要浪费不少时间。甚至一天上午坐反三次车，据说只有一站路的地方我转了三趟车绕了一圈儿才回去，这样下去实在不行了，我壮着胆子上前问路，不管是老太太还是小伙，抑或娃娃，态度都出奇的好，跟我讲得非常详细：坐什么车到哪下再转什么车，每次遇到这种情况原本郁闷的心情一下子变得晴朗起来了，好亲切的感觉。有时候那人会热情得就差带你去了，我已经明白了但他还在继续讲解，我便一直很感激地说"谢谢，谢谢"。这里的公交司机和售票员给我的印象极深刻，这里的司机求稳，不像我们那里的司机一开起车来就像是在飙车，又像在卖弄自己的开车技术，从来不觉得自己是在拿乘客的生命开玩笑。类似乘客还没站稳便开车的情况在北京是不多见的，而且每次停车售票员都会下去等乘客上来之后最后一个再上，告诉司机可以关上车门了。每每遇到老人上车，售票员的职责就是提醒乘客给老人让个座位出来，有人站起来让座，售票员则会代老人说"谢谢"，真有一种"老吾老幼吾幼"的感觉，当然，很多时候乘客也非常自觉，多半会主动站起来给老人让座。这就是北京的人情味。

十一长假那几天没少出去玩，和小时候爸爸妈妈带着旅游的那个北京相比变化很大。

看到从未见过的"鸟巢"、"水立方"就屹立在眼前，不小的震撼冲击着我的心。条条胡同，透露出的气息却像从未改变。飞速的变化，来不及等待我的回眸，一次次带给我震撼……我渐渐地爱上了北京。

期盼着、向往着。我期盼着我的新同学朋友，欢聚一堂的时候，能感受到我们的付出和热情；也希望他们把此行当作人生中最美的一次旅行。向往着，向往那天激动人心的时刻，从北京人身上看到的热情。

作为新一代北京的高中生我思考着：能为北京做些什么呢？我想到的是：多了解北京的历史，把自己的头脑装备好，有机会再去多多体验和实践。为那些来自五湖四海的朋友讲解，让他们不但感受到北京外在的美景，更能了解北京的历史文化和风土人情。希望这次来北京，回到家乡后能给那些家乡朋友留下的是：人文北京、绿色北京、低碳北京、爱心北京。而不是简单的一座城市。

绿树成荫、空气清新、道路宽广是北京目前的新面貌。我们一定要让全世界的青年朋友们，在这个美丽、温馨、幸福、友爱、和谐的地方，尽情地拼搏、交流、感受，让他们来到这里，被北京的环境、文明、悠久历史深深吸引，不愿离去。

教｜师｜点｜评

小作者详细描写了自己从一个外乡人来到北京，在适应北京生活的过程中，感受到了人情的温暖，从而逐步爱上北京的故事。笔触细腻感人，说服力强。

北京——旧事新情

北京师范大学良乡附属中学高一一班　赵　辰

　　追忆繁华京城往事烟云，北京已有三千余年的悠久历史和八百五十多年的建都史。古人云：“幽州之地，左环沧海，右拥太行，北枕居庸，南襟河济，诚天府之国。”说的便是北京的前身。

　　在这里，园林遗迹、古刹皇陵，纷纷诉说着这座古城的辉煌与落败。高高的紫禁城，埋藏了无数不为人知的秘密，君主帝王在这里挥斥方遒，天下至尊。它受过伤，即使伤痕累累，也无法掩饰它的古韵气息和骄傲。

　　我出生的年代恰好与老北京擦肩而过。沙燕风筝、兔儿爷、面人，都是听大一些的孩子讲给我听的。兔儿爷粉白嫩生的小脸蛋儿涂一点胭脂，长长的白耳朵上描着浅红，小巧的三瓣儿嘴，细长的丹凤眼，拿上药杵，骑上老虎的威风样子，总能引起我们的无限遐思。老胡同、四合院，也成为了我们幻想的最好的乐园。我以为老北京会渐渐沉淀在岁月的长河中，但是，在这个巨大的城市里慢行一番，便会看到：如老舍茶馆，如湖广会馆，如正广祠戏楼，它们所担负的传承没有在历史的长河里没落，而是依然矍铄，并且成为北京坚强的文化支撑。

　　北京，作为我国的六朝古都，在古老而富有韵味之中又掺杂了现代都市的繁华。随着改革开放的深化，北京发生了日新月异的变化。人们说，北京长高了，高楼大厦拔地而起；北京变绿了，树木，草坪遍布全城；北京年轻了，市民生活丰富多彩、生动活泼。北京正满怀信心，在21世纪里实现更快的发展。

2008 年，奥运会在北京隆重召开，作为一个中国人为之感到无比自豪，更有太多的感想。曾经在多少代人心中燃烧过希望和手中火炬传递的梦想，整整 100 年后的今天中国举办奥运的梦想终于实现了。因为这个梦想，有炽热的情感、有跳动的脉搏、有奔涌的热血、有咸涩的汗水，每一个路标都刻下了关于梦想的寓言；因为这个梦想，把失落交给曾经，把彷徨交给昨天，每一个时刻都印证着关于梦想的誓言；因为这个梦想，用微笑迎接闪电，用坦然面对狂风，心底不息的永远是那一炬炽热的火把。多少个风风火火的日子，多少次风风雨雨的磨练，多少个日日夜夜的等待。十三亿中华儿女万般期盼的 2008 年已经圆满地结束了，令人翘首期盼的五环梦已经实现了。那象征着奥林匹克精神的五环旗也传遍正在飞速发展的中国。古老的华夏民族，悠远的文明古国在今日焕发光彩，熠熠生辉，承载着千百年来的希望和民族复兴的梦想，在东方燃起希望的火光。从昔日的东亚病夫，到今日的东方巨龙，我们靠着不屈不挠的伟大民族精神造就了今日的辉煌。历史的风霜磨炼着这个民族的铮铮傲骨，岁月的雨雪锻造了这个民族的不屈魂灵。当五星红旗冉冉升起时，一种自豪感油然而生，那是中华民族屹立在世界之巅。奥运精神又像熊熊火焰般热情地燃烧起来，它意味着奥运圣火永不熄灭。奥运在我们每一个人的心中，都是十分重要的。它并不是一种简单的体育竞技比赛，而是一种永远不变的信念。是一种"更快，更高，更强"永恒的奥运精神，这简单的六个字凝聚了奥运精神的精髓——永不止息的奋斗。

由此，我也不禁想到了我们的北京精神——爱国、创新、包容、厚德。爱国是北京精神的核心，"天下兴亡、匹夫有责"。"五四"运动、"七七"事变、开国大典、抗震救灾、奥运盛会等，无不展现北京人忧国忧民、心系国家发展、勇担时代使命的向心力、凝聚力和家国情怀；创新是北京精神的精髓，建设"人文北京、科技北京、绿色北京"和中国特色世界城市，北京必将以科技创新、文化创新，实现科学发展，赢得机遇和未来；包容是北京精神的特征，包容既是海纳百川、雍容大度的胸襟和气度，更是对多方文化的尊重，和谐共生；厚德是北京精神的品质，"地势坤，君子以厚德载物"，北京正在以博大的胸襟，形成社会道德新风尚，厚德是中华文化的精神之魂，也凝练在北京人的精神品格中。

梦想是无边的沙漠，被海浪一夜间溅绿，世界上所有的哭泣都回放成快乐歌曲；梦想是古老的文字，舞动在北京的天空，世界上所有的语言都传说着一次欢聚。北京，怀揣着梦想，带着古韵气息和现代的繁华，前进着。我爱北京，爱北京的古色古香，爱北京的现代繁华，爱北京的自强不息，爱北京的厚德载物。愿北京，永远在历史的长河中，熠熠生辉。

教 | 师 | 点 | 评

本文文化味颇浓，联系古今、引经据典，"旧事新情"形象而贴切。或许基于对北京文化的爱好，或许更得益于对新时代的关注，所以作者对有关北京精神的典型事件信手拈来运用自如，这样很自然地增强了文章的文化底蕴，这是本文最大的亮点。

北平说

——读《四世同堂》有感

北京师范大学良乡附属中学高二二班　宋昕芮

北平说，一个国家需要拥有伟大的民族精神。一个城市也需要拥有伟大的城市精神。北平说，他的精神体现在每一个生活在这里的北平人身上。

北平说，那是爱国的体现。

小说在卢沟桥事变爆发、北平沦陷的时代背景下，在护国寺附近的小羊圈胡同中，以祁家老少四辈四世同堂做辐射状展开，以胡同中几个家族众多小人物面对当时形势的选择与经历反映出当时北平人的各种不同形象。

在这些人中，钱默吟老先生是给我留下印象最深的一个。他坚强，他勇敢，更重要的是他热爱着他的国家，热爱着生他养他的北平。钱老是一个有知识有文化懂事理的人，在那个年代是不可多得的一个战士。从诗人演变成战士，无疑是一个非常痛苦的过程。虽已年逾花甲，却仍奔忙于抗日活动中，其坚定的信仰、顽强的毅力、爱国的激情无一不打动着我。他热爱自己的国家，他想尽一切办法尽自己的一份力，他甘愿为祖国付出，他知道，他必须站出来，中国不应遭受苦难，中国必须是安全的，中国是他的家，他深深爱着的家。

除钱老之外，瑞全、高弟等也是这样的爱国战士，他们面对强敌愤而反抗、英勇无畏，体现了北平人民伟大的爱国主义精神和坚贞高尚的民族气节，展现了第二次世界大战期间，北平人民为世界反法西斯战争做出的杰出贡献。于谦说"一片丹心图报国，两行清泪为忠家"，北京人历来具有强烈的责任感和使命感，北京需要这样的人，这样的人才是北京人。

如果说钱默吟、祁瑞全和冠高弟是北平人爱国的典范，不可缺少，那么另一部分人更不能缺少。

北平说，那样的精神叫厚德。

本分自尊被日本人逼得投河自尽的布店掌柜祁天佑、正直孝顺有爱国心的中学教员祁瑞宣、勤劳朴实的贤妻良母小顺儿妈、窝脖儿出身诚实仗义的李四爷、善良热情的近视眼李四妈……这些人无一不是厚德的体现。《周易》中说"地势坤，君子以厚德载物"，厚德就是要用像大地一样的宽厚德行来容载万众、万象、万事、万物。

做人德为上，做事德为先。祁瑞宣就是这样的一个代表。他多想像瑞全一样参加革命，为自己的祖国而战斗，可是他不能。他是祁家的顶梁柱，他明白自己一旦出去了就必定有去无回，于是他放弃了自己的想法，他必须留在家中，他得代瑞全尽孝，他还有一家人呢！

正是有这样的想法，他做到了厚德。北平说，这样的北平人是值得骄傲的北平人。

忍辱负重八年，觉醒抵抗八年，使小羊圈彻底懂得了国之尊严、民族之尊严、人民之尊严。尊严是纯洁、神圣和伟大的，是不容凌辱和毁坏的。因此，尊严也是国之荣誉、民族之荣誉、国家之荣誉。对于一个被围困的民族，所有的墙都是门。除了经过最激烈的战斗获得和平之外，没有别的和平，抗争——无声的、有声的，流血的、不流血的。最后的胜利是几万万抗争者激荡、鼓舞，是用鲜血换来的，而这抗争的代价属于个人，他们的缩影体现在小羊圈胡同每个人的痛苦和欢乐中。

战争结束了，可人们却诧异于故事的戛然而止却不知结局。结尾的一句"起风了",我想就足以表达老舍先生的意思了。历史的车轮辗转向前,历史的洪流潮起潮落。起风了,或许是风为我们吹来一个崭新的时代。

北平说,所有的人都会因为他拥有如此爱国厚德的人才而感到骄傲。北平说,他会用他的包容精神对待每一个为北平做出贡献的人。北平说,他相信他的子民会不断创新,他相信在他的子民的努力下他会变成一个新北平!

北平说,他爱他的子民。

我们说,我爱我的北平!

教 | 师 | 点 | 评

本文构思新颖,以"北平说"贯穿全文,以《四世同堂》中的人物为切入点,挖掘小说人物身上所蕴含的北京精神。作者以流畅深情的语言把自己对作品中人物的爱及自己对北京的爱融为一体,感人至深。

我爱北京

北京市房山区韩村河中学高一二班　李振岩

指导教师　张英华

如果说黄河是一条波涛汹涌的"巨蟒"，那么长江便是矫健有力的"巨龙"。这样说来，从地图上看到的我们的国都——北京，便是凌驾于"巨蟒"、"巨龙"的"首"。"滚滚长江东逝水"。两头巨兽朝向东方，不正是意味着蓬勃发展的力量吗？

这力量首先缘自历史。作为一座历史名城，一座举世闻名的文化古城，北京承载了多么厚重的古文化啊！那么现在，它的传统文化底蕴还剩下多少？

经济在发展，社会在进步，立起了那林林总总结构奢华的高楼大厦，却逐渐消隐了那悠久古朴的四合院。不过，现代化的发展依然带给北京别样的魅力，你看：国家大剧院这种造型新颖、结构奇特的建筑，既散发着古朴悠扬的气息，又给人以现代化的典雅之美。再看，那"水立方"、"鸟巢"承载着奥林匹克的运动精神，吸引了多少中外游人好奇的目光？再看，整个北京城的整体布局以北京城的中轴线为中枢，形成奇特整齐的结构，这一缘自历史的布局，不就隐含了北京精神的包容与创新吗？

现代都是建立在历史文化底蕴之上的。北京在以前曾是金、元、明、清四朝的帝都，所以北京建筑和园林的特色也是独树一帜的。故宫、天坛等建筑金碧辉煌，布局工整、对称。建筑的大殿宽敞而略显阴暗，虽缺乏自然之趣，但其雄伟、庄严的气势使人折服。园林内有山有水、有花有草，集南北方的景色特点于一身，给人一种浑然天成的感觉。把北京敢于创新的文化底蕴特色，展现得淋漓尽致。

在北京城的王府井大街有这样一个雕像：一个衣着破烂的人，双手拉着车向前方跑去，沾满汗水的毛巾，随意地挂在肩上。就是这样一个普通人的拉车像，蕴含着社会底层劳动人民不畏艰辛的劳动精神。而这种精神不也体现出了"厚德"吗？

若是没有胡同，便也没有小巷，而戴望舒也不会遇到那个下雨的小巷，从而写出那么押韵的诗歌。当然，这只是南方的胡同，而老北京的胡同，更具独特色彩，刘心武的文章中曾写道"岁移小鬼成翁叟，人在胡同第几槐"。从这篇文章中可以看出，老北京的胡同具有古韵悠长的特点。

每当我走到天安门城楼前，看到那金黄的十八个大字"中华人民共和国万岁，中华民族大团结万岁"时，心中都会变得汹涌澎湃。看那天安门红色的瓦片、染红的高墙，这其中蕴含着战争年代的人们那种不屈不挠、誓死保卫国家的爱国主义精神啊！因此，我们应当把这种精神传承下去。

北京，是我们共同的骄傲，我们应该热爱它！

我爱北京，爱它那古朴悠扬的现代化建筑！

我爱北京，爱它那浑然大气的园林设计！

我爱北京，爱它那清凉而独特的秋味！

我爱北京，爱它那古韵悠长的老北京胡同！

我爱北京，因为我是北京人，我也要具备北京精神！

教│师│点│评

比喻、排比等修辞的恰当运用，让文章具有了飞扬的文采；对北京历史文化的深情叙写，让文章具有了一种厚重的美。当然文章的感染力，还缘于小作者对北京自然而深情的爱。

闪亮在暴雨中的北京精神

北京市房山区房山中学高二八班 刘思淼

2012 年 7 月 21 日，一场 61 年来罕见的特大暴雨，以超乎人们想象、不可抗拒的威力和形式，重创了古都北京：多处路段积水、交通几近瘫痪，无数车辆被淹、房屋倒塌，数万名群众转移、近十万人被困机场，财产受损甚至生命逝去……大自然，以这样一种人们最不愿看到的方式，考验着这个城市、考验着这个城市的每一个人。

暴雨如注，牵动着无数人的心：一条条转发路况、求助信息的微博的背后，是一个个趴在电脑前守望的素不相识的你、我、他；主动亮起双闪、捎上被困路上的人；广渠门下焦急守望的人群；大雨中如雕像般站立在没有了井盖的下水道旁、以血肉之躯筑起"活路标"的环卫工人……这一幕幕感人的情景不禁让我们感慨"暴雨无情人有情"。北京的这个夜晚没有陌生人！而生命的最后一刻，妈妈用羸弱的双手将孩子举在头顶、爱人在大水淹没轿车的最后瞬间用仅剩的一点力气将自己心爱的人推出车窗、公交司机沉着冷静地组织乘客爬上车顶待援、河西再生水厂 150 多名朴实的农民兄弟奋战 6 个多小时救出 182 名被困群众等略带悲壮的感人的一幕幕，让我们深思：是什么，让这些平时不显山不露水的这个城市的形形色色的人群，在灾难来临之际，迸发出如此耀眼的人性之美、力量之美？

当我们面对这一切，面对这没有任何组织号召，没有社会公知、舆论领袖登高一呼的，完全是民众自发组织、自发行动的一幕幕感人场景的时候，我们感受到的是一种让人肃然起敬的力量：不作旁观者，都是参与者；没有陌生人，都是兄弟姐妹。曾经认为的"散沙"，凝聚成钢铁一块，迸发出惊人的力量！我们看到的，是一个个由朴素的人、陌生的人在灾难来临之际共同书写的一个大写的"人"字！暴雨，完美展现了人性之美，暴雨，以人们不愿看到的方式阐释着这座城市的普通人深蕴着的精神——爱国。

如果说善举源于内心、患难才能见真情的话，那么，在这场暴雨中发生在每个人身上、散发着责任和道义的一切，则是扎根于这个城市的每一个人内心深处的道德操守的体现。或许在平时，它并不明显，但在灾难之前，这种道德操守，连同人情、人心、人性，以实际行动转化为正能量、闪光力量。北京精神，不再是街头随处可见的广告语，不再是挂在嘴上侃侃而谈的几句话，深蕴北京、内化为生活在这个城市每个人的内在美德的北京精神，在他人需要、灾难来临之际，迸发出惊人力量，闪现出炫目的人性之美。甚至，超越了"爱国、创新、包容、厚德"北京精神的概括，广而化为中华民族的传统精神、放之四海皆共皆通的普世价值观！

一座城市能否经受得住岁月的流逝、沧桑的变迁，一座城市能否在历史的长河中为人所熟知、熟记并景仰，与这个城市内在的精神、内在的灵魂息息相关，与生活在这个城市的最最普通的民众在某一时刻的自然反应、共性反应息息相关。"7.21"暴雨，让我们看到了北京精神在现实中的具体表现，让北京精神有了现实的阐释，天灾难以避免，精神却可以永远流传，这一夜，以实际行动诠释着北京精神的北京人、网民、农民兄弟，值得尊重、值得致敬。他们，让北京精神更鲜活，赋予了北京精神时代的内涵！

我爱北京，愿北京精神继续发光发亮！

教｜师｜点｜评

"我爱北京"这个题目很大，容易写空洞，但是作者经过精心的构思选材，从身边发生的小事入手，集中表现北京人身上洋溢的北京精神。选择的材料新鲜，具有时代特色。叙事具体，议论到位，字里行间流露出对北京的热爱之情。

因为有你

北京市房山区房山中学高二二班　王　晴

当我整理刚发下来的课本时，一本书的名字映入了我的眼帘：《北京精神》，这不禁使我产生了浓厚的兴趣。古老的首都，它的精神是什么呢？它涵盖了哪些内容呢？我们该怎么做才能将它继续发扬下去呢……这一连串的问题催促着我打开了这本书，走入了北京的精神世界。

首先我阅读到的部分是北京精神的核心——爱国。一个国家就像一个大家庭，只有生活在这个大家庭里的每个人都爱这个家，都为了这个家而努力奋斗，它才会发展起来、繁荣起来。

阅读了这一部分，我才明白为什么要将爱国作为北京精神的核心了。在历史的长河中，有许许多多的英雄为了国家而献出了自己的生命：南宋末年的文天祥为了自己的国家抗击金，被俘后不为高官厚禄所动，慷慨就义；明代爱国志士于谦，在国家危难关头挺身而出，为后人留下了"粉身碎骨浑不怕，要留清白在人间"的千古名句；清朝时，为抵制日本军舰的侵袭，"致远"舰管带邓世昌在战斗中壮烈牺牲……一直追溯到近代的辛亥革命、五四运动、一二·九运动等，都是爱国精神的有力见证。正是因为有了这些爱国人士一腔热血的保卫，我们的国家才没有被列强侵占，才逐渐发展起来，到了今天的样子。我们怎么能不把爱国作为北京精神的核心呢？

当然了，随着时代的发展，爱国主义赋予了我们这代人不同于上一代人的责任。当今世界，是个多元化的世界，科技占着主导地位，我们作为北京青少年，应该好好学习科学文化知识，树立正确的人生目标和价值观，爱好和平，勤劳勇敢，坚忍不拔，独立自主，奋发图强，不断强化首都意识和首善意识，自觉维护首都的政治安定和社会稳定，为构建和谐社会做出积极贡献。

然后我又读到了北京精神的精髓——创新。创新是推陈出新、继往开来。创新好比新的水流，只有源源不断的新水注入河流里面的时候，这条河才会奔流不息。最能体现它的莫过于北京的中关村了。原本是一片荒野的京郊乡村，在一群科技人士的共同努力下，经过三十多年的创新发展，已经成为中国首家国家级高科技园区和全球知名高科技园区，中关村已经成为科技创新的典范。

作为青少年，我们更要培养并强化创新意识，充分发挥积极性、主动性和创造性，勇于创新。我们应留心观察身边小事，勤于思考、动手，敢于质疑，这样才能继承发扬创新精神。

接着，我读到了北京精神的特征——包容。包容，顾名思义，就是宽容、容纳的意思。游览过紫禁城的人应该看到过，在城内，不仅有古香古色的东方建筑，还有在明清时期被西方友人带过来的具有西方特色的东西。这充分体现出包容精神的意义所在。

体现在我们青少年身上的，应该是应有的气度和胸襟。拥有了包容，我们才能与他人和睦相处，赢取他人的信任，保证事业的成功。

最后，是北京精神的品质——厚德。读完这部分内容，我对厚德的理解就是"知礼懂礼"。一个"礼"字，涵盖了所有的美德。我国自古就是礼仪之邦，在各方面都有礼仪的规范。厚道、诚恳、正直、宽容……都是厚德的标志。

我们，生在当代，更要继承发扬厚德的精神。尊敬师长，考试时不作弊，坐公交车时主动为老幼病残孕让座，当得知别的地方有灾难时，积极捐出自己用不到的书本、衣服……这些都是我们厚德的体现。

　　爱国、创新、包容、厚德，它们不仅仅是四个词语，而是一个有着千年历史的文明古城的文化积淀，是这座城市的精髓，正因为有了它们，我们前进的路上才不是一片黑暗，才不那么迷茫。相信有了它们，这个城市的明天会更美好，这个国家会更繁荣！

教 | 师 | 点 | 评

　　《因为有你》，作者用饱含深情之笔阐述了自己对北京精神的理解，赋予北京精神以一定的内涵。联系历史与现实，反映了作者对北京精神的思考。文笔稚嫩，但感情真挚。

散发微光，展现人生的价值

北京市房山区交道中学高一四班　张静然

爱国、创新、包容、厚德。几千年来的文化被这八个字展现得淋漓尽致。这八个字，不也正是人生的价值所在吗？只有散发自己的微光，才能体现人生的价值！

李开复说：一个世界有你，一个世界没有你，让两者的不同最大，就是你一生的意义。

没错，每个人都有自己的价值，将这些微光凝聚在一起，便诞生了今天的北京的主题。

伟大爱国诗人屈原，不愿看到国家沦陷，决心以死来唤醒人民的心灵，拯救祖国。他怀着满腔悲愤的热血，投江而死。他的故事家喻户晓，他的美德万家传诵。屈原对国家的爱是没有什么能够比拟的，这爱是伟大的，宁死不屈，对国家忠贞不渝！

早在小学，我们就学习过将相和这个故事，赵国的蔺相如与廉颇将军不因小失大，一切以国家为重。这种气节，不是我们应当弘扬的吗？现今社会，正缺少拥有这种厚德精神的人，一个成功的人，正应该具有这种能够容纳百川的精神。

人的一生其实很短暂，就像一根蜡烛，然而我们需要让这根蜡烛从头燃烧到底，散发出自己的微光。当今社会，依然有不少人，愿意散发自己的微光。

2008 年，残疾人火炬手金晶在法国传递奥运火炬，遭到不法分子围攻，金晶以残弱之躯保护奥运火炬，向为难中国的某些人证明了当代中国人的民族气节，更证明了自己的人生价值。

默默支教的胡忠、谢小君，在高原上日夜勤恳地工作着。他们得到了社会的认可，得到了大家的好评。"他们带上年幼的孩子，是为了更多的孩子。他们放下苍老的父母，是为了成为最好的父母。不是绝情，是极致的深情；不是冲动，是不悔的抉择。他们是高原上怒放的并蒂雪莲。"这是 2012 年"感动中国"节目致胡忠、谢小君夫妇的颁奖词，他们在海拔 3800 米的甘孜州康定县塔公乡支教，每个月仅有 300 多元的生活补助。11 年的时光，他们把青春扎根在那里，散发着自己的微光，默默无闻地奉献着。这两朵高原上最美丽的雪莲花，向我们诠释着生命的意义！

一次，刘德华来到日本，举办了小型歌友会。歌友会一开始，歌迷欢呼。但是刘德华拒绝用日语向大家问好，接着又拒绝了主办方安排的日语歌曲，并把所有曲目都改为普通话，原定的粤语歌曲也全部取消。他对主办方说："以后介绍我时，不要说我是香港歌手，因为我首先是一个中国人。"好一个爱国的歌手，我为他而喝彩，他以自己是一个中国人而骄傲，他的这一举动，赢得了大家的掌声。维护自己国家的荣誉，这难道不是每个人的职责吗？这些平凡中伟大的人，真正找到了自己的价值。

范仲淹在岳阳楼记中提倡"先天下之忧而忧，后天下之乐而乐"的精神，在他们身上一一体现，爱国、创新、包容、厚德的北京精神，在他们身上完美地存在。他们就像萤火虫，散发出自己的微光，在社会的一角，默默奉献着，让人们看到了他们存在的价值。

今天，更加艰巨的任务落在了我们身上，身为学生的我们，要继承和发扬他们的气节，我们要像他们一样，也散发自己的微光，展现出人生的价值，因为这个社会需要微光，这个社会需要你。请散发你的微光，展现你的价值。我爱微光，我爱北京。

教 | 师 | 点 | 评

　　只有散发自己的微光，才能体现人生的价值！是呀，每一个人的光很微弱，可是众人拾柴火焰高，众人划桨开大船。社会需要你，需要我，更需要大家。请散发你的微光，展现你的价值。

无言的爱

北京市房山区坨里中学高二六班　李梦瑶

指导教师　申艳

　　看着一座座精致辉煌的宫殿，阳光斜斜地照射在上面，反射出华丽的光辉，我不禁抬头仰望天空，深深的蔚蓝，美丽、透明。望着这晶莹的蓝色，我陷入了历史的潮流里。

　　火焰摇曳，火舌四窜，天空被浓浓的灰烟弥漫，漫天的悲鸣与因兴奋而变得诡异的笑声充斥着耳膜，看着周围的一切，我分辨不出这儿是哪，我本能地顺从着自己的好奇心向事发地的门口偷偷摸摸地走去。当我走到门口时，一个物体突然倒在我面前，吓了我一大跳，心激烈地跳动着，定睛一看，那是一个满脸流着血的人，那一瞬间我忘记了尖叫，不知所措。随后一群穿着兵服的外国人，狂妄地笑着走了过来，我惊恐地向后退去，他们越过了我，我诧异，原来他们看不到我——我走到了大门里，看到了无数的精致华美的建筑物被摧毁，无数的外国人抱着东西进进出出，还有无数的中国人躺在地上。看到这一幕我记起了这是火烧圆明园的时候，泪不由自主地往下流，忍不住抬头。天空是灰色的，它在哭。

　　转念间，眼前出现了战火纷飞的场面，我站在战场的中央，看着爱国将士奋力杀敌、浑然忘我拼杀的景象，心与思想随着他们的行动和喊声而激动着，他们不顾自己身上有伤，依旧勇敢地向前冲，他们勇敢、坚强——蒙住天空的战火烟灰也因他们气冲云霄的气势与不屈的精神而被打得支离破碎。

寒冷的风夹杂着雪不断地吹着，我不禁打了一个哆嗦，好冷，抬头我看到了风雪中那长长的队伍，尽管天气冷得要命，他们的脸上也依旧只是坚毅的神色，红军的两万五千里长征啊！他们为的是自己的家园，眼前变得朦胧，隐隐约约地看到有人倒下，却又颤颤悠悠地站起来，跟上大部队。风雪迷了双眼，只能看到那透着淡淡蓝色的天空与洁白的雪花。

那是一个晴朗的早晨，天安门前人山人海，台上许多人都带着兴奋的神情，随着一声"中华人民共和国成立了。"，欢呼声、雀跃声充斥云霄，我在一旁的角落兴奋地落泪，看着台下的人激动的脸，我知道他们爱这里，爱自己的家，很爱。

现在站在故宫的大院里，望着蔚蓝的天空，不由自主地产生一种源于自己心灵的自豪感，那一座座辉煌的建筑，是历史文化的传播，感受着浓厚的文化底蕴，我才发现，那种豁然的感觉是任何事物也代替不了的。

我们生活在一个不断创新的世界，发展要求我们必须积极进取，努力创新，不断突破自我，才能百尺竿头更进一步，我们要善于独立思考，勤于观察，善于发表自己不同的意见而去求解答案，多读书，做到博览精读，从而拓展我们的思维，在知识的海洋中不断进取和创新。

我们每一个人既是个体，也是群体中的一员，我们要互相帮助，在同学遇到困难时给予帮助，不要嘲笑同学的缺点，要互助互爱。我们可爱的学校就像一只木桶，每一位同学就是木桶的一块块木板，只有每一块木板都一样完好，木桶的水才能满而不漏。我们只有相互包容、和谐，才能做到集体进步，从而达到整体提升的目的。

对于中华民族千年的厚德思想，我们要学会尊师，见到老师要主动敬礼问好，同学之间要互相友爱，不能斤斤计较，更不能因小事而脏话连篇，甚至大打出手，同时我们要保护好校园环境，果皮纸屑乱扔在地上，会引来苍蝇、蚊虫，我们应节水节电，随手关紧水龙头，当你离开教室时请别忘记关灯，让我们的校园充满生机勃勃的活力。

毛主席曾这样说过："世界是你们的，也是我们的，但归根结底是你们的，你们青年人朝气蓬勃，正是兴旺时期，好像早晨八九点钟的太阳。希望寄托在你们身上。"

让我们从现在开始，行动起来，发挥自己充足的热量，用充满激情的心态做好早晨八九点钟的太阳！把北京精神传承下去，把北京建设得更美好，把中国建设得更好！

教 | 师 | 点 | 评

本文作者带领我们进行了一次时空的穿越，将我们带到燃烧的圆明园、长征路上的冰冷雪山，历史的沧桑尽显眼前，不屈的精神却永不破碎。我们要牢牢握住先烈们传给我们的不屈精神，并继续传承下去，这样才能把北京、把祖国建设得更好。

我爱你——独特的"北京味儿"

北京市房山区周口店中学高二三班　王樱环

我对北京的爱是没有模式和规律的，是不能简简单单说清楚的。

——题记

北京，孕育中华儿女的摇篮；北京，怀揣着异乡人无限的向往；北京，中国广阔土地中的一个小点，却拥有着千千万万人的爱慕。而我对北京的那份爱虽不能代表些什么，却源于血液，始于灵魂。

抬头，仰望湛蓝的天空，云隙间夹杂着跳动的风筝。缓缓着漫步在幽深的胡同，望着长满苔藓的砖瓦，闻着泥土的清香，心顿时似湖泊般平静。听！那声音，朦胧中增添一丝隐约，掀起了我的好奇心。细耳倾听，原来那是我最钟爱的阵阵带有"京味儿"的吆喝声。

北京的吆喝声别具一格。有些人认为只要在每句话的结尾加一个儿音便是北京话，那么你是彻底地误解了这源于北京人骨子里的文化了。其实，只要你细细品味，便会发现，北京的语言有着自己的特点，那股源于北京人的精神气，在地地道道的北京话中体现得淋漓尽致。

北京话可以说是中国方言中最有趣味的一种了，即便是生活在无奈、痛苦、山穷水尽的时刻。从北京人的口中依旧能听到北京人天生的那种开阔、精神气。

细品北京话，其最大的特点就是朴实、悠然自得。甚至在不经意间会觉得有些慵懒，但即便如此，那种源于几千年的文化却一直亘古不变。纵观历史长河，在众多文明的诞生与消失、兴盛与衰落中；在同我们一同到来的古文明中，中华文明是唯一一个没有断层的文明。它就这样深深地延续至今，而这一切或多或少是源于"北京味儿"吧！

可是时过境迁，有一些北京话被埋在心底最深处，渐渐被人们遗忘。这些话或是太普通，或是很难让人接受。比如说"你猜怎么着，我遇见老外了！"其实实际意思已经表达得很通透了，却还要让别人猜。或许现代人很难理解，可在当时的北京，这个是一种不可缺少的存在！

还有一句话相信大家都不陌生，那便是"吃了吗您呐"。当听到这句话的时候会显得很拘谨，因为用了"您"这个字。殊不知"您"是北京人常挂在嘴边的。

北京是一座富有乐感的古城，这里有无声的天安门和故宫，处处透着威严。也只有在这里才能听到最标准的普通话，但真正能透出京城特色的还是那口地道的北京话！

可现在的京腔京韵，却被高楼大厦改变了它的味道，虽然说如今的北京越来越繁华，但我总觉得少了点什么，或许是因为北京话正在渐渐消失的缘故吧！如果有一天咱们什么都有了，但却失去了"北京味儿"，那到底值不值得？如果，有一天咱们的世界宁静得不再有"北京味儿"，那这无趣的生活有谁能过得下去？还记得有人曾说"听觉中的北京，似乎比视觉中的北京更为深远，广博。"确实如此，如果你到过北京，听过了这有着几千年文化积淀的语言，就能明白其中的意思了。

我想我是真的爱上北京话了，不是因为出自一个北京人的责任，而是这"京味儿"深深地扎根于我的内心。北京的历史有多远，我的爱便有多深！这种爱似乎已经注入了灵魂，与血液一起流淌。

对于北京话而言，我的一份小小的爱并不能代表什么，却足以充斥我的心房。而我对北京那深深的爱，又岂是几句话所能描述的呢？北京话像是一片未知的领域，正在吸引着我去探索的心。

如果有一天"北京味儿"消失了，那么我的这份爱将会没有寄托地漂浮下去，直到再次触及这份缘于老北京的文化才能得以安定。爱"京味儿"不是一种任务，而是发自每个北京人内心的渴望，是一种最真实的感悟。

我爱北京，更爱"北京味儿"，并且我会一直爱下去。

教 | 师 | 点 | 评

作者对北京的那份爱源于血液，始于灵魂。读罢文章，不禁让人想起在 1912 年被首次翻译介绍到中国的阿尔封斯·都德的短篇小说《最后一课》，这篇小说作为爱国主义的符号，融进了近现代中国人民的情感之中。爱一个国家，首先就要记住：牢牢地保存一个国家的语言。作者对祖国的爱，对北京的爱，不是一句空口号，而是转变到对京味十足的北京话的细细品味中，这种爱源于血液，始于灵魂。

北京情

北京市顺义牛栏山第一中学高二七班　高洁雯

　　倘若让我写一些故事，以北京为背景，我不会害怕，我可以把我了解的都写出来。但若让我单摆浮搁地讲一回北京，我没办法。北京那么大，发展那么快，我了解的又太少太少。例如名胜，我没去过陶然亭，没去过北海；再者现代繁华街道，我没去过好运街，没去过建外SOHO……这多么遗憾！以此算来，我所知道的北京，也只能是北京的一小角。

　　可是，我爱北京，这种爱是无法言说的爱。就像我爱我的妈妈，这样的爱，说不出。我怕用错了词，让人理解错了我的爱。但我还是想说，我爱北京，这份情，是无论如何也改变不了的！当然，比起说一些北京的枝节，我更想说，我爱北京的这份情，体现在更爱她悠久的历史和今天的繁荣！从顺治爷进紫禁城到王静安自沉昆明湖，从故宫的前朝遗梦到人民英雄纪念碑的高大壮美，从四九城的老牌坊到远郊新城的高楼拔地而起……把这些积聚起来，才应该是我对北京之爱的情！

　　北京，是个既古老又现代的都市。穿梭于曲曲折折的古巷胡同，历史的气息让我的心灵震撼。最爱去故宫，红红的宫墙，金黄的琉璃，将独有的皇家风范展示得淋漓尽致。看那恢宏壮阔的太和广场，隐藏着厚重的历史回响；看那深深几许的六宫静谧，埋藏了多少穿越的梦想；看那庄严肃穆的金銮殿，气派豪华，闪烁历史的辉煌……走出故宫高墙，身不由己便汇入现代社会的浪潮：步履匆匆的时尚青年、川流不息的各种车辆、肯德基与兰州拉面……无不让我感受到衣食住行的现代节奏。

北京，是个既热闹又安静的城市。细心体会，那是一份动中有静的美好——清晨，时间尚早，阵阵微风还在吹拂着很多人的睡梦时，我已然听到风中送来的阵阵鸽哨；当东方露出鱼肚白时，就会从南北西东的大小胡同走出来一些手提鸟笼、怀揣蝈蝈的老大爷，迈着似乎永远不变的四方步陆陆续续汇集到各个公园。公园里，早已响起了或京剧或新曲的各种歌声。老人们放声歌唱的时候，不仅愉悦了心情，更锻炼了身体、沟通了彼此的感情。这些，早已成为了北京早晨公园里一道亮丽的风景。每每听到他们的歌声，我都会振奋精神，全力迎接新一天的生活。入夜的北京，若是步入喧闹的夜市，可以听到小贩们此起彼伏的吆喝声，可以讨价还价淘到自己心爱的小物件儿，还可以不顾形象地大吃特吃风味夜宵……可一旦拐出闹市，走进胡同，尽管还可以看到很多摇扇纳凉的老老少少，可他们的聊天，却是有一句没一句的，悠闲而轻淡，让人感受更多的，只有大自然的清凉与安详。还有，一份世外桃源般的静谧。

北京，这个时时焕发青春朝气的古都啊，有着太多太多与众不同的风情。有时，她是优雅高贵的名门淑女，有时，她是平易近人的邻家女孩儿；有时如温婉似水的江南女子，有时恰开朗活泼的北方女郎……她在我的心目中永远不是固定不变的，我对她永远有说不完的情！

教 | 师 | 点 | 评

对北京，作者有"说不完的情"。她娓娓道来，让读者随着她的思绪，从历史到现在到普通北京市民的生活……一点一滴，无不渗透着小作者的深情，拨动着读者的心弦。

古韵北京

北京市密云县第二中学高一一班　王睿婷

指导教师　　王英莉

北京的美，在于胡同那蜿蜒的路、斑驳的砖；在于四合院那热闹的生活、喜庆的节日；在于紫禁城那神秘的历史、神话的色彩；更在于北京那特有的古韵。

我爱老舍茶馆，因为那里可以听到热闹的锣鼓声，看到老北京最质朴的生活，感受到最简单的意韵。

北京有许多出名的，品茶的茶舍、茶馆也可算作其中一项。因为听说过话剧《茶馆》的出名，这才让我这个没见识过老北京生活的小孩子对茶馆产生了浓厚的兴趣。还记得那时候听语文老师给我们讲老舍创作的话剧，他说："老舍先生创作的这个话剧，是他的不朽名作……"当时我并不理解其中缘由，便问老师："就是一个话剧，能有那么重要吗？"老师沉默了一会，说："因为他表现了当时的社会环境。孩子，如果有机会，我希望你们真正坐到茶馆里，品着清茗，感受一下中国传统的美；看着话剧，想象一下当时的社会……"时至今日，那个机会也很可惜地迟迟不来，但我通过课余时间查找的资料，渐渐熟悉了茶馆中的每项活动，恋上了脑海中时常飘过的清香，爱上了茶馆中那特有的清幽雅致、特有的文化传承以及特有的简单意韵。

回想一下，才发现正流露着和那时老师一样的神往表情。这就是古韵北京的神奇：身未动，心已远。

我爱流连于那永不褪色的古建筑里，看着老爷爷们坐在凉亭中，聚精会神地下围棋。虽然不懂其步数，却仍能被古老的文化深深折服，被老人们简单的生活深深吸引。初三的这个假期，我几乎多半的早上都在争分夺秒，坐在980拥挤的车厢内，看着手表的秒针一圈圈转动……我迫不及待地想要到达那魂牵梦绕的凉亭中，看着和蔼的老人们从容不迫地拾子、落子。一局下来，总会有几个人将注意力暂时移开，看到把眼的我。熟悉后，他们总是丫头丫头地叫我，让我从心里体会到友好与温暖。"丫头，你家在哪儿？"陈爷爷趁下棋的空档，跟我聊起天来。"密云的，就是想趁假期好好逛逛北京，所以隔三差五地过来。""怪不得每次看到你都是我们快收的那几盘。丫头，中午来陈爷爷家吃饭吧，你陈奶奶听说你总是来看我们下棋，还不信呢！呵呵，多好的丫头，也不嫌我们枯燥。"陈爷爷那银色的发丝在空中舞出温暖的舞蹈，那一挑一挑的眉毛，那一条一条的抬头纹在那一刻镌刻于我的心间，京城的质朴、京城深厚的文化底蕴和极高的文化素养在这一刻给了我最深的体会。

我爱北京，我爱那个多彩的北京，爱那个质朴的北京，更爱那个充满古韵的北京城。

教｜师｜点｜评

　　北京作为中国的首都和历史名城，有太多值得写的东西和值得爱的东西，但作者能够独具匠心，从色彩和声音的角度切入，给人以新奇的感觉，而且也展现了北京的生活特色。语言也非常流畅，选词准确，很好！

历史之美，文化之光

北京市密云县第二中学高一一班　李　洋

指导教师　　王英莉

独坐一隅，饮一杯清茶，品着这北京城，只觉得那扑面而来的是唯美的书香之气。

那书香之气夹杂着古老的气息。历史，在这里的每一个角落都留下了痕迹。金碧辉煌的故宫在这里矗立百年，她见证了王朝的更替、历史的变迁。金銮大殿上，多少位君王坐在龙椅上傲视天地，多少位君王在这里品尝孤独。十年寒窗苦读，只为金榜题名。多少人梦寐以求站在这大殿上，与君王相见。时至今日，那情景仍清晰可见。听，那声声"万岁"，是百朝文武。君王的威严，臣子的恭敬，共议大事的局面，看得见，听得到。北京就是这样一个彰显历史的地方，你听，风中，故宫正把百年来的兴衰荣辱娓娓诉说。如果说，西方的维纳斯是残缺的代表，那圆明园绝对在其之上。当年英法联军侵华，在这里掠夺抢杀，一把火烧光了所有。置身于此，总能看到历史的重现。他们大规模进军，小件玉石装入衣兜，金银珠宝不在话下，拿不走的器件毁的毁，摔的摔。顷刻，这里被搬空，可故事远远没有完，在这享誉中外的圆明园中，最有价值的就是它的自身。拿不走，则毁之。烈焰下，一带园林杰作消失殆尽。虽然现在留下的，只是断壁残垣，但它警醒世人，莫忘历史之殇。

北京这座悠久的古城，你的历史就是一卷书，一卷有深深文化底蕴的书，一卷让人琢磨不透的书。一经翻开，散出浓郁书香之气，古典沁人心脾……

嗅着沁人的古老气息，竟闻出了一股"市井"之气。瞧瞧，那街上的老字号：稻香村、瑞蚨祥、内联升……传承着百年的技艺。每进一家老店，总会有种漫步历史之感。吃的、穿的、用的，什么都有，什么都全，散发着独特的魅力，让人不由自主想要深入了解北京的文化。那不是面人吗？看看孙悟空的脸，真好像活了一般。那是个皮影呀！一个个小人屏幕后一躲，小动作真是灵活！找一戏院，喝口小茶，耳畔是京剧独有的唱腔。这种生活好不惬意。这些都是文化的瑰宝，流芳百年，是城市中古老的展现。北京就是这么一本有文化色彩的书，博大精深。远离城市的喧嚣，四周闪现着小院，是四合院呀！没有高楼的压迫感，没有快节奏的生活，一切都是那样祥和与宁静。每天第一声听见的是鸟儿喳喳的叫声，最先感受到的是阳光透过窗棂的温暖。门口边的几棵古树，伸展着遒劲的枝叶，不知荫蔽了多少代子孙。胡同里的老人围坐一堆，讲起了当年的故事，既有抗日战争，也有知青下乡。恍然间，还看到了几个孩子的身影，踢花毽，翻麻花，扔骨头骰子……真是充满童趣呀！这是北京特有的建筑，特有的情景。恍然间，又在胡同里看到了些许身影，不，是听到了声音。不是别的，正是叫卖声，磨剪子、驴打滚儿、臭豆腐……声声清脆，声声回荡心头。

北京是一部文化小说，既有小人物的喜悲，也有大人物的跌宕，但其中的线索是文化，市井之中的文化同样是北京的精髓，散发着清淡的书香……

北京是最独特的故事，融合了历史与文化，那浓郁的书香之气沿着长江之水飘向世界，让世人去品味其深厚的精神，震荡着每一个读过它的人的心田。愈品愈浓……

教｜师｜点｜评

这篇文章最大的特色就是内容充实，选材广博，但却井然有序；其次是它非常富有体验感，是作者通过深入的体察、思考之后的结晶；最后是它的语言，虽没有什么华丽的辞藻，但在质朴中有一些优雅，非常恰到好处。

我的心里有个北京

北京市平谷区第六中学高二一班　李子夜

指导教师　　张　洁

那绿色的北京，是我熟悉的北京；那神秘的北京，是我探索的北京；那特色的北京，是我热爱的北京。北京，这个我一直生活着的地方，中国的首都，也是最繁荣的城市之一。不看那郁郁葱葱的树，只看那山的蜿蜒，水的清澈；不看那绿草如茵的草地，只看那故宫的壮丽，天安门的雄伟；不看那霓虹的灯，只看那街道的繁华，建筑的高耸。就知道北京是多么具有特色，特色的小吃、特色的街道、特色的建筑……知道她为什么会吸引这么多其他城市的人甚至是外国人吗？是的，不仅是因为她发达的经济，更是因为她可以使人感到温暖。

提到热爱北京，我不禁想起我最欣赏的两位作家——萧乾和老舍。萧乾的《枣核》想必大家一定不陌生。虽然身处异国，换了国籍，但不变的是那份民族情。萧乾笔下那个身处异国的人，却时时思念着北京——他的故乡，为了获得身处家乡的感觉，他不仅自己造了一个缩小版的北海，还不远万里地让人从家乡带来枣核，为的是那心中几十年不变的民族情。这让我感慨颇多，他是如此热爱北京，虽身在异国，但心在家乡，是怎样的北京让他如此热爱，我想不只是因为枣核或是北海的原因吧！但不管怎样，北京确实有它吸引人的地方，我想每个人的感觉都会是不同的。第二个就是老舍的《想北平》。老舍虽生活在北平二十年，也不能道尽北京的特色。老舍认为伦敦、巴黎、罗马、堪司坦丁堡虽曾被称为欧洲的四大"历史的都城"，但仍不及北平，他印象中的北平是长着红酸枣的老城，面向着积水潭，背后是城墙，坐在石上看小蝌蚪或苇叶上的嫩蜻蜓，人为之中显出自然，不挤得慌，也不太僻静，而且书多谷物多，也有新鲜的蔬菜和水果，家家院子里都有省钱省事的花，是人更接近自然。老舍在此文中多次感慨，也因自己不能身在北平而落泪，作者那份思念北京之情，在文章中体现得淋漓尽致。他爱那个近于自然的北京，爱那个使人自由喘气的北京，爱那个复杂而又有边际的北京。

是怎样的北京，让这些文学家如此留恋从而把这些感情寄托在文章中？这不禁让我想起我自己，我也是一个北京人，也同样爱我的家乡，爱这里的人特有的品质，它体现在北京精神中，爱国是它的核心，创新是它的精髓，包容是它的特征。我爱北京不仅是说说而已，更重要的是付诸努力，为更好地建设北京做出贡献。身为青少年的我们，是北京未来的希望，是支撑北京的顶梁柱，所以我们要积极进取，努力创新，不断突破自我。

我爱北京，爱她的所有，她深厚的文化、古老的建筑和悠远的历史都是我所热爱的，也是我所追求的，那我们就从现在开始发挥自己的能量，把北京精神传承下去，把北京建设得更美好吧！

我心中不能装下其他，因为我心中有个北京！

教 | 师 | 点 | 评

"我的心里有个北京"，多么质朴的语言！两位深爱北京的作家——萧乾、老舍对北京的无限眷恋，深深地影响、启发着小作者，更激发了他对北京的热爱之情，所以文章才能从新颖角度入手，感情真挚动人。

教 师 组

亲近北京

北京市徐悲鸿中学　王建平

工作在北京，生活在北京，每日奔波在拥挤的人流与车流中，北京是那么的熟悉，北京又是那样的陌生。也许是由于太熟悉了，也许是麻木了，眼中的北京缺少了美，心中也少了些感动。拨开岁月的轻纱，勾起无限的回忆，北京原是给过我这么多的感动。

还记得年幼时，我最大的愿望是能够到北京城看一看，走一走，因为那时的北京存在于电视里，存在于书本中，是带着神秘光晕的地方。尽管我与她相距仅是百余里，尽管在外地人看来我也是北京人，但是她却是那样的陌生。带着年少时的梦，带着无限的憧憬，我一步步走近北京。

初见北京是在14岁那年，带着对学业的畅想，带着对未来的憧憬，我与同学勇敢地闯入了北京。眼中没有宽阔的广场，没有林立的高楼大厦，也没有摩登的美丽女孩，见到的是挤满了行人与车辆的拥挤的街道，见到的是疲惫的行色匆匆的下班的人们。公共电汽车拖着它长长的尾巴努力地寻找缝隙前行，车上是各种混杂的气味。怯懦的我们努力在嘈杂的声音中寻找下车的那一站……

夜幕降临，喧嚣渐止，霓虹闪烁的北京露出了她璀璨光辉的那一面，而我们却只能寄身于昏暗潮湿的地下室，等待见不到一丝光线的黎明的到来。面试的失利，手中的拮据，让我们来不及欣赏，就仓惶地逃离了北京。

再见北京已是四年后。8月的艳阳下，拎着简单的行李，小心翼翼地跟在叔叔身后走出拥挤的地铁站，奔向我的大学。走出地铁站的那一刻，我觉得阳光是那样的刺眼，是那样的绚烂，照得我一下子找不到方向。躲在立交桥投下的阴影中，依旧是车流滚滚，街道宽出了几倍。坐在出租车上，一路穿街过巷，似乎花费了很久的时光才终于到达了校园。报到注册完毕，走进明亮的宿舍，看着屋内陌生的室友，我默默地告诉自己："北京，我又来了！"经历四年的大学时光，北京不再陌生，我与她又近了一步。四年的大学时光，也带给我无数的欢笑，同时赐予我五位个性迥异的亲密的朋友。我们一同学习，一同进步，一同畅想未来的工作与爱情。一同坐着拥挤的公交车，在北京城里寻找着我们的快乐。有人恋爱了，我们送上真挚的祝福，并用自己有限的爱情知识，认真地为她参谋；有人英语考级失利了，我们寻遍脑海里存储的词语安慰她，并为她鼓劲，爬一爬著名的香山，并在山顶长啸一声；有人无聊了，我们细细地查询地图，然后游一游北海，访一访有着奇怪名字的小胡同。活力四射的我们，无所顾忌地享受着青春；冲动的我们，呼喝一声，怀揣几十元钱匆匆踏上火车，奔向外地；顽皮的我们，恶作剧地拨通陌生的校园电话，发出怪异的声音。欢乐的时光是短暂的，转眼就到了毕业的时候，虽然大家的工作单位都在北京，但是离别时还是难舍难分。因为我们告别的是无忧无虑的生活，告别的是留下无数梦想的那间稍显狭窄的宿舍，告别的是那熟悉繁杂的北京城中宁静的、单纯的大学生活。坐在开往单位的大巴车上，看着过道中单薄的被褥和结结实实捆扎起来的一摞摞书，脑海中一遍遍地播放着一个场景，也是我心中一直藏着的一个小小的梦：未来，林立的高楼中有一扇小小的窗，那里有一盏灯是为我而亮。

生活如钟表一样，规规矩矩地转着一圈又一圈。北京城不眠不休地努力改变着，一幢幢高楼拔地而起，一条条宽阔的大路在空中交错。对工作、对生活的激情催得我每日奋力奔跑。有一段时间，为了能回到那个属于我自己的温馨的小家，每日披星戴月地横穿北京城，愈加嘈杂、拥挤的公交车上，不管什么时间总是挤满了为生计、为梦想而奔波的人们，这里面也有许许多多像我一样到北京寻梦的或稚嫩、或沧桑的面孔，我总是在心中默默地祝福他们，希望他们也能实现自己的梦想。我沉静地看着车外匆匆的人群，感受着现在与初见北京时的不同。我不再是过客，我是北京这个大家庭里亲密的一分子。

公交车在京通快速上飞驰着，习惯性地坐在靠窗的位置上，看着窗外不断变换的场景，对面驶过的新开通的八通线里挤满了下班出城的人们，四惠公交枢纽聚集了来自四面八方的人们，又载着人们奔向四面八方。进入四环后车速慢了下来，忽然闯入我视野的是与尚未建成但已尽显其奢华的华贸大厦极不协调的一群人，他们穿着满是灰尘的衣服，或蹲，或坐，在满是灰尘的空气中，津津有味地吃着手中的盒饭。眼泪瞬间充塞了眼眶，那姿势多么熟悉啊！家乡人秋收时节就是这样在田间地头匆匆地解决一餐饭，然后继续抢收粮食，收获的同时又忙不迭地播下来年的希望的种子。而现在同样是秋收的季节，这许多相识的不相识的人们来到北京，用自己布满伤痕与老茧的手，一块块砖、一层层涂料地建造并装点着这个城市的高楼大厦，他们自己坐在这亲手建造起来的以后绝不会住进去的大楼旁，满足地吃着简单的盒饭。

日新月异的北京城，珍藏了无数历史与文化，走向国际的北京城，包容了太多来自四面八方的人们。海纳百川，有容乃大。北京城和北京人以她那大海般的胸怀包容着美与丑、善与恶、真与假，而最终呈现在世人面前的是她那兼具雍容华贵与朴实无华的优美身姿。

初见时迷茫，再见时亲近，相处时愉悦，回顾时感动。

北京，你还将给我什么样的不同的感受？

点 | 评

作者从 14 岁进入北京说起，从日常生活中见证了北京的发展变化。北京城日新月异的发展，珍藏了无数历史与文化；走向国际的北京城，包容了太多来自四面八方的人们。点滴之间流露出对北京初见时的迷茫、再见时的亲近、相处时的愉悦和回顾时的感动。

我爱母亲河——永定河

北京市石景山区八角北路小学 王彦青

"虎头山下，永定河畔，依山伴水是我的校园……"这是我童年最熟悉的一首歌——麻峪小学的校歌。从这首歌词中您不难看出，我的家就坐落于永定河畔，对于这条母亲河我是再熟悉不过了，因为，我不光从小跟它在一起，如今我依旧和它在一起。

永定河的昨天

记得我小的时候，永定河水终日流淌，河水可以没过我的膝盖。闲暇时节，我总跟着表哥跑到河边摸石子、捉小鱼。还记得我第一次去河边玩耍的情景：那是一个夏天的午后，表哥要和他的小伙伴去河边玩，他们嫌我小，不带我去。我死皮赖脸地非要跟着去，表哥拿我没办法，只好同意了。到了永定河畔，表哥千叮咛万嘱咐，叫我乖乖地在岸边等着，不许下去，之后就和他的小伙伴捋胳膊、挽袖子下了水。开始，我还能听话，但当我看到他们在水中捉鱼嬉戏的情景时，就再也忍不住了，偷偷地向水中蹚去。河水从脚面没到小腿肚，又从小腿肚没到膝盖。我站住了，由于紧张，两眼紧紧盯着水面，没过一会儿，就觉得眼前的水面在不停地打转，我赶紧闭住了双眼，嘴里不停地喊着"哥、哥……"直到闻讯而来的表哥拉住我的手，我的心才平静下来。就这样，我拉着表哥在河水中走来走去，还不时地与其他小伙伴撩水嬉戏。虽说我一条鱼也没有摸到，但能在河水中玩耍，那也是一件很幸福的事了。当太阳的余晖洒满大地，我们欢快的笑声还久久地、久久地回荡在永定河畔。

永定河，我的母亲河，不仅充实着我们的课余生活，还是学校教育的实践阵地。记得我上小学时，科学老师在课堂上教大家制作完风筝之后，我们就拿着自己亲手做的蝌蚪风筝、燕子风筝还有最多的屁帘儿风筝，走出校园，来到永定河畔，亲手试飞。一时间，只见同学们做的风筝有的高高飞起，有的则像流星陨落，但在老师的指导下，风筝又再次起飞。也就是在那里，我学会了如何放风筝。

在永定河畔留下了我太多童年的美好记忆：体育老师带同学们去河边的树林中玩捉迷藏，草丛中、树杈间，都留下了我们的足迹；班主任老师带我们去河边野炊，石头架起的小锅灶煮出了特有的美味；科学老师不仅带我们去河边放风筝，深秋时节，那里还是我们采集标本的好地方……

但不知从什么时候起，永定河的水变少了，最后居然没有了，干枯的河床裸露在我们的面前，大大小小的石头露出狰狞的面孔，似是愤怒，又像是无奈。岸边的绿树、野花也都消失得无影无踪，取代它们的是荒芜的野草、堆放的垃圾。再也没有孩子到那里玩了，此时的永定河变得死气沉沉。永定河母亲往日的青春与活力已成为大家的遥远记忆。

永定河的今天

2009年，北京市委、市政府提出了建设京西生态屏障、服务水岸经、建设宜居城市、推动首都世界城市建设的宏伟构想。随之《北京市永定河绿色生态发展带建设规划》问世，为母亲河的未来勾勒出一幅令人神往的发展蓝图。2010年2月28日，北京水务局拉开了万众瞩目的永定河绿色生态发展带建设的巨大帷幕。

记得，祖辈三代曾经是永定河护河工的丰台人李秀全，听到北京要实施永定河绿色生态发展带建设时，兴奋之情溢于言表："早就盼着这一天呐！我爷爷那辈儿护着水多、鱼跳、林茂的永定河，美呦！老人家对堤岸的一草一木都特有感情；我爸爸那辈儿看着一天比一天少的河水，经常叹气；到我这辈儿就是瞧着干涸的河道，心里着急呐！"是呀，我也终于盼到这一天了。

根据总体规划方案，永定河绿色生态发展带建设分五年实施，2010年首批启动门城湖、莲石湖、晓月湖、宛平湖和循环管线工程，简称为"四湖一线"工程。如今，石景山区域内的莲石湖公园已经建成，还有就是与门头沟段相连的整条河段都已是面目一新。

今年五一放假这一天，我陪着母亲，带着孩子又来到了永定河畔，这是我自母亲河干枯之后第一次带着游玩的心情来到这里。展现在我眼前的景象让我兴奋不已：河床内已不再只有寂寞的石头，清澈的河水虽不及我小时那样涨满，但也容得下小鱼小虾们生活了，不知是谁放生了乌龟，在这里居然也看到了它们的身影。再看河两岸年幼的小树、一棵棵、一排排在春风的抚弄下摇摆着纤细的手臂，那绿得发亮的嫩叶透露出它喜悦的心情；一丛丛、一簇簇的鲜花，在园艺工人的精心栽种下绽开美丽的笑脸。我沿着河岸一直往北走，进入了门头沟河段，这里不仅河水潺潺，两边的小桥、石凳、喷泉、小亭子更把永定河装扮得令人心旷神怡。此时无数游客穿行其间，洒下无数的欢声笑语……啊，母亲河的青春与活力正在一点点地恢复！

永定河的明天

对于首都人而言，孕育了中国的七朝古都北京的永定河，就是他们古老的母亲。如今我们的母亲河——永定河部分河段的生态环境得到了极大改善，但据我所知，现在的样子还只是规划中的第一步，听说在流经我的家乡麻峪的河段上要修建一个大型的水上娱乐项目。我想，一旦建成，到那时，展现在我们面前的母亲河将是另外一个样子了：两岸树木葱郁、鲜花争奇斗艳，澄澈的河水涨满，大型的娱乐设施横架于宽大的河面之上，这里成了孩子们的天堂、大人们的休闲胜地。欢笑声将与母亲河融为一体，久久回荡……

点 | 评

　　本文层次清楚，结构严谨。写出了对母亲河——永定河的无比喜爱之情，童年趣事穿插其中，更增添了情趣，字里行间充满了对家乡的喜爱之情。

身正示范，做厚德的北京人

北京市石景山区广宁村小学　王云锋

漫步现在的北京城，你一定会被美丽的景色所吸引，会被市民的爱国情怀所感染，会被高科技的创新所震撼，更会被北京人的热情和笑容所感动！无论走到哪一个角落，都会感受到一种伟大的城市精神，那就是"北京精神"——这座城市的灵魂。

2011年11月2日在北京，以"爱国、创新、包容、厚德"为内容的"北京精神"表述语正式向社会发布。"爱国"是北京精神的核心，"创新"是北京精神的精髓，"包容"是北京精神的特征，"厚德"是北京精神的品质。北京城被赋予了"精神"。

北京自古至今都是一座伟大的城市，身为北京人，我们无比自豪和骄傲。在今天看来，"厚德"的城市时代精神更为重要。"厚德载物"，意思就是以深厚的博学才识、高尚的品行道德来育人喻物。"积细流而成江海，积小善而成大德"，北京人最看重"德性"，就是崇德、尚德、重德、厚德。

今天的北京，每天发生在我们身边的"厚德载物，自强不息，热爱北京"的故事数不胜数，而且都是最真实的北京人的生活。大家都在以自己的实际行动，践行着北京精神。社会生活中到处可以看到市民的热情、志愿者的笑容，每一个普通的工作岗位上都会展现出平凡市民的伟大精神。他们不求名、不求利、乐于付出、无私奉献的优良品质，深深地感染着我。

作为一名北京人，我会注重自己的一言一行，修身养性，全方面提升自己的素质。身为一名北京的小学教师，我更知身上的重任，要用自己的实际行动体现对于北京的这份爱。在本职工作中，我会做到爱岗敬业、热爱学生、修身养德、严谨治学、开拓创新。在工作中时刻以师德为重，坚持一贯地爱学生、爱事业。学习身边的优秀教师，重德仁义，在工作中与同事友好共处，同心协力，为教育事业贡献自己的力量。坚持做到将"大爱"献给每一名学生。当班主任的这十年，我坚持关爱着每一名学生。每年都会为他们过生日，带着学生一起为困难生奉献爱心，和他们一起关爱需要帮助的人。我觉得只有以自己的行动时刻感染着学生，才能让他们懂得"我们要重德，有德"。继续坚持做好公益爱心事业。2006年5月，我和身边的青年团员老师，加上自己的学生，组成了"爱心社团"。我们坚持在时间允许的周末及每年节假日期间，定期去敬老院看望老人，将爱奉献给他们。看到老人们的笑容，我们倍感幸福。一直至今，我们都被这份大爱所感动着。所以我们更加坚信"厚德的北京人，会将爱永远传递"。身正示范，以自己的实际行动做好每一件小事，和同事朋友，和学生们一起为北京做贡献。做一名有爱心的志愿者，在有需要的地方，奉献自己的一份爱。我想，我们的小小举动必将会影响身边的人，从而让北京这座城市更加有爱。这也是我们作为一名普通市民，表达自己热爱北京的一种表现。

"北京精神"绝不是嘴上随便说说的话，那是应该铭刻在每一个北京人心底的。我们共同努力：让城市的每一条大街小巷，都洋溢着时代风采，都留下我们感动的瞬间。当人们离开这座城市时，都会难忘我们北京人的爱国和创新、包容和厚德！我爱北京，我会做好北京这座伟大城市的主人，用自己的实际行动践行北京精神，身正示范做厚德的北京人。我相信，日后的北京必将是最让中国人为之骄傲的城市，是世界东方最亮丽的一道风景，更是国际舞台上那颗最璀璨的明珠！

点 | 评

本文抓住"北京精神"中的"厚德"——"厚德载物"，用工作中的具体事例来表现一名教育战线上的普通教师用行动践行北京精神的精神。没有华丽的辞藻，但朴实自然的语句中流露出的真情依然打动人。

不能忘却的地方——我的家乡北京

北京市石景山区实验小学　王　晶

　　我的祖籍在山东曲阜，我虽不是生在北京，却生活、成长在北京。所以小时候，父母总是提醒我是山东人，孔子的后裔，不要忘了自己的家乡。而我也总是回答："曲阜与北京都是我热爱的家乡！"由于几十年我都未回过曲阜，所以我印象里其实只有北京。因为北京留下了我儿时的美好回忆！

　　我在卢沟桥上数过狮子，在陶然亭里玩过滑梯，在中南海体会过领袖们的简朴生活，在昆明湖上划过船，在北海公园里赏过荷，那一条条悠长相连的胡同留下我清脆的自行车铃声，天坛回音壁下回荡着我青春的呐喊……

　　我在北京留下这些美好的记忆，挥之不去，也不会忘却！

　　但是，随着我渐渐长大，北京也以令世界震惊的速度发展着。如今的我，只有看太阳从高楼大厦的后面升起；看川流不息的车流，公共汽车进站、出站，街上人来人往；看中央电视塔亮丽的身影，还有许多广告牌、霓虹灯发出耀眼的光芒，好像在比谁更亮。不知从什么时候起，北京开始变得拥挤、喧闹了。北京人开始焦躁起来，我也是。

　　我开始反感北京的喧嚣与浮华，总想"逃离"这个地方，去寻找能有片刻宁静感的"宜居之地"。于是我养成旅游的习惯，流连于各地的山水、庙宇、海滩之间……然而，家乡留给我的烙印，远比我想的来得沁入骨髓！越离开，思乡情愫却欲浓烈！

当我漫步在塞纳河畔，却不由自主地想到著名的燕京八景中的太液秋波、琼岛春阴；当我在法国凡尔赛宫欣赏着镜廊拱形天花板上勒勃兰的巨幅油画，望着法国国王黄铜镀金的太阳图案和巨大的波希米亚水晶吊灯时，脑海中却浮现出故宫宏伟的身影，想着紫禁城那共有宫殿九千九百九十九间半的建筑群里的许许多多的充满神秘感的故事……

这就是家乡的记忆吗？挥之不去，也无法忘却！

或许距离产生美，抑或是"不识庐山真面目，只缘身在此山中"。每次厌倦北京的"浮华"想"逃"出去，却都是归心似箭地"赶"回来。每一次离开，总能发现家乡的一个我已忽略的"美"！

尤其是这次出去回来时恰逢 7 月 21 日。虽没见证 61 年罕见大雨，却看到了北京人久违了的守望相助，听到了浮华背后的暖人话语。走在大街上，感觉到的不是路宽，而是北京人的心胸宽了！这样的北京精神才是我家乡的魂之所在！

大雨不仅洗去北京的铅华，更荡涤了我们每个北京人的心灵。

我发现其实越来越爱这个给我快乐、给我困惑和给我感动的家乡——北京。不仅是它悠久的历史、众多的名胜，更因它充满活力、胸怀宽广！

这就是家乡的记忆，挥之不去，我亦永远无法忘却的地方——北京！

点 | 评

因记忆中的北京与现在的北京的强烈反差，让作者一次次想"逃离"这个地方。但每次"逃出去"，都会归心似箭地"赶回来"。字里行间流露着对北京的爱。感情真挚，动人心扉。

梦中的小村庄

北京市石景山区实验小学　张文溢

　　有些事并不因时光的流逝而褪去，有些人并不因不常见面而忘却，"时间会冲淡一切"这句话并不适用于一切情况，真心爱着的那个地方，还有那个地方的人，不管隔多少年都不会忘记。因为它和他们经常会走进我的梦里。它就是生我、养我、给了我一生永远难忘的快乐童年的家乡——房山区紫草坞乡北坊村，一个很小但我却永远忘不掉的地方。

　　北坊村并不大，在我印象中大概有一百多户人家。村东头是一片山坡。每到八九月份，我们这些孩子就会每天光顾，不是去看山景，吸引我们的是那满山如玛瑙般的小酸枣。我们一边吃，一边摘，一边装。刺和一种叫蚰蚰的虫子都不能阻挡我们的快乐。我摘到一个，咬下一半，真的很甜，就忙呼唤伙伴："快来这棵树，这棵树上的特别甜，不信你尝尝！"说着就跑过去把剩下的半个酸枣塞进小伙伴嘴里。"我这里的也不错，这里多，也很甜，不信给你！"又还回一个……摘着，笑着，聊着，尝着……我的童年和那座小山紧紧地连在一起。尽管长大后我去过庐山、黄山、泰山，可常走进我梦中的还是那一座座没有名的小山坡。

　　村西头有条大河，我们就叫它"大河"，现在想起来实在不成名字。大河一年四季有水。到了夏季，河水没过大腿根，男孩子们喜欢在里面游泳打闹。我们女孩子只是嬉水，更喜欢把从河边庄稼地里打好的菜，在河里洗得干干净净；或揪一些叶子做小船，扔进河里，看着河水把它们带走……我的童年与那条宽宽的大河连在一起。尽管长大后我见过许多更壮观的河流，但梦中我还会常回到那条大河身边。

家乡夏季的夜晚是昏暗的，但却是热闹的。村中不知有多少条胡同，每个胡同所在村中的位置不同，人家不同，但有一点相同，那就是每家门口都会有一两块平整的干干净净的大石头，那就是大家的石凳，无论是白天，还是晚上，大家都会坐在上面或聊天，或摘菜……虽然住在不同的家里，邻居之间都会相互照应，就像一个大家庭。

我家小院里的菜熟了，选好的端给婶子，大爷家枣树上的枣子成熟了，我家也能吃个够。谁家的院子里有了新花种，过不了多长时间，家家都会种上，旁边婶子家娶媳妇，我家的锅碗瓢盆都会上阵，我们全家人都跟着忙活……那份浓浓的乡情让现在久居城市的我梦牵魂绕。虽然过去的同伴已不知去向，胡同中的一些奶奶、婶子也已离开人世，但我还是常会梦见他们。

真的像诗中说的那样，家乡像一幅画，在家时不觉得自己在画里，离开后那幅画会永远挂在我心里。

> ## 点 | 评
>
> 作者以细腻的笔触描写了记忆中家乡的山、水和人，表达了对家乡的热爱之情。结尾处的一句"家乡像一幅画，在家时不觉得自己在画里，离开后那幅画会永远挂在我心里"成点睛之笔，爱乡之情溢于笔端。

我爱家乡的奇石馆

北京石景山区实验小学 张玉芬

城市的早晨是在汽车的喧嚣声中惊醒的，而北京昌平流村镇古将村的早晨却是在清洗石头的唰唰声中惊醒的，这静谧、安详的地方正是我熟悉的家乡。

那里有我所钟爱的奇石馆。院落不大，走进正厅，霓虹灯照射下的形状各异的石头像一幅明亮艳丽的水彩画，西面的展厅，一层层的搁板子上出自神功之手的小巧玲珑怪石，像一首清新淡雅的赞美诗，与展厅仅一墙之隔的晶莹剔透的宝石厅，像一曲委婉柔美的抒情诗。每次回到家乡，我总是迫不及待地投入她的怀抱，尽情地欣赏，如同欣赏一幅幅绘画珍品，这便是她"独特的味道"。

十年前很少有人知晓昌平流村镇，十年后的今天她出名了，她的出名缘于大漠奇石收藏家魏进学先生。

今天，我带你到我家乡的奇石馆看一看，向你介绍大漠奇石创始人魏进学先生和他的大漠奇石馆。

魏进学先生淳朴，平易近人。虽然没有白胡挂颔的风度，却有那鹤发童颜的相貌。先生做这项收藏工作已十年有余，身边的块块石头都是他的宝贝，他把每一块石头都看成是一幅画、一首诗、一支歌，更把这些石头看成是他毕生不可缺少的伴侣。石头是他的魂，石头是他的伴。魏先生爱石如命，被人称为"石痴"。为了收藏奇石，不辞劳苦，四次深入内蒙古的巴颜淖尔盟、阿拉善盟一带，收藏了近四十辆大卡车的奇石。先生是在用他的生命谱写一段藏石的传奇文化。

走进奇石馆，满眼的石头其形态可谓千奇百怪，令人叫绝。一块淡黄色的石头好似卧在胖墩头上，身体像一个蘑菇的小伞形状，大小和我的手掌差不多，颜色就像一杯好喝的咖啡。这块石头的图案最奇特，就像一只小鹿正在上山，背面的图案像一粒小种子正在泥土里沉睡。它的身体摸起来又光又滑。它难道是从天上落下的小陨石？

黑、白、绿交错在一起的桃形石头。从整体来看，它像一个小飞碟。它有一面特别像一只饥饿的老虎正在追赶着猎物，有的面像阶梯，有的面像被白云覆盖的大山，还有的像人在游泳。有的形状像刀锋，有的像打破的玻璃一样。

一块似"寿星老"的石头，当你与它对视时，它笑嘻嘻的面容会让你情不自禁地仔细打量。

每块石头都形态各异，形象逼人，有的像狮子，有的像将军，有的像老鼠，有的像茶壶，等等。

似人似物，似鸟似兽，情态各异，形象逼真。"忍者神龟"、"富贵金猪"、"吾面何方"等200余方精品，一块块冥顽不灵的石头凭空有了精灵跳脱的生命。视觉上的惊艳，在对大自然鬼斧神工的感叹的同时，我的目光再次回到了在院中赏石的魏先生，一股敬佩之情油然而生。"石头是自然的，人也是自然的，人与石头交往是和谐的。"这句话出自魏先生之口，更道出了这位饱经风霜的收藏家的一片痴情。

家乡的生活使人回味无穷，家乡的奇石馆更使人流连忘返！希望你到我家乡昌平流村镇古将村来参观，来大漠奇石馆看一看，一定会使你受益匪浅。

点 | 评

　　开篇点题，作者用"城市的早晨是在汽车的喧嚣声中惊醒的，而北京昌平流村镇古将村的早晨却是在清洗石头的唰唰声中惊醒的，这静谧、安详的地方正是我熟悉的家乡。"引出家乡之所以出名源于那里有一个奇石馆和一位大漠奇石收藏家魏进学先生。

　　接下来，作者刻画了奇石馆中的奇石，细致、生动、栩栩如生，使读者仿佛亲眼见到了那些富有灵性的石头。

　　结尾照应开头，使文章浑然一体。

用宽容扮靓和谐画卷

北京市同文中学　　刘学君

　　"草木有情皆长养，乾坤无地不包容。"这是说大自然的包容。可见，包容无处不在，包容必不可少。那么，什么是包容？字面意思就是宽容、容纳，其实质就是仁爱和和谐。

　　我是一名教师，深深地懂得"爱是一缕阳光，凡是教育缺乏爱的地方，无论学生的品格还是智慧，都不可能充分或自由地发展"。"教师的爱是滴滴甘露，即使枯萎的心灵也能苏醒；教师的爱是融融春风，即使冰冻了的感情也会消融"。我也懂得宽容是深藏爱心的体谅。我宽容学生的错误，并不是迁就、鼓励学生的错误，而是给学生自我反思的时间和空间，进而改正错误。我教过的一个外地女孩在我校就读，她刚入校不久，正赶上班里收饭费，却有200块钱不翼而飞。当时，我并不知道钱被她拿去了。钱丢了，我没有对学生吹胡子瞪眼睛，而是赶紧把钱给垫上了之后，在班里做学生们的思想工作，摆事实，讲道理，讲危害，以诚感人。这个女同学经过几天的思想斗争，终于悔悟，把钱退了回来。她给我钱的时候，哭了，我又欣喜又感动。正是我的宽容、我的真诚感动了她，这对她一生的影响都将是深远的、刻骨铭心的。

　　还有一个叫"小面包"的小男孩，淘气又可爱，他乐感很好，会拉手风琴，爱劳动，但不爱学习数学，他说数字就像炸弹对他狂轰滥炸，他课堂纪律很差，是有名的捣蛋鬼。我不嫌弃这个孩子，而是用一颗宽容的心去关爱他，我利用业余时间家访，带他看电影，给他找家教老师，督促他记作业、完成作业，发挥他的特长，推荐他上舞台表演。我以我的真心换来了纯真的童心。有一天早晨下大雪，我去学校晚了，没想到"小面包"满身是雪地蹲在校门口等我，我的心里顿时有一阵暖流涌过。还有一次班里办展板，"小面包"把自己亲手叠的满罐儿的五彩幸运星奉献出来，这一颗颗小星星承载着他多么沉重的爱心啊！"小面包"现在已经初中毕业了，成为了一名学烹饪的职高生。他的妈妈专程到学校来，送给我一束鲜花，眼含热泪地感谢我影响和教育了他的孩子。

苏联教育家苏霍姆林斯基说："有时宽容引起的道德震动比惩罚更强烈。"荷兰哲学家斯滨诺沙说："人心不是靠武力征服的，而是靠爱和宽容大度征服的。"

在学校，我是一名教师；在家里，我是一个有着一个20多岁继女的后母，怎样面对这个女孩，对我这个从未体会过母亲滋味的人来说是一个严峻的挑战和考验。"紫罗兰把它的香气留在那踩扁了它的脚踝上，这就是宽恕。""宽容就像天上的细雨滋润着大地。它赐福于宽容的人，也赐福于被宽容的人。"我受到这两句话的启发，给她自由的空间，宽容她的任性、宽容她的错误、宽容她的一切，不计较任何东西。随着一年多的相处，她的戒心渐渐消失，和我的交往慢慢亲切、自然起来，抵触、排斥的心理也像坚冰一样慢慢融化。就在她刚工作拿到第一个月工资的时候，她给我买了养颜美容的补品冰糖燕窝，我内心兴奋不已。就在今年的母亲节时，她又从武汉给我发来短信说："阿姨，虽然对您的称呼只有一个，但我要感谢您对我的关心和照顾，祝您节日快乐！"我看到这条短信，心里五味杂陈，委屈、痛苦顿时消失殆尽。我们现在的三口组合之家有欢笑、有眼泪、有快乐、有烦恼，是一个生动的家园，和睦的家庭。

再没有比家这幅画更动人的了，家庭生活就是一组锅碗瓢盆交响曲。人的一生相伴最久的莫过于夫妻，磕绊最多的也是夫妻。家庭日子，吵架拌嘴，是平常的事，处理好就可息事宁人，反之甚至不可收拾。巩固夫妻关系最好的办法莫过于包容与退让。每个人的性格各有不同，两个人生活在一起，毕竟不是一个人，两个人，只是尽可能人为地缩小距离而已，这就要做到包容与退让。宽容和包容，则是夫妻双方对爱情婚姻家庭最好的感情润滑油。能让原本已经有了隔阂和伤痕的夫妻，变得恩爱、美满和从容。宽容和包容，确实是很能增进夫妻感情、维系夫妻关系的纽带。夫妻是组成社会的细胞。夫妻关系稳定，家庭和睦，社会才会稳定和发展。

"水至清则无鱼，人至察则无友。"对待朋友也要宽容。我有一个从初中和我一起长大的伙伴，相处近20年了，但最近由于一件小事，互相计较，互相不宽容，彻底地决裂了，互相失去了做朋友的乐趣。我的内心非常愧疚，可是已经无法弥补这个损失，朋友再也不能宽容的我的过错，这将成为我一生的遗憾。友情的蓓蕾是那么的娇弱，友情真的需要宽容，真的需要用爱心浇灌、培植。

"宽容别人会看见一片湛蓝的天空，原谅别人会看见一个快乐的世界。""宽容是送予人的最好的礼物。""宽容是在荆棘丛中长出来的谷粒。"宽容就是潇洒，宽容就是忘却，宽容就是忍耐。同伴的批评、朋友的误解，过多的争辩和"反击"实不足取，唯有冷静、忍耐、谅解最重要。老师宽容了学生，长辈宽容了子女，朋友宽容了朋友，妻子宽容了丈夫，收获的是和谐的校园、和谐的家庭、和谐的社会、和谐的北京。宽容和关爱每一颗孤寂的心，给它阳光、雨露、春风，让它面朝大海，春暖花开，扮靓和谐画卷。

点 | 评

这是一篇语言质朴、情感真挚的好文章。

包容是北京精神的特征，但这篇文章的作者并没有用大而空的口号、华丽的辞藻去解读，而只是选择了生活中最普通的事例，娓娓道来让我们感动的故事，层层递进地诠释了宽容的内涵。

文章结构巧妙，首尾照应。最后文章画龙点睛地紧扣文题——用宽容扮靓和谐画卷。

北京精神伴我行

北京市门头沟区大台中心小学　李媛坤

　　王东、王放撰写的《北京魅力——北京文化与北京精神新论》一书，由北京大学出版社出版。该书是2010年北京社科规划重点项目的成果，集中研究了北京文化的独特魅力、个性特征和精神气质等问题。

　　从历史层面研究北京文化。该书由导论、结语和三大篇构成。导论探讨的是北京文化的特色，结语探讨的是北京文化的哲学底蕴、当代价值以及北京精神与奥林匹克精神的结合点。而作为全书主干的三大篇——北京文化源头篇、北京文化底蕴篇、北京文化精神篇，则重在梳理与揭示各类北京文献资料、考古成果以及各类历史文化遗存中所蕴藏的北京文化信息，描绘北京历史文化的全景图，让人们有机会站在中国历史和世界历史的高度来审视北京文化。

　　为解读北京文化提供新的视角。该书提出了许多关于北京历史文化的新观点。比如，关于北京城的起源，依据最新考古发现和古代文献资料，提出北京建城始于"5000年前黄帝邑于涿鹿"；通过罗马教皇派遣的马可·波罗到元大都定居17年并写出影响世界的游记、尼泊尔著名工匠阿尼哥负责设计元大都的白塔以及当时出现的各类国际交往等史实，提出北京成为国际性大都市的历史源头应上溯到700年前的元大都时代，等等。同时，该书还全面分析了北京文化与中国龙文化、中国玉文化、中国农业文化以及驯养文化等原始文明的关系。这些新观点，为解读北京文化提供了新的视角。

努力展现北京文化的当代价值。该书提出，北京文化的内涵非常丰富，其中最值得重视、也最具有当代价值的，是它充分体现出中华文化多样和谐的特点。所谓多样和谐，大致有三层含义：一是对文化多样性的巨大包容度；二是在保存多样差异的前提下实现和谐互动；三是在文化多样性的平衡中实现不断更新。

而就在不久前，经过首都人民的精心酝酿和290余万首都市民投票"力挺"，一条由"爱国、创新、包容、厚德"四个词组成的北京精神表述语，正式向社会发布。顿时间，大街小巷随处可见写着北京精神的条幅和标语，其实我们还是应该将北京精神落实到我们的实际工作中去。

我是一名小学教师，培育着祖国的未来，在平时的教学生活中，我经常会给孩子讲一些有关爱国人士的小故事，告诉孩子北京精神的内容和内涵。"爱国"是北京精神的核心，也是作为一名中国人义不容辞的责任。

学校每周一都举行升旗仪式，这就是一个良好的爱国教育。周一清晨，全校师生就聚集在升旗广场，在庄严的国歌声中，升起那一面象征祖国的五星红旗，庄严、肃穆。学生统一身穿校服，向国旗敬礼。

为了让教育实实在在，而不是只流于形式，我准备在平时的品社课中，与学生探讨一下"升旗时，你在想什么？"周一早上，学校大喇叭里准时传来一阵清脆的童音："升旗仪式现在开始。"全校学生都在"敬礼"的口令下，把一双双小手高举过头，一双双眼睛注视着国旗。这天，我也在教室里，和学生一同仰视，一样行礼，在心中唱响国歌，一种激情萦绕在心间。

升旗仪式结束后，我问学生："孩子们，就在我们每周升国旗，奏国歌时，就在我们对着国旗庄严行礼时，你们在想什么？"孩子们的一双双眼睛瞧着我，没有一个人举手，也没有一个人说话。我忽然意识到我的失误，他们什么都没有想，他们只知道升国旗时，对着国旗要肃立，要行礼，他们只知道这种场合十分庄重，不能说话。听到我的提问，他们像没有注意听讲的学生被老师发现了，觉得自己做错了事一样。"啊，没关系。"我赶紧打破这种僵局，我可不想在早晨破坏掉孩子一天的好心情，"那我们该在升国旗时想些什么呢？"在我期待的目光注视下，一只小手举了起来，"我觉得，我该想想在战斗中的解放军战士。"他的回答打开了孩子们想象的空间。

"应该想我们的国旗是用烈士的鲜血染成的。"

"我们的红领巾是红旗的一角，也是用烈士的鲜血染成的。我们要爱护它，珍惜它。"

"还应该想，作为一名少先队员，我今天该做什么才能对得起胸前的红领巾。"

孩子们你一言我一语地畅谈。在鼓励自己、要求自己做一个合格的少先队员。

"同学们，你们说得太好了，你们能不忘记历史，还能结合自己的生活，给自己提出要求，真了不起。你们再想想，除了在我们的教室，在我们的操场上，你们还在哪儿见过国旗在升起？在飘扬？"

孩子们开始思索起来，只一会儿，一只只小手又举了起来。

"在鸟巢，当我国的运动健儿拿了金牌时，我国的国旗在最上面，那时还奏国歌。"

"老师，我有补充，在乒乓球比赛后，有三面国旗同时升起，我们全家都跟着唱国歌。""那是为什么呀？"我明知故问。"自豪！"孩子的脸上满是自豪，那是一种以国为荣的自豪，是一种爱国的自豪。

"还有，'神七'在宇宙中，宇航员出舱行走时也在舞动国旗，那一定是飘得最高的五星红旗。"另一个孩子不等我叫他，也站起来说，他的眼镜闪着光，仿佛又看到了那个令人激动的时刻。我摸摸他的头，把赞赏的眼神给他。

我也被他说的话感动了，说道："是啊，同学们，当我们的五星红旗在奥运赛场上升起时，当我们的五星红旗在宇宙中飘扬时，当我们的五星红旗在南极的长城站上迎风舞动时，你的心中一定不平静，随之升起的是一种感动，一种自豪，是做一个中国人的自豪。今天，你们让我很感动，你们说的就是我们在升国旗时应该想到的，应该感受到的。"

爱国主义是一种观念，更是一种感情，这种精神需要一点一滴、持续不断地培养和熏陶，这种感情需要用可感的氛围来唤起，又要通过具体的人为行动来体现，不怕行动的微小，哪怕只是敬礼，也可以是一种教育。

点 | 评

对北京精神的理解不是停留在理论上，而是要落实到本职岗位中。本文主题明确，理论联系实际，语言流畅，文章结构合理。

北京的美丽

北京市昌平区城北中心小学　杨春梅

北京是个人人向往的地方。这里有美丽的城市、迷人的乡村，有悠久的历史，更有淳朴善良的人民。

2012 年 7 月 21 日，一场暴雨突袭京城。打开电视，眼前的景象令人震撼，郊区山洪肆虐，城市洪水泛滥，一辆辆汽车像一条条纸船无助地在雨水中漂泊。北京震惊了，全国震惊了。然而在这场暴雨中透露出的北京厚德的精神更让人难以忘怀。

您瞧，暴雨倾盆，却无法模糊他们的身影，危急关头，更彰显出中流砥柱的力量。

李方洪，北京市市公安局燕山分局向阳路派出所所长，他的生命，永远定格在洪水中他救援的最后一户村民家的院墙外，手被紧紧粘在 380 伏的高压线上。其实，他可以不走，因为这一天，他本在家轮休。然而，当看到外面越来越大的雨势时，他越来越坐不住。吃过午饭，他便匆匆赶往自己管辖的凤凰亭村，面对不断疯涨的洪水，他果断地决定将全村群众转移。他扶老携幼，一人背出 15 个乡亲，面对危险，他冲在了最前面，他倒在洪水中，而低洼的凤凰亭村村民却无一伤亡。

房山区韩村河镇副镇长高大辉，在暴雨中，他挺直共产党员的脊梁，成为受灾群众的主心骨；在暴雨中，他用双肩搭起被困群众的生命阶梯；在暴雨中，他做出的最后一个工作指示是："一定要把群众救出来！"他劳累的身躯永远地停在了抢险路上……

您再看，立交桥下车辆被淹，警察向人群求援："谁来帮忙拉一把！"

几十个人一拥而上，纷纷伸出援助之手；当路边的井盖被冲开时，环卫工人用身体作为标志，在大雨中把守在旁边；当首都机场的乘客因暴雨滞留时，又有多少人开着私家车，把一个个素不相识的陌生人安全地送回家里；还有那位趴在水里疏通下水道的老大爷；主动背女士、小孩过马路的年轻人……他们每个人都是那么普通，但是在我的心中他们是那样的伟大。他们在暴风雨中疲惫的身影，定格成一幅幅美丽的画面，留在我的心里。他们在暴雨中顽强的身影，不正是彰显了我们的北京精神吗？这精神化作一份力量，让北京人变得更坚强，让北京变得更美丽。

"爱国、创新、包容、厚德"，这是我们的北京精神，他沿着三千年的足迹走来了，深深植根在我们每个人的心里。

记得那是一个周末，深秋的夜晚已经有了几丝寒意，加上不知什么时候空中飘起了细细的雨丝，我不禁打了个寒战。我匆匆赶到车站，还没站稳，一辆公共汽车便悄然停在了我身边。

车上人不多，静悄悄地没人说话。我刷了卡，便从前门走到后门等待下车。车子开得很平稳，只看见路边的路灯匆匆滑向身后。仅仅三四分钟的时间，车子便到了我家小区门前的车站。

车门一开，我便快步向车下冲去。

"小心，看车！"司机的一声大喝，让我收住了脚步，我一惊，只见一辆电动三轮车从我身边呼啸而过，原来是司机师傅从反光镜里看到了那辆飞驰的三轮车，让我避免了即将发生在我身上的危险。没等我惊恐的心平静下来，回头看的时候，司机师傅已经开车走了。

站在濛濛细雨中，任微微的冷风从脸上吹过，我的心里暖暖的。一个素不相识的司机，不仅把我平安地送到目的地，而且用他的细心和爱心关注着一个普通乘客的安全。我连句感谢的话还没来得及说，我甚至没有清他的长相，更不知道他的姓名，但是他那简单的四个字却为我带来了内心的温暖，这看似简单的四个字不正是厚德的体现吗？

厚德，是中华民族的传统美德。那位不知名的司机，手握方向盘，每天不知迎来送往多少乘客，每天不知走过多少里程，但他仍然无时无刻不在默默地关注着车上的乘客，不为别的，只为他肩上的那份责任。

在我们的身边，又有多少像那位司机师傅一样的普通人，又有多少像在暴雨中只顾得给予而从不知索取的人。"这一夜，北京没有陌生人"、"微博里的温暖，在暴雨夜里，闪亮整个北京城"……正是这一份份的微力量，创造出一个个奇迹。正是这一个个普通人，让北京精神处处绽放。他们让北京更加美丽，这份美丽需要我们每个人的坚守。瞧，当我们乘坐公共汽车时，已经不用售票员不厌其烦地提醒为老人小孩让座了，越来越多的年轻人会主动地站起来，而越来越多的老年人也开始体谅那些辛苦了一天的年轻人了；听，我们耳畔不文明的谩骂之语越来越少，更多的是新老朋友间的嘘寒问暖，是越来越多的人懂得快乐地给予……

我爱北京，爱这里悠久的历史，爱这里古老的文明；我爱北京，爱这里绚烂的美景，更爱具有北京精神的每一个人。生活在北京，我的生命更有意义，生活在北京，我会让北京的美丽继续传承。

点 | 评

文章的作者由"7.21"暴雨中的英雄事迹引出北京精神，又以亲身经历评述北京精神在普通市民日常生活中的体现。过渡自然，事例适当，阐述充分。

有一种信念叫爱国

——读《四世同堂》有感

北京市房山区韩村河中学　张英华

"房子都住满了自家的人。老者的心里也就充满了欢喜。他像一株老树，在院里生满了枝条，每一条枝上的花叶都是由他生出去的！"

《四世同堂》里这段关于祁老人的心理描写，让我感触到的，不只是这位老人洋溢着的子孙满堂的幸福感。

是的，奋斗了一生的老人，多像一株花繁叶茂的老树啊！一个儿子、三个孙子、两个重孙子，住得满当当的院子，桩桩都能带给安享含饴弄孙之乐的老人以幸福的满足。

然而，这种满足很快便被残酷的战争撼动了。

虽然说他在壮年时，亲眼看见过八国联军怎样攻进北京城，还看见过清朝的皇帝怎样退位和接续不断的内战；虽然他自认战争没有吓倒他，即使赶上兵荒马乱，他也会在家里老存着够全家吃三个月的粮食与咸菜，从而当炮弹在空中飞、兵在街上乱跑的时候，他便会关上大门，再用装满石头的破缸顶上，以消灾避难。但是，在日本兵的侵略面前，祁老人还是"怕庆不了八十大寿"。

久经生活风雨的老人啊，他晚年的愿望不过是"浇浇院中的盆花，说说老年间的故事，给笼中的小黄鸟添食换水，和携着重孙子孙女极慢极慢地去逛大街和护国寺"。可是，芦沟桥的炮声开始让他老人家稍微操点心，开始打破他老人家安享晚年清福的心意了！

"他总以为北平是天底下最可靠的大城，不管有什么灾难，到三个月必定灾消难满，而后诸事大吉。"可是他凭一生风雨得出的这"三个月"的预言还是被日本的入侵打破了。

于是这位如"生满了枝条的老树"的老人，便渐次经历孙子或分家或离家或在愁苦中度日的折磨，经历八十大寿寂寞度过的悲凉，经历小羊圈胡同里邻居钱老人一家经受日本人的残酷折磨带来的痛心，经历可爱的小孙女被夺去生命的痛楚……

"房子都住满了自家的人。老者的心里也就充满了欢喜。他像一株老树，在院里生满了枝条，每一条枝上的花叶都是由他生出去的！"

祁老人像这"生满枝条"的树，北平何尝不像这"生满枝条"的树呢？有着悠久历史传统的中华民族又何尝不像这"生满枝条"的树呢？

而现在，这"生满枝条"的树遭到侵蚀了！

而遭到侵蚀的"老树"是有他坚韧而深厚的"老根"的！

这"老根"之一就是一种名叫"爱国"的信念！

是的，正是这种名叫"爱国"的信念让小羊圈胡同的祁家老三，让钱老人，让祁瑞宣，让李大爷，让李大妈，让千千万万像他们这样的北平人、中国人，支撑着北平这棵树，支撑着中国这棵树，走到了让祁老人"脸上逐渐现出了笑容"的日子，走到了抗战胜利的那一天。

听！"'老三刚才跟我讲了好大半天，说咱们要再不打日本，连北平都要保不住！'小顺儿的妈说得很快，可是也很清楚。'说的时候，他把脸都气红了，又是搓拳，又是磨掌的！'……"

"'日本鬼子要是打破了北平，谁都不用吃饭！'瑞全咬了咬牙。他真恨日本鬼子。"

所以，瑞全在大哥的帮助下，走上了保卫国家的征途。

"'我——'默吟先生笑着，闭了闭眼。'我请教瑞宣兄，'他的眼也看了瑞全一下，'时局要演变到什么样子呢？你看，我是不大问国事的人，可是我能自由地生活着，全是国家所赐。我这几天什么也干不下去！我不怕穷，不怕苦，我只怕丢了咱们的北平城！一朵花，长在树上，才有它的美丽；拿到人的手里就算完了。北平城也是这样，它顶美，可是若被敌人占据了，它便是被折下来的花了！是不是？'见他们没有回答。他又补上了两句：'假若北平是树，我便是花，尽管是一朵闲花。北平若不幸丢失了，我想我就不必再活下去！'"

"……你们是迎着炮弹往前走，我们是等着锁镣加到身上而不能失节！……"

所以，钱老人能骄傲地说："我的儿子——一个开汽车的——可是会在国破家亡的时候用鲜血去作诗！我丢了一个儿子，而国家会得到一个英雄！"所以，在日本人惨无人道的折磨之下，钱先生坚韧地挺过来了！钱先生守住了诗人的气节，钱先生也守住了北平人、中国人的气节！钱先生起过誓，"抗战不胜利，他决不沾酒盅儿"；而他也终于坚强地走到了可以"喝上一大杯"的那一天。

小羊圈一带的白巡长，虽然"只是小羊圈这一带的巡长，可是他总觉得整个的北平也多少是他的。他爱北平，更自傲能作北平城内的警官"。所以，他能说出这样掷地有声的话语："我是向来不问国家大事的人，因为我不愿谈我不深懂的事。可是，有人来亡我的国，我就不能忍受！我可以任着本国的人去发号施令，而不能看着别国的人来作我的管理人！"

所以，白巡长会暗中保护小羊圈胡同中善良而坚韧的北平人。

在家与国的矛盾冲突中痛苦的瑞宣，会想起文天祥、史可法和许多许多的民族英雄，同时也想起杜甫在流离中的诗歌，因为他的根就深深地扎在小羊圈，扎在北平，扎在中国！

是的，有一种信念，就叫爱国！

这种爱国的信念正如钱默吟老人所说："……假若北平是树，我便是花，尽管是一朵闲花。北平若不幸丢失了，我想我就不必再活下去!"

正是这种坚定的爱国信念,让祁老人这棵"老树"活到了北平胜利的那一天;正是这种坚定的爱国信念,让北平走向和平;也正是这种坚定的爱国信念,让有着悠久历史传统的中华民族的大树枝繁叶茂、欣欣向荣!

于是,读过《四世同堂》,我深深地体悟到了:祖国是树,而我们则是树上的叶或花;只有祖国这棵大树繁茂,花、叶才能焕发美丽的生机!所以,有一种信念,就叫爱国!

点 | 评

张老师从"生满了枝条的老树"谈起,让我们重温了抗战时期,中国人民那英勇不屈、誓与日本帝国主义血战到底的民族精神。如今看来,正是这种爱国的民族精神,支撑着中华民族不断走向强大复兴。而北京精神的核心正是爱国。让我们重温过去,展望未来,弘扬光大民族精神,让爱国主义深入人心,让中国永远立于世界不败之林!

践行北京精神 传递美好正能量

北京市顺义区板桥小学 王 微

正能量,顾名思义,科学的解释是:以真空能量为零,能量大于真空的物质为正,能量低于真空的物质为负。然而在心理学家理查德·怀斯曼的《正能量》一书中,正能量指的是一切予人向上和希望、促使人不断追求、让生活变得圆满幸福的动力和感情。也许你还是不太清楚正能量为何物。那就请看看在"7.21"那场特大暴雨中,由无数救灾人员的尽职尽责、广大北京市民的爱心援助所组成的巨大的正能量场吧!这场灾难虽给北京带来了巨大的损失,但暴雨中那些闪着光的正能量,让人为之感动,也让北京精神得到了最好的诠释。爱国、创新、包容、厚德,我们在北京精神的指引下,向身边的人、向世界传递着那些美好的正能量。

"山洪暴发,被困北京房山青龙湖少年军校基地,有上百个小学生。""请大家报一下不积水路段,给夜归的兄弟姐妹指条明道。""我从东风北桥到积水潭,途经北四环—马甸桥—北二环—积水潭,无淹水。"……这些不是官方的号召,不是领导安排的工作,不是老师布置的作业,如果你是个微博控,相信暴雨如注的时候,打开微博,映入眼帘的都是各种暴雨动态、求助信息、祈祷及祝福。当暴雨转瞬变成灾难时,身在北京的人立刻行动起来,从抱怨雨太大到借助微博,不知不觉地实践着北京精神,发挥着自己的正能量,不作旁观者,争取参与在其中,尽自己的一份微薄之力为北京做些什么。这种温暖人心的正能量,

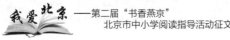

让被困者不孤单,让参与者有力,让"路人"变成一个负责任的人,让一盘散沙的"网友"变成一个大写的人。

一场大雨,让北京陷入困境。但幸运的是,在狂风暴雨中总会出现"最美的彩虹"。灾难之后,当你通过新闻网页看到一幕幕让人后怕的暴雨情形时,你可曾留意过这样一个背影?暴雨中,他全身趴在水里,用力疏通着排水孔,他身着黑色雨衣,唯一借助的工具是一段树枝,当时水已没过他的半条小腿……7月21日下午2点40分,当摄影师用手中的相机拍下这组名为《首都清洁工》的照片时,这一幕感动了万千市民,照片中的主人公成为暴雨当日最美的人物之一。他叫李成友,一名普普通通的北京市环卫工人,在暴雨中,做着一件自己认为极普通的工作,却不想这正是一种正能量,是北京精神激发出的一种力量,这种力量,让处于暴雨中的北京城少了些许积水,多了许多温暖。 暴雨冲坏了我们的房屋、汽车,但没有冲淡人情与人心,反而激发了这个城市中每个人的责任与道义,激发了这个城市的正能量,激发了爱,在践行北京精神之时,正能量化为实践行动的闪光力量,照亮前方,伴我们前行。

"北京路上开车的朋友们,如果路上遇到回不了家的路人,如果顺路的话,可否帮助这些陌生朋友,搭他们一段路,让大家都能早些回家。让暴雨中的北京升起爱心的彩虹,让老天爷知道,这是一座温暖的都城。"21日22时左右,驾车在外的歌手陈羽凡发现路边有不少需要搭车的市民,于是和胡海泉一起在微博上号召驾车人士打开车门帮助那些被困雨中的路人。是的,暴雨淋湿了我们的衣服,却没有冰冻我们的心,由北京市民自愿组成的爱心车队,在那晚,穿梭在北京的各个地方,感动了路人,温暖了这座城市。"今天2趟机场,1人管庄,1人北苑,2人林萃桥,1人北沙滩。今儿我也算是弘扬北京精神了。我睡了,早安北京。" 22日凌晨5时15分,北京市民崔先生发了这样一条微博。在21日晚上的连夜暴雨中,他作为爱心车队的一员,尽了自己的力,在他送完最后一名旅客后，已经天亮。那一夜有太多像崔先生一样的爱心车队成员，他们诠释了北京精神，向周围的人传递着正能量，让路人不孤单，让人心温暖。

"昨天我一夜没睡，一直在关注北京大雨。我觉得北京的政务微博这次表现非常出色，官民之间交流得通畅、顺捷，给我留下了非常深刻的印象。其中，'北京消防'的表现给我印象最深，几百名小学生都得到了救助，'平安北京'、'交通北京'甚至包括北京市政府新闻发言人王惠的实名微博都跟网友进行了积极的互动。网友能够在第一时间想到要向政府官方微博求助，一方面说明老百姓在危急时刻，对政府非常信任，对政府有很大的期待，另一方面也说明这些官方微博平时就运行、互动得非常好。"祝华新，人民网舆情监测室秘书长，对暴雨中给予人们力量的政府作出了极大的肯定。在这场大雨中，市民们团结在一起，将北京精神发扬光大，并付诸行动，是因为有一个可以依靠的政府，这一直是人们心中永远的正能量：爱国、创新、包容、厚德。

"7.21"，这一天，暴雨困住了北京，61年不遇的大雨浇湿了人们的衣裳，也灌溉了人们的心灵，在北京精神的引导下，北京市民迸发出的正能量，让洗涤之后的北京阳光更加明媚。

点 | 评

文章从心理学家理查德·怀斯曼的《正能量》一书中对正能量的解释说起，撷取北京"7.21"特大暴雨中人们传递爱心的片段，形象地诠释了北京精神。在作者笔下，网络微博不仅仅是传递信息的工具，更是号召人们共同抵御洪灾的武器。视角新颖、取材丰富，是该篇文章的主要特色。

践行北京精神

——语文教学中的创新

北京市密云县不老屯中学 韩月国

众所周知，文明是我泱泱中华大国五千年深深扎根于世界的基础，是中华文化的核心思想，作为首都公民的一员，我们应传承和发扬北京精神。

"爱国"是北京精神的核心；

"创新"是北京精神的精髓；

"包容"是北京精神的特征；

"厚德"是北京精神的品质。

短短八个字概括了北京千年的历史长河中所信仰、供奉的精神。作为一名教师，我认为，张扬个性是创新的基石，培养创新能力又是基础教育课程改革的精髓。如果在教学过程中，彰显个性，勇于创新，那将让我们的学生终身受益。那么怎样才能更好地把创新教育渗透到语文教学中呢？在长期的语文教学中，我有这样几点体会：

一、教学手段的变化

以前教师授课一直是三尺讲台，一支粉笔。随着教改的不断推进和科学技术的推广，电脑走进我们的生活，它让单调的课堂一下子变得有趣。学生走进多媒体教室，尝到了课件教学的甜头，它容量大，效率高，很容易激起学生的兴趣。五彩的画面，神秘的背景，亮丽的色彩，奇妙的曲线、图形，清晰的知识结构图，出奇不意地拓展延伸，都激起学生极大极浓的兴趣，进而激发他们对知识的接受与创新以达到提高课堂质量、加入创新分子的目的，让学生爱创、乐创，变成勇于创新的一代新人。

二、教学中个人魅力的展示

新课标强调：语文教学要"培植热爱祖国语言文字的情感。养成语文学习的自信心和良好习惯，掌握最基本的语文学习方法"。因此，教师要善于指导学生的朗读，让学生真正亲近祖国文字，热爱祖国文字。教师的语言要有个性，我认为一名优秀的语文教师，其语言要有"诗歌语言的凝练，小说语言的生动，演说语言的雄辩，相声语言的风趣"。要么自然亲切，引发感悟；要么文采飞扬，富于感情；要么生动流畅，幽默风趣；要么妙语连珠，意味深长。作为一名语文教师。应该借助自身特有的个性语言去吸引学生，打动学生，感染学生，使学生在美的享受中，产生强烈的欲望，模仿老师的语言动情朗读，深深地陶醉于文本其中。曾经给我们进行新教材培训的刘教授，那声情并茂的讲课情景一直镌刻在我的脑海，让我深有感触。因此，我在教学生朗读古诗词时，也常常给学生指导吟诵，让学生明白读诗就是吟（唱）诗，并且借助合适的音乐伴奏。因为古诗词节奏感强，讲究韵律，所以读来琅琅上口，容易动情。我在指导朗读八年级语文上册第六单元《宋词四首》中的《水调歌头》时，先让学生用"／"划出节奏，然后听我读，之后师生一起读，接着听邓丽君的演唱后，又让学生跟我一起拍唱。集体唱完三遍后，学生的积极性就来了，我趁势就让学生比赛读，这时整个教室沸腾了，人人争先恐后，站起来举手要表现自己："老师，我来读……""我、我、我……"比赛中所有的人都沉浸在思念家乡想念亲人那淡淡的哀愁中。一幅把酒赏月图也映入学生的脑海里。下课铃声响了，教室里又再次唱起"明月几时有，把酒问青天……"学生这样乐此不疲，动情朗读，关键就是他们已深深地爱上了这些文字，诸如此类，不胜枚举。看来，语文教师可借助朗读这一手段让学生与祖国文字亲密接触，亲和力与感染力都特别强。

三、教学中对学生兴趣的培养

以"情感教育"为支点，挖掘教材潜在的经典美和语言美，可唤起学生对爱和生命的珍惜。新课标也指出：培养学生高尚的道德情操和健康的审美情趣，形成正确的价值观和积极的人生态度，是语文教学的重要内容。陶行知先生说过："教育者也要创造值得自己崇拜之创造理论和技术，活人塑造和大理石塑造有一点不同，刀法如果用得不对可能万象同毁，刀法用得对，则一刀下去画龙点睛。"每个学生都有自己独特的内心世界、精神世界和内在感受，语文教学必须尊重每个学生的发展空间，重视每个人的独特感受。我国古代教育家孔子说："知之者不如好知者，好知者不如乐知者。"也就是说，学习知识要有兴趣，如果学生情绪不高，兴味索然，心理上无准备，感知生理器官呈闭滞状态，还谈何创新？相反，如果很好地启发了学生的兴趣，使他们达到了想求明白和想学习那种跃跃欲试的地步，学生的创新能力才能进一步提高。为了刺激学生的兴趣，教师可以根据教学目的和要求，应用灵活多样的形式来启迪学生的兴趣。

四、教学中激励学生大胆想象

爱因斯坦说："想象力比知识更重要，因为知识是有限的，而想象力概括着世界上的一切，推动着进步，并且是知识进化的源泉。"语文教学如何激活学生的想象呢？

首先要丰富学生的表象。表象是曾经作用于人的事物在大脑中留下的形象。它是想象的基础和源泉。丰富的表象来自于对直接和间接事物的多看、多听、多访、多感觉。其次要多方训练。扩想：对课文概写或略写词句的内涵加以扩展充实；续想：有的课文结尾言犹未尽，深刻含蓄，可让学生续想延伸；改想：利用有的课文的特殊性，在不改原意的前提下，变换表达手法；假想：对未曾经历也没体验过的事，凭借想象去假设一番；变文为图：把课文演变为直观形象的图画。

《新课程标准》无论是内容还是形式都体现了与时俱进的时代精神，其核心就是创新。创新教育本身就是高层次的素质教育。同时，创新教育也是一个崭新的课题，语文教学需要创新教育为它注入活力，让它向更加正确、健康、文明的方向发展。我坚信：一支有创新意识、创造精神和创新教育能力的教师队伍，才能塑造一批具有创造性的人才。只有张扬个性、不断创新、发展自我，完善自我，才能肩负起为培养创造性人才做奠基的神圣职责。

点 ｜ 评

　　文字清晰，表达重点突出。

我爱香山红叶碧云寺

——读《燕京八景》

北京市延庆县沈家营中心小学　王淑英

你要想欣赏北京的自然景观，必须到香山去，那儿号称"森林公园"。古代它是燕京八景之一，叫西山晴雪，现在它名列北京十八景，叫香山红叶。

你问，为什么叫香山？

有两种说法。一种是：古书上记载，每到春天农历二月间，遍山杏花吐蕊，半红半白，到处弥漫着花的香气，令人陶醉。这么说，香山的香是"闻"出来的。

另一种说法是：西山群峰中有一种突兀的山岩，人们形容它的峻险，说连鬼看见了也发愁，俗叫鬼见愁。峰顶端有两块大石头，本来叫乳峰石，远处望去，它特别像香炉，如同庐山著名的香炉峰一样。人们看见乳峰石四周，晨光中岚气袅袅，仿佛烟气环绕，便叫它香炉峰，山也叫香炉山。后来人们省掉一个"炉"字，就成了"香山"。那么，这名字又是"看"出来的。

看，那就是鬼见愁。

早在金代，香山就建造了大庙；元明两代成了皇家园林。清代乾隆皇帝依山势大兴土木，建成行宫，取名静宜园，并且设立了二十八景，规模可观。后来，这里跟圆明园一样，遭受外来侵略者的毁坏，建筑精华所剩无几。可是自然景色依然妩媚，"四季香山好，晴雨总相宜"，至今仍然以它无限的魅力吸引着大批中外游客。

陈毅元帅很爱香山，他写了一首咏香山的诗："京华秋色好，香山叶正红。"香山最负盛名的景致是红叶。深秋十一月份左右，游人为观赏红叶，如潮水般涌上香山。满山火焰般燃烧的红叶，如丹黄竹翠，幻色炫彩。这时虽然别处已经满目萧瑟，这里却铺成一片艳阳天，谁见了都会神清气爽呢！

香山的红叶不是枫叶，而是黄栌树的叶子，圆形，红颜色浓丽可爱。霜降以后漫山红遍，层林尽染。陈毅元帅的诗："西山红叶好，霜重色愈浓。革命亦如此，斗争见英雄。"老元帅从自然景观中引申出耐人寻味的人生哲理，这是多么崇高的人生境界呀！

古代又把香山景观叫作西山晴雪。西山树木葱茏，翠柏苍松构成一道道绿屏，给香山增添了无穷色彩。冬季，遇上大雪初晴，仰看雪中的香炉峰，千山万树银装素裹，向东眺望，平原铺玉，一望无垠。北京城隐蔽在茫茫玉屑之中，这景色别有一番壮美。乾隆皇帝为此题字"西山晴雪"。这个景观与红叶一样，永远成为北京的奇观！

香山旁边，就是碧云寺，这地方你也一定要逛逛才好。

元代开国元勋耶律楚材的后代在这里建了一所碧云庵。后来，明代有两个跋扈奸佞的太监看重了这块"风水宝地"，就霸占过来，扩建了寺庙，并在寺后的山上为自己建造墓地。活着的时候就先修墓，叫营造"生圹"。只可怜这两个作恶多端的家伙，没有好下场：一个死在牢狱里，另一个上吊死了，只在这里留下了一些明代建筑。你看门口这对雕刻精致的石狮子，它们面带微笑，好像还在嘲笑着那两个坏蛋呢！

碧云寺南面有一所罗汉堂，是仿照杭州净慈寺的罗汉堂建成的，在平面呈田字形构造的厅堂里排坐着五百尊罗汉像，大小如真人一样，全身由木质结构组成。细细地观看，一人一副相貌，一人一种特有的表情，表现出不同的性格特征。你问罗汉是什么？他们可是中国寺庙里的常驻代表，不可缺少的角色。佛祖释迦牟尼有许多弟子，他们当然都是印度人，译名叫罗汉，意思是断绝了一切嗜欲、解脱了世间烦恼的僧人。现在这里的罗汉一律是中华民族的打扮，大概他们入乡随俗，或改变了"国籍"吧！

你看，这儿房梁上还有个小罗汉，蹲在那里怪模怪样的。他呀，就是鼎鼎大名的济癫和尚，他原名李修缘，僧名道济，人称济公。这和尚不拘小节，邋里邋遢的，可是他专门打抱不平，整治恶人，做了很多对百姓有益的事情，所以他是个讲人情、极风趣的好和尚，是个到如今也家喻户晓的人物。有人把他的故事写成了小说，还拍了电视剧，有首歌大人小孩都会唱："鞋儿破，帽儿破，身上的袈裟破；你笑我，他笑我，一把扇儿破……"相信这首歌你也不陌生吧。你说他为什么蹲在房梁上没见有个座位，我想，大概因为他淘气贪玩，像咱们上学时候常有的那样迟到了吧！

碧云寺最高处有金刚宝座塔，塔座用虎皮石汉白玉砌成，顶上的五座方形十三层密檐塔，秀美大方；还有两座圆形的舍利塔，埋着喇嘛的骨灰。据说，这种塔形是"曼陀罗"的变体，"曼陀罗"是梵语译音，意思是经坛，源于印度的菩提伽耶城，是释迦牟尼成佛的纪念塔。北京还有同样格式的塔，在西郊的五塔寺，也是一处名胜。

这座金刚宝座塔还藏有现代纪念物呢。这是孙中山先生的衣冠冢。中国伟大的革命先行者，被列宁称赞过的孙中山先生，于一九二五年三月在北京逝世，他的灵柩就停放在碧云寺塔院，后来才移到南京紫金山的中山陵下葬。北京的人士为了纪念这位伟人，就把他的衣帽封葬在金刚宝座塔里，叫作衣冠冢。每逢孙中山先生逝世的纪念日，人们便来到这里谒墓悼念。新中国成立后，人民政府又在碧云寺重新修建了中山纪念堂，陈列孙先生一生革命事迹的文物和资料，供后人瞻仰。

1956年，香山作为人民公园正式对公众开放。

每到金秋，红绿相间，色彩斑斓。香山红叶以叶形如卵的黄栌最负盛名。遍布南山的黄栌圆叶，经霜变红，霜重色愈浓，每临秋季，层林尽染，辉映云霞。漫山红遍，如火如荼，为中外旅游者所向往。此时香山游人如织，摩肩接踵。"数点青峰来眼底，满山红叶入衣襟。策驴游罢多余兴，一路清风细细吟。"反映了秋游香山的真实情景。每年十月中旬到十一月上旬是观赏红叶的最好季节，红叶延续时间通常为一个月左右。半山亭、玉华山庄和阆风亭都是看红叶的好地方。冬天，野草枯黄，松柏变暗，寒泉凝成雾霭，山风凛冽，寒冬肃杀，百景凋零，唯雪覆殿阁，金银相辉，姿态万千，又是一幅充满诗情画意的奇观。雪后玉峰耸列，琼峦凝素，瑞雪映衬寺院红墙分外妖娆，松柏傲雪，犹见劲节。"西山晴雪"名列燕京八景。

如今的香山公园不仅有峰峦叠翠的千年名山、珍贵稀有的古树名木、清冽甘醇的自然泉水、闻名遐迩的漫山红叶，更有鸟啼虫鸣，松鼠嬉闹于沟壑林间，人与自然和谐相处的一派生机。它们向人们倾诉着香山昨日沧桑的历史，展示着香山生机勃勃的今天和未来……

香山这座皇家园林历史悠久、文化底蕴丰富，具有山林特色的香山红叶驰名中外，香山红叶于1986年被评为"新北京十六景"之一，每到深秋时节，数以万计的中外游客齐聚香山，共赏秋色。

香山古老而神奇的历史吸引着我，香山无比绚烂的红叶吸引着我，香山的西山晴雪吸引着我，简直让我流连忘返。朋友，这时你是否也对香山产生了浓厚的兴趣。那么快来吧，现在正值金秋十月，香山正以它崭新而妩媚的身姿吸引着来自五湖四海的八方客人。

我爱北京，我爱香山，我爱香山红叶碧云寺。

点 | 评

该文从色彩和声音的角度切入，给人新奇的感觉，而且也展现了北京的生活特色。语言也非常流畅，选词准确，很好！

科技之都——北京

北京市平谷区峪口中学　梁建梅

秋风，送来收获的呼唤，也诠释着丰收的一年；阳光，播撒下温情的种子，也奉献着爱的乳汁；祖国，取得辉煌的成就，更寻求着长足的发展。"科技北京"建设，将引领北京走向中国乃至世界的高地。现代高新科技革命对人类当代文化的发展正在产生着以往所无可比拟的巨大影响。北京充分发挥首都科技优势，积极承接国家重大科技专项和重大科技基础设施建设。

近几年来，我们看到了祖国科技事业的迅速发展，这让我为自己是一个中国人而感到无比自豪。

1964 年的 10 月 16 日，中国第一颗原子弹在中国大地上爆炸成功，从此终结了中国任人欺凌的时代，也注定中国成为全世界瞩目的焦点。被誉为"火箭之父"的齐奥尔科夫斯基曾说："地球是人类的摇篮，人类不可能永远被束缚在这个摇篮里。"他的话表达了全人类的心声。载人航天，已是当今衡量一个国家综合实力的重要标志。

2003 年 10 月 15 日至 16 日，我国首次载人航天飞行取得圆满成功，实现了中华民族的千年飞天梦想。2005 年 10 月 12 日至 17 日，神舟六号飞船实现了两人五天的太空飞行，标志着我国跨入真正意义上有人参与的空间飞行试验阶段。2008 年 9 月 27 日，中国航天员翟志刚走出了神舟七号飞船，进行了太空行走，这标志着中国已成为世界上第三个独立掌握空间出舱关键技术的国家。

这些辉煌的纪录，把一个强盛的中国写到了蓝天上。杨利伟、费俊龙、聂海胜、翟志刚、刘伯明、景海鹏，这些英雄的名字把共和国儿子的身影留在了太空。

事实证明，中国已跻身于世界航天大国的行列，成为当今世界为数不多的几个掌握载人航天技术的国家，而孕育这一技术的摇篮——中国航天城就坐落在北京。

这里记录着国家载人航天技术的发展历程，体现着国家的整体科学技术和高科技产业水平，在系统工程、自动控制技术、计算机系统、推进能力、环控生保技术、通信、遥感以及测试技术等诸多方面，为促进我国国防现代化建设和国民经济发展做出了巨大贡献。

"比登天还难"是形容不可克服的困难，但是中国成了世界第三个可以登上蓝天的国家。谁登上了蓝天？是中国自己培养的宇航员。而这些宇航员，也是在北京中国航天城诞生的。

从"神五""神六"到"神七"，从单人上天到多人上天，再到太空漫步，中国的载人航天事业正不断地取得新的突破。中国人何时能够登上月球甚至火星，进一步向更深远的太空迈步？这让每一个中国人浮想联翩。

古时中国就有嫦娥奔月的传说，而科学使得奔月不再是传说和神话。中国探月工程被命名为嫦娥工程。我相信，中国的加入，令人类的航天事业离理想的目标更近了一步。

作为科技摇篮，首都北京的一员，让我们携起手来，朝着梦想，让我们一起努力。

让我们老百姓亲身感受到的科技进步是城市交通业。远的不说，就说近三十年的变化。1980 年，环形 3 层互通式西直门立交桥建成通车。1999 年，西直门立交桥全面改造。进入 21 世纪，总投资 29 亿元的西直门交通枢纽全部完成。至此，西直门成为北京西部重要的交通转换中心。地铁、轻轨、公交环路、火车站全都交汇于此。

有了科技的帮助，北京人的出行方便了。出门之前，可先通过网络查看一下：高速公路运行怎样，普通道路是否通畅。公交、地铁、长途客运，甚至里程数都能知道得清清楚楚。不论你选择怎样的出行方式，技术支持下的网络服务系统，已经变成无所不能。

随着一卡通的出现，公交 IC 卡为北京纸质月票的历史画上了句号。由此，北京进入了智能交通的新时代。北京市交管局交通指挥系统通过电视监控、交通信号控制、诱导显示、单兵定位等多个应用系统，实现了智能化交通指挥调度。遇到突发事件，交警会在第一时间赶到现场，实施应变处理。普通乘客只要手中有一张公交卡，就可以乘坐地铁、公交，省却了很多的麻烦。如果自驾出行，一卡通还可以在一些停车场缴费。而导航系统的出现，在不熟悉路况的时候，更是帮助不小，根据提示，就可以找到自己的目的地。

依靠科技创新，国际上 40 年的高速铁路发展历程，北京用 5 年时间就走完了。京津城际高速铁路和北京南站成为世界一流的高铁品牌。

科技使北京市智能化交通取得了明显进步，科技也保证了北京有一个高效、安全、环保、快捷的出行环境。

看到炎黄子孙的飞天壮举，看到国家对市民的贴心举措，作为生活在飞速发展变化中的北京的一员，我感到幸福和快乐，并骄傲地成长于这片先辈们留下无数故事的厚土之上，被她那甘醇的文明之汁所滋养。我爱这片土地，她不仅以母亲的胸怀拥抱着她的儿女，而且也提供给儿女展翅高飞的空间。因为这片土地，我有了家；因为这片土地，我有了快乐；因为这片土地，我学到了知识，得到了收获。我和这片土地，一刻也不能分割。因为她，我们才有了强大的凝聚力，我们心系北京。

点 | 评

文章突出了北京作为科技之都的特点。强烈表达了作为北京一员的骄傲和自豪。大处着眼，小处落笔，选材很恰当，是一篇上好的作品。